Geoffrey Ashe

König Arthur

Geoffrey Ashe

König Arthur

Die Entdeckung Avalons

ECON Verlag
Düsseldorf · Wien

Titel der englischen Originalausgabe:
THE DISCOVERY OF KING ARTHUR
Original-Verlag: Debrett's Peerage Ltd.
Übersetzt von Harald Stadler

Sonderausgabe 1993
4. Auflage 1993

Gesetz aus der Garamond der Fa. Linotype GmbH
Satz: ICS Communikations-Service GmbH, Bergisch-Gladbach
Druck und Bindearbeiten: Franz Spiegel Buch GmbH, Ulm
Printed in Germany
ISBN 3 430 110 81 5

Inhalt

Vorwort

Wo immer der Name König Arthur auftaucht, beschwört er ein romantisches Bild herauf. Dies Bild ist äußerst vielschichtig, zumal es nicht nur eine einzelne Figur, sondern eine Gruppe mehrerer Personen sowie unterschiedlichster Themenkreise beinhaltet. Neben dem König stehen seine Königin Guinevere und sein Zauberer Merlin. Ihr Zuhause ist Camelot, die königliche Hauptstadt eines geheimnisvollen, wunderbaren Britannien. Sie beherbergt die Tafelrunde, in der Arthur den Vorsitz über eine Gemeinschaft von Rittern führt, aus deren Mitte Lancelot hervorsticht und die den hehrsten Idealen des Rittertums nacheifert. Im Krieg überwältigt der König seine Feinde mit einem magischen Schwert, Excalibur. Wenn wir der Legende weiter nachgehen, sehen wir, daß sie von einer langsam aufziehenden Tragödie überschattet wird. Die Herrschaft des Königs ist nur ein »kurzer strahlender Augenblick«; er ist vom Schicksal dazu verurteilt, in einer Verschwörung verraten und gestürzt zu werden. Camelot *muß* fallen.

Der gesunde Menschenverstand würde sagen, daß dies alles überholt, irrelevant, mittelalterlich sei; ein Tagtraum von Romanschreibern in einer vergangenen Zeit und in einer veralteten Gesellschaft. Und doch hat seit der Mitte des 20. Jahrhunderts die Faszination dieses Themas nicht nachgelassen, sondern eher zugenommen. Die Legende um König Arthur hat Musicals, Bestsellerromane und erfolgreiche Filme inspiriert. Sogar in der Politik ist sie wieder lebendig geworden: Viele sahen Präsident Kennedys Washington als neues Camelot und Kennedy selbst als neuen Arthur. Zwanzig Jahre nach seiner Ermordung griff ein Gedenkartikel in dem Magazin *Newsweek* diese Vorstellung auf und kommentierte, daß alle Präsidentschaftskandidaten seit 1960 »gegen den Mythos von Camelot ankämpfen mußten«.

Hinter alldem steckt mehr als nur ein gewisses vages Charisma hoher Herrschaften. König Arthur ist eine Figur von einer besonderen Qualität. (Man sah Kennedy, wenn auch mit einer recht unklaren Vorstellung, als eine ähnliche Figur.) In diesem Buch versuche ich darzulegen, was diese Annahme bedeutet und warum diese Vision von solch dauerhaftem Einfluß ist. Ich versuche auch aufzuzeigen, wo das Phantasiebild herstammt, wer der ursprüngliche Arthur wirklich war und was er tat, um unsterblich zu werden.

Seit Jahren hat man versucht, die Wahrheit über den Mann herauszufinden (wenn es ihn überhaupt gab), der hinter der Legende steht. Die Suche hat interessante Daten ans Licht gefördert, hat aber auch zu scharfen Kontroversen geführt. In den frühen 1980er Jahren schien die Wissenschaft in eine Sackgasse geraten zu sein. Ich glaube, ich hatte das Glück, einen Ausweg zu finden und auf ein fruchtbares Ergebnis zu stoßen. Jeder, der die Suche mitverfolgt hat (und ich bin immer wieder erstaunt darüber, wie viele das sind), wird feststellen, daß das Bild von Arthur, das ich hier entwerfe, von den Ansichten abweicht, die andere und auch ich selbst früher vertreten haben. Diese Veränderung des Bildes ist jedoch keine vollständige Umkehrung. Es ist vielmehr eine Bestimmung, Klärung und Erweiterung.

Dieses Buch gibt Arthur nicht nur einen sichereren Platz in der Geschichte, sondern macht ihn noch interessanter – seiner Legende noch ähnlicher –, als man vor ein paar Jahren für möglich gehalten hätte. Es zeigt auch auf, warum diese Figur so und nicht anders wurde, und wie Arthur ein allgemeines Gefühl von Hoffnung verkörperte zu einer Zeit, in der er regierte, das aber auch heutzutage nicht völlig unbekannt ist.

Es liegt in der Natur der Probleme, vor die uns Arthur stellt, daß es so lange gedauert hat, ihm auf die Spur zu kommen. Die mittelalterlichen Autoren, denen er seine literarische Größe verdankt, paßten ihn grob ihrer Sicht der ein paar Jahrhunderte zurückliegenden Geschichte Britanniens an. Nicht viel von dieser Geschichte, so wie sie sie berichteten, ist beim heutigen Wissensstand noch überzeugend. Sie ist weitgehend Legende, so wie Arthur selbst. Deshalb haben die wenigen Historiker, die nach ihm geforscht haben, die mittelalterlichen Berichte beiseite gelegt und in anderen und älteren Aufzeichnungen gesucht. Aber auch diese Suche hat ihre Grenzen. Eine überzeugende Antwort erfordert eine andere Methode.

Die Legende selbst muß wieder in die Forschung miteinbezogen und ernstgenommen werden. Sie muß nach Hinweisen durchsiebt werden. Die Fragen, die gestellt werden müssen, sind nicht die direkten Fragen, wie etwa »Wer war Arthur?« oder »Lebte er wirklich?«, sondern »Woher stammt die Legende?« und »Welchen Tatsachen entsprang sie?« Wenn wir die Legende direkt neben die geschichtliche Überlieferung stellen, so wie wir sie heute kennen, kann das Problem gelöst werden.

Es löst sich beinahe von selbst!

Nachdem ich mein Plädoyer ausgearbeitet hatte, fand ich wie durch Zufall heraus, daß das zentrale Argument schon vor beinahe zweihundert Jahren geliefert worden war. Es war die vergängliche, vergessene Einsicht eines Historikers, der schon nahezu vergessen war, als seine modernen Nachfolger zu disputieren begannen. Über das Grundproblem von Arthurs Identität hätte es nie irgendwelche Geheimnisse geben müssen.

Ich sollte erwähnen, daß die Hauptthese schon andernorts veröffentlicht worden ist, mit der Detailfülle, die Wissenschaftler zu Recht fordern. Mehrere Forscher haben großes Interesse bezeugt und die These weiterentwickelt. Der erste wissenschaftliche Aufsatz erschien im April 1981 in *Speculum*, der Zeitschrift der »Medieval Academy of America«. Das Kernstück trug ich bei einem Vortrag vor, den ich beim 13. Internationalen Arthur-Kongreß hielt, der 1981 an der Universität Glasgow stattfand; in Vorlesungen an der Keele University und in Oxford sowie an amerikanischen und kanadischen Universitäten; in einem Kurs, den ich an der University of Bath hielt; und als Gastprofessor an der University of Southern Mississippi und am Union College in Schenectady, New York.

Auf Professor Charles Moormans Anraten hin beantragte ich 1982 einige weiterführende Forschungsprojekte. Ein Ergebnis davon war die Gründung des Debrett-Arthur-Komitees, bei dem ich die Ehre habe, den Vorsitz zu führen. Ich möchte meinen besonderen Dank an drei seiner Mitglieder aussprechen, die zur Entstehung dieses Buches beigetragen haben: Sir Iain Moncreiffe of That Ilk, Professor Léon Fleuriot und Professor Barbara Moorman. Ebenso zu Dank verpflichtet bin ich Professor A. O. H. Jarman, Herrn Charles Evans-Günther und Dr. Mildred Day, besonders letzterer, weil sie viel Zeit und Mühe aufwandte, die Bedeutung eines mittelalterlichen Textes zu diskutieren. Keiner der Genannten sollte jedoch für mehr als die Dinge verantwortlich gemacht werden, auf die sie mich hinwiesen.

1. Teil: Eine Legende und ihre Wurzeln

1. Der Königsmacher

Die Historie, so wie sie erzählt wurde

Arthur ist nur einer von vielen mythologischen Helden, aber die meisten Leute würden zugeben, daß er aus ihrer Vielzahl herausragt. Nach dem Grund dafür befragt, würden sie von dem rätselhaften Geheimnis sprechen, das ihn umgibt, oder von den unsterblichen Geschichten, die von der Legende seiner Herrschaft inspiriert sind. Es sind dies gute Gründe, aber bei weitem nicht die einzigen. Ein dritter Umstand hebt ihn noch klarer von der Menschheit ab.

Er hat eine *offizielle* Geschichte. Diese ist zwar nicht der früheste Zusammenhang, in dem er auftaucht; vielmehr folgt sie erst nach Jahrhunderten wachsender Bekanntheit, aber sie gibt diesem Renommee in ungewöhnlicher Vollständigkeit Ausdruck. Die Geschichte des Arthur ist mehr als ein Märchen, mehr als eine Sage aus der »Traumzeit« des Mythos. Sie versetzt ihn in eine bestimmte historische Zeitspanne. Sie nennt bestimmte Orte und versetzt ihn in bestimmte Länder. Alles weitere Legendenweben baut auf dieser Geschichte auf. Romanschreiber ergänzen und erweitern sie; sie verändern ihre Schwerpunkte und die Reihenfolge der Ereignisse; sie beziehen Sachverhalte von anderen Quellen mit ein, manchmal so weit, daß sie ihr

Thema aus den Augen verlieren. In ihrer Substanz jedoch akzeptieren sie die offizielle Geschichte. Ihre eigenen Erzählungen verarbeiten diese dann als Kulisse und fügen sich mehr oder weniger in den Szenenaufbau, den sie vorgibt.

Das soll allerdings nicht heißen, daß die offizielle Geschichte wahr ist. So wie es aussieht, ist sie es nicht. Aber ihre Vollständigkeit und Beständigkeit sowie ihr Vermögen, Übereinstimmung zu erzeugen, rechtfertigen die Suche nach einer dahinter verborgenen Wirklichkeit.

Ein eigenwilliger Genius trägt beinahe die ganze Verantwortung für diese offizielle Geschichte. Er lebte in der ersten Hälfte des 12. Jahrhunderts und war bekannt als *Geoffrey von Monmouth*, benannt nach einer Stadt am Südostrand von Wales. Seine Familie mag wohl walisisch gewesen sein, möglicherweise aber war sie auch bretonisch. Die Bretagne, die »Ecke im französischen Atlantik«, ist so benannt, weil sie in grauer Vorzeit von Britannien aus kolonisiert wurde. Kurz vor Geoffreys Lebzeiten brachte wechselhaftes Kriegs- und Eroberungsglück viele Bretonen wieder zurück auf die Insel ihrer Vorfahren. Seine Eltern oder Großeltern könnten darunter gewesen sein.

Geoffrey selbst ist uns nur flüchtig bekannt. Von 1129 bis 1151 lebte er in Oxford, sicherlich als Geistlicher und höchstwahrscheinlich als Lehrer, obwohl die Universität damals noch nicht bestand. Später zog er nach London und wurde schließlich zum Bischof von St. Asaph in Wales ernannt. Die Unruhen in jenem Land verhinderten allerdings, daß er seine Stellung je antrat. Er starb im oder um das Jahr 1155. Sein Meisterwerk, das neben vielen anderen Themen die Laufbahn von Arthur beschreibt, ist eine lateinisch verfaßte *Geschichte der Könige Britanniens*. Er stellte sie während seiner Zeit in Oxford zusammen und schloß sie ungefähr im Jahr 1136 ab. Es gibt Gründe für die Annahme, daß er sie überarbeitete und daß der Text, den wir besitzen, eine Zweitausgabe ist. Die europäische Literatur weist nichts Vergleichbares auf. Es ist eines der großen Bücher des Mittelalters und die Quelle für eine Anzahl berühmter Geschichten – neben der von Arthur.

Die *Geschichte* (um Geoffreys irreführende Bezeichnung zu benutzen) beginnt um 1200 v. Chr. in der Welt der griechischen und römischen Heldensagen. Es wird behauptet, daß nach dem Untergang Trojas einer der Prinzen, Äneas, mit einer Gruppe von Flüchtlingen nach Italien ausgewandert sei. Geoffrey berichtet uns, daß Äneas' Urenkel Brutus dann seinerseits eine Gruppe von Trojanern nach Britannien geführt habe. Die Insel, die damals Albion hieß, war bis auf einige Riesen unbewohnt. Die Trojaner nahmen sie in Besitz und töteten die Riesen, und Albion wurde nach ihrem Anführer Brutus in Britannien umbenannt – ein hübsches Beispiel mittelalterlicher Etymologie. Die Siedler und ihre Nachkommen waren von nun an »Briten«; Brutus wurde ihr erster König und gründete die Hauptstadt am Themsefluß. Es war dies Neu-Troja, später London genannt.

Geoffrey fährt nun fort, die Herrschaft von 75 Königen zu beschreiben; nahezu alle von ihnen waren Erzeugnisse seiner Phantasie. Einer davon ist Bladud, der sich ein Paar Flügel baute und über Neu-Troja beim ersten Flugunglück zu Schaden kam. Auf Bladud folgt sein Sohn Leir oder Lear, dessen Kummer mit seinen eigenen Nachkommen ein Thema von Shakespeare wurde und der, so wird berichtet, im 8. Jahrhundert v. Chr. herrschte. Schließlich langt Geoffrey bei der Eroberung Britanniens durch die Römer an. Da er nun anhand faktischer Geschichte überprüft werden kann, muß er sich etwas mehr an die Tatsachen halten. Dennoch belegt er patriotisch, daß es gar keine Eroberung im eigentlichen Sinne war, da die britischen Könige mit Zustimmung des Reiches als zinspflichtige Herrscher weiterregierten.

Gegen Ende der römischen Periode füllt Geoffrey mehrere Seiten mit einem Bericht über die Anfänge der Bretagne. Einer der Gründe zur Annahme, er sei bretonischer Abstammung, ist sein starkes Interesse an diesem Thema. Er folgt einer älteren walisischen Überlieferung – und entwickelt diese weiter –, derzufolge die Bretagne ihre Ursprünge im Ende des 4. Jahrhunderts n. Chr. hat, als Kaiser Maximus, dessen Armee zu einem großen Teil aus Briten bestand, diesen erlaubte, sich in jenem Gebiet niederzulassen. Geoffrey bläht die so entstandene Veteranenkolonie zu einem richtigen und wichtigen Königreich auf.

Geoffrey fährt dann mit einem dramatischen Bericht davon fort, wie Britannien beinahe von den Barbaren erobert wurde und danach wieder erstarkte. Der Ruhm des Arthur nun steht in Zusammenhang mit diesem erneuten Aufstieg. Es ist eine entscheidende Erkenntnis, daß das vorangegangene Unheil ein wichtiger Teil der Legende und damit wesentlich für ihr Verständnis ist. Geoffrey berichtet, wie Britannien von plündernden Barbaren – vor allem den Pikten – fortwährend beunruhigt wurde, jenen wilden, unbezwungenen Stammesgenossen, die von dem heutigen Schottland aus Überfälle unternahmen. Nach einer einzigen römischen Rettungsaktion wurde, trotz Ersuchen nach einer weiteren Unterstützung, jegliche Hilfe durch das Römische Reich eingestellt. Die Briten aber hatten verlernt, sich selbst zu verteidigen.

Da unternahm der Erzbischof von London einen drastischen Schritt: Er ging in das Ablegerkönigreich Bretagne und bot dessen Herrscher, Aldroenus, die Krone Britanniens an, falls er herüberkäme, um die Verteidigung zu übernehmen. Aldroenus verzichtete allerdings auf diese riskante Ehre und schickte statt dessen seinen Bruder Constantin vor. Der führte ein Heer auf die Insel und vertrieb für einige Zeit die Feinde, wobei ihm die Briten, deren Kampfesmut unter seiner Führung wieder erwachte, behilflich waren. Sie krönten ihn in der von Römern erbauten Stadt Silchester. Er heiratete und hatte drei Söhne. Der Erstgeborene war Constans, der Mönch wurde. Der zweite war Aurelius Ambrosius. Der dritte war Uther, dem es beschieden war, Arthurs Vater zu werden.

Wir befinden uns nun im 5. Jahrhundert n. Chr. und in einem unabhängigen Britannien – es ist aus mit der Macht des Römischen Reiches. Constantin regierte zehn Jahre in Frieden, bis er schließlich von einem piktischen Attentäter ermordet wurde. Es gab Streit um seine Erbfolge. Ein ehrgeiziger Adeliger, Vortigern, ersann eine Lösung. Nach Geoffrey ist Vortigern die zentrale Figur einer grandiosen Tragödie – ein bösartiger und irgendwie doch zu bedauernder Mensch. Shakespeare hätte aus dieser Gestalt sehr gut eine zentrale Figur seiner Dramen machen können, so wie er es auch mit Geoffreys Geschichte des Lear gemacht hat. (Im 18. Jahrhundert fälschte ein Schwindler namens Samuel Ireland tatsächlich auch eine Shakespeare-Tragödie über dieses Thema.)

Vortigern (so schreibt Geoffrey) suchte den jungen Constans in seinem Kloster auf und riet ihm, als ältestem Sohn Constantins, das Kloster zu verlassen und König zu werden. Constans folgte diesem Rat auch und wurde eine Marionette in Vortigerns Hand – so wie es dieser beabsichtigt hatte. Vortigern übernahm die Aufsicht über die Schatzkammer, beförderte seine Helfer in Schlüsselpositionen und rekrutierte ein Heer piktischer Wachen. Die Pikten befolgten seine schlau getarnten Anweisungen und ermordeten schließlich Constans. Vortigern ließ die Mörder dann enthaupten (obwohl alles so geschehen war, wie er es geplant hatte) und war bald selbst im Besitz der Krone. Die beiden jüngeren Prinzen, Aurelius Ambrosius und Uther, wurden von ihren Leibwachen in die Bretagne in Sicherheit gebracht.

Vortigerns Hinrichtung der piktischen Wachen verärgerte ihre Landsleute, und sie fingen wieder an, Überfälle zu machen. In diesem Moment landeten zwei sächsische Häuptlinge, die Brüder Hengist und Horsa, mit ihrem Gefolge auf drei Schiffen in Kent. Sie berichteten Vortigern, sie seien aus ihrer germanischen Heimat in die Verbannung geschickt worden und boten ihm ihre Dienste an. Vortigern war froh, diese Neuankömmlinge als Hilfstruppen gegen die Pikten einsetzen zu können. Nach einem erfolgreichen Feldzug belohnte er Hengist mit Land in Lincolnshire an der Nordseeküste. Mit Vortigerns Einwilligung brachte Hengist schließlich weitere Sachsen nach Britannien. Der britische König war Gast bei einem Festmahl ihrer Anführer. Während des Banketts erschien Hengists schöne Tochter Renwein.

Sie trug einen goldenen Kelch mit Wein und bot ihn Vortigern an, der vor Begierde nach ihr wie verzaubert war. Hengist beeilte sich, Vortigerns Verlangen auszunützen und gab dem König die Hand Renweins unter der Bedingung, daß er Kent zum Lehen erhielt. Vortigern trat das Gebiet ab und heiratete sie, sehr zum Verdruß der meisten seiner Untertanen, besonders aber seiner Söhne aus einer früheren Ehe. Der älteste dieser Söhne war Vortimer.

Die Fremdsiedlung in Britannien nahm nun rapide zu. Zum Schrecken der männlichen Briten fingen die heidnischen Sachsen an, britischen Frauen beizuwohnen. Aus Furcht davor, daß die neue Rasse die Vorherrschaft gewinnen würde, erhoben die Anführer der Briten ihre Stimmen gegen Vortigern. Dieser stand inzwischen aber wegen seiner Frau entschieden auf seiten der Sachsen. Als er sich weigerte, sie anzuhören, ernannten sie kurzerhand Prinz Vortimer zum König. Vortimer griff die Eindringlinge in Kent an und schlug sie in vier Gefechten. Viele Sachsen, einschließlich Hengist selbst, zogen sich nach Germanien zurück. Aber Vortimers sächsische Stiefmutter ersann einen Plan, ihn vergiften zu lassen. Bevor er dem Giftattentat erlag, gab er noch Befehl, seinen Leichnam in einer bronzenen Pyramide an der Küste von Kent beizusetzen, als Warnung an die Sachsen für den Fall, daß sie sich wieder Englands Küste nähern sollten. Seinem Wunsch wurde jedoch nicht entsprochen.

Vortigern übernahm sein unrechtmäßiges Königsamt wieder und ließ die Sachsen zurückkehren. Hengist landete mit riesigen Truppen und Friedensbeteuerungen. Bei einer Zusammenkunft britischer und sächsischer Adeliger, in der ein Vertrag ausgehandelt werden sollte, rissen die Sachsen auf ein Zeichen Hengists ihre Dolche heraus und metzelten die unbewaffneten Briten nieder. Nur Vortigern wurde verschont, aber er war vollständig in Hengists Hand und mußte zulassen, daß die Sachsen London, York und andere Städte besetzten, in denen sie die Einwohner drangsalierten und die Kirchen zerstörten. Vortigern floh nach Wales und versuchte, sich in der abgeschiedenen Berggegend von

Snowdonia eine Festung zu bauen, aber selbst das gelang ihm nicht – die Mauern sanken immer tiefer in den Grund. Seine Wahrsager meinten, die einzige Lösung sei, einen vaterlosen Jungen zu finden, ihn zu töten und sein Blut über die Steine zu gießen.

Boten durchstreiften Wales auf der Suche nach diesem Menschenopfer. In Carmarthen, in Südwales, fanden sie einen Knaben, dessen Mutter behauptete, mit keinem sterblichen Manne verkehrt zu haben. Sie hätte ihren Sohn von einem Geistergesellen empfangen, der immer wieder mal auftauchte und verschwand. Der so gezeugte Sohn war Merlin – und damit führt Geoffrey den Zauberer auf die Bühne der Literatur ein. An der Stelle der geplanten Festung rettete Merlin sein Leben, indem er entdeckte, was Vortigerns Wahrsager übersehen hatten: Der Grund für die Unbeständigkeit der Mauern war ein unterirdischer Teich, in dem zwei Drachen hausten.

Als man den Teich entwässerte, tauchten die Drachen auf. Der eine war weiß, der andere rot. Sie kämpften miteinander, und der weiße trieb den roten an den Rand des Beckens. Darauf gewann der rote seine Kräfte wieder und schlug den weißen zurück. Merlin deutete dies so: Der rote Drachen stand für die Briten, der weiße für die Sachsen. Wegen Vortigerns Übeltaten und Vergehen waren die Sachsen jetzt am Gewinnen, aber eines Tages würden sie zurückgetrieben werden.

An dieser Stelle in seiner *Geschichte* erlaubt sich Geoffrey eine Abschweifung: Er fügt eine Anmerkung an, in der er erklärt, daß er einige Prophezeiungen Merlins über kommende Ereignisse in Britannien gesammelt habe. Ein Bischof bat ihn, sie zu veröffentlichen, und so tat er es denn auch. Es besteht fast kein Zweifel, daß Geoffrey die meisten davon erfand. Sie sind äußerst unklar, doch gleich zu Beginn läßt er Merlin König Arthur ankündigen, unter dem Namen »Eber von Cornwall« – der erste Hinweis auf sein Kommen. Weiterhin verspricht er, daß in ferner Zukunft sich das Schicksal wenden wird: »Die Fremden werden niedergeschlachtet werden ... Die Insel wird nach Brutus benannt werden, und der Name, den die Fremden ihr gaben (also England), wird getilgt werden.«

Nach den Prophezeiungen geht es dann weiter in der Erzählung. Geoffrey berichtet, daß Merlin Vortigern vor dem ihm drohenden Unheil warnte. Merlin sprach die Wahrheit; die rechtmäßigen Prinzen, Aurelius Ambrosius und Uther, waren inzwischen erwachsen und hatten sich von der Bretagne aus auf den Weg gemacht, um ihn abzusetzen. Nach ihrer Landung wurde Aurelius zum König gekrönt. Vortigern floh durch Wales, und als sich eine Armee unter der Führung des Aurelius näherte, suchte er Zuflucht in einem Schloß in der Nähe von Monmouth. Aurelius belagerte das Schloß, und es gelang seinen Truppen, es in Brand zu setzen, wobei der unrechtmäßige Herrscher ums Leben kam. Dann griff Aurelius mit Hilfe von Kavallerie, die er aus der Bretagne mitgebracht hatte, die Sachsen an und trieb sie bis an die Nordsee zurück. Hengist wurde gefangengenommen und getötet.

Aurelius baute die von den Sachsen zerstörten Kirchen wieder auf und plante, ein Denkmal über dem Massengrab der Briten zu errichten, die bei der Versammlung ermordet worden waren. Er war sich über dessen Aussehen im unklaren, bis Merlin ihm von einem Hügel in Irland erzählte, wo in grauer Vorzeit Riesen große Steine aus Afrika hingebracht und in einem magischen Kreis angeordnet hatten. Der König beschloß, jene Steine an das Grab zu versetzen; also ging Uther hinüber nach Irland und nahm Merlin mit. Es gelang den Arbeitern nicht, die Steine zu bewegen, aber Merlin zerstörte den Kreis mit seinen geheimen Künsten, und die Steine wurden mit Schiffen nach Britannien gebracht. Merlin baute sie in der gleichen Formation auf der Ebene von Salisbury wieder auf, wo die Toten begraben waren. Auf diese Weise entstand an jener Stelle Stonehenge.

Aurelius' Regierungszeit war nur von kurzer Dauer. Ein überlebender Sohn Vortigerns bestach einen sächsischen Mörder, der sich als Arzt ausgab, als der König krank war, und ihm statt Medizin Gift gab. Sein Nachfolger wurde sein Bruder, der

Uther Pendragon genannt wurde. Geoffrey sagt, Pendragon bedeute »Drachenhaupt«, und erklärt dies durch eine himmlische Verheißung. Es ist jedoch eher anzunehmen, daß es »Hauptdrache« heißt, also »oberster Anführer«. Uther mußte mit dem Wiedererstarken der Sachsen fertig werden. Nach dem knappen Sieg in einer Entscheidungsschlacht hielt er am Osterfest in London hof.

Hier nun beginnt die eigentliche Geschichte des Arthur. Geoffrey hat seinen Auftritt gründlich vorbereitet und geschildert, wie Britannien wegen der eindringenden Barbaren und einem charakterlosen Herrscher von einer bedrohlichen Krise erschüttert und sogar beinahe zerstört wurde. Mit Vortigerns Tod und der Rückkehr der rechtmäßigen Prinzen schwang das Pendel wieder zurück.

Es war allerdings kein vollständiger Pendelschlag. Das Königreich ist immer noch durch die Sachsen und durch Fehden unter den Briten gefährdet. Uthers Thronbesteigung bereitet den Weg für das angekündigte Wiedererstarken des roten Drachens. Jedoch kann Uther dies selbst nicht in die Tat umsetzen. Seine eigentliche Funktion ist es lediglich, mit Hilfe Merlins, des geschickt eingesetzten Wunderwirkers, Arthur den Boden zu bereiten. Dies geschieht durch eine zweite königliche Liebschaft, die die Folgen von Vortigerns Verliebtheit wiederaufhob.

Bei der Osterversammlung (berichtet Geoffrey) verspürte Uther eine quälende Begierde nach Ygerna, der schönen Frau von Gorlois, dem Herzog von Cornwall. Seine Annäherungen waren so auffällig, daß Gorlois den Hof verließ und seine Frau mitnahm. Der König betrachtete dies als Beleidigung. Er stellte Gorlois ein Ultimatum und befahl ihm, zurückzukehren. Als dies abgewiesen wurde, marschierte er in Cornwall ein, um das Land des Beleidigers zu verwüsten. Gorlois brachte Ygerna nach Schloß Tintagel, das auf einer Landzunge vor der Küste lag und nur über einen schmalen, leicht zu bewachenden Felsrücken zu betreten war. Nachdem er seine Frau vor Uther in Sicherheit gebracht hatte, führte er eine Truppe gegen die königliche Armee und bezog seinen Stützpunkt in einer etwas abgelegenen Festung.

Uther umzingelte die Truppe Gorlois', die zahlenmäßig unterlegen war, und verhinderte ihre Flucht. Dann ließ er auf Anraten eines Freundes Merlin kommen. Der Zauberer gab ihm einen Trank, der ihn in das genaue Ebenbild des Gorlois verwandelte. In dieser wirksamen Verkleidung passierte Uther die Wachen vor Tintagel und gelangte zu Ygerna. Sie hielt ihn für ihren Gatten und bereitete keinerlei Schwierigkeiten; bei dieser Zusammenkunft empfing sie Arthur. Der richtige Gorlois war in der Zwischenzeit bei einem Ausfall ums Leben gekommen. Uther nahm seine ursprüngliche Gestalt wieder an und heiratete nun die Witwe.

Er herrschte für weitere fünfzehn Jahre nach Arthurs Geburt. Seine Gesundheit ließ mehr und mehr nach, und es wurde offensichtlich, daß die Sachsen immer noch nicht befriedet worden waren. Sie brachten weitere Verstärkung vom Kontinent herüber, führten einen aufreibenden Krieg und beseitigten schließlich Uther durch Gift, wie schon vor ihm Vortimer und Aurelius. Allerdings konnten sie es nicht verhindern, daß Arthur in Silchester zum neuen Oberherrn der Briten gekrönt wurde. Trotz seiner Jugend übernahm er die Verteidigung Britanniens gegen die Sachsen, erst nur, um sie zu plündern, dann, um sie zu vernichten. Ihr Heer leistete gewaltigen Widerstand und wurde durch piktische und schottische Verbündete unterstützt. Aber Arthur war trotz seiner Jugend bereits ein fähiger Führer. Drei Schlachten – eine am Douglasfluß, eine in der Nähe von Lincoln und eine im Kaledonischen Wald in Schottland – endeten damit, daß die Sachsen ihre Schätze übergaben und versprachen, Britannien zu verlassen.

Das Versprechen wurde nicht gehalten. Auf See änderten sie den Kurs und versuchten, Arthur zu überrumpeln, indem sie in den Kanal segelten und in Devon landeten. Er hielt jedoch ihren Vormarsch in Bath auf und errang einen entscheidenden Sieg auf einem nahegelegenen Hügel. In der Schlacht trug er einen Schild mit dem Bildnis der Jungfrau Maria und bekräftigte damit seine Rolle als Verfechter des Christentums. Sein Schwert Excalibur war auf der Insel Avalon, einem verzauberten Ort, geschmiedet worden. Die in Britannien verbleibenden Sachsen wurden auseinandergetrieben und unschädlich gemacht. Arthur krönte seinen Erfolg nun mit der Verfolgung der Pikten und Schotten. Sie flüchteten sich auf Inseln im Loch Lomond, wo er sie so lange belagerte, bis sie sich halb verhungert unterwarfen.

Der Sieg im Norden beendete die erste Phase seiner Herrschaft. Er hatte Britannien den Frieden, eine beständige Regierung und die altehrwürdigen Traditionen wiedergegeben. Kirchen wurden wiederaufgebaut, und enteigneten Landbesitzern wurden ihre Güter zurückgegeben. Arthurs »ausgesprochener Mut zur Großzügigkeit« und seine »angeborene Güte«, wie Geoffrey es ausdrückt, verschafften ihm die Zuneigung der meisten seiner Untertanen. Nach der Heirat mit Guinevere, einer Dame römischer Abstammung, begann er, sein Königreich zu neuen Höhen zu führen. Zunächst leitete er einen ausländischen Feldzug. Da die Iren den Pikten und Schotten geholfen hatten, marschierte er in Irland ein und unterwarf es. Von da an eroberte er Island (was nicht schwer gewesen sein kann, da Island zu jener Zeit unbewohnt war). Darauf folgten zwölf friedliche Jahre. Dieser Teil der Geschichte ist der Ausgangspunkt für das Motiv der Tafelrunde. Geoffrey schreibt:

> »Arthur fing an, seine persönliche Gefolgschaft zu vermehren, indem er die ausgezeichnetsten Männer aus weit entfernten Königreichen zu sich einlud. Auf diese Weise entwickelte er an seinem Hof eine Form des Zeremoniells, die von entfernt lebenden Völkern nachgeahmt wurde. Das Ergebnis davon war, daß selbst ein Mann der höchsten Abstammung, wenn sein Wetteifer einmal angestachelt war, nicht die geringste Selbstachtung empfand, wenn er nicht seine Waffen und seine Kleidung auf die gleiche Weise wie Arthurs Ritter trug. Schließlich drang der Ruf von Arthurs Großmut und Kühn-

heit bis in die letzten Winkel der Erde; und die Könige von Ländern jenseits des Meeres zitterten allein bei der Vorstellung, daß sie von ihm angegriffen und überfallen werden könnten.«

Die Furcht, die er überall verbreitete, brachte ihn tatsächlich auf den Gedanken, Europa zu erobern. Er begann mit Norwegen und Dänemark. Bisher hatte ihn keiner seiner Überfälle in römisches Gebiet geführt. Aber das Römische Reich hatte immer noch die Herrschaft über den westlichen Teil des Kontinents, und als Arthur Gallien (das heutige Frankreich) angriff, stand er dem Tribun Frollo gegenüber, der dort für den Kaiser regierte. Die kaiserliche Macht war jedoch schwach. Arthur besiegte Frollo in einer einzigen Schlacht, spaltete dessen Haupt mit dem Schwert Excalibur und übernahm die Macht. Neun Jahre verstrichen, in denen er seine Stellung festigte und während eines zweiten Friedens seine gallischen Eroberungen ordnete. Seinem Mundschenk Bedevere vertraute er die Normandie an und seinem Seneschall Kay übergab er Anjou.

Zu Pfingsten hielt Arthur hof in der ehemaligen römischen Garnisonsstadt Caerleon. Aus diesem Anlaß fanden Jagden und ein Turnier statt. Ritter und Bischöfe, Adelige und untergebene Monarchen kamen über See, um ihm ihre Ehre zu erweisen. Bei einem feierlichen Gottesdienst trugen der König und die Königin ehrwürdig ihre Kronen, begleitet von Erzbischöfen und anderen Geistlichen. Die Art und Weise, in der Geoffrey die Pracht des Hofes und die Liebschaften und Heldentaten der Anwesenden skizziert, bildet eine detaillierte Grundlage für den Zyklus ritterlicher Heldendichtung:

»Britannien hatte ein solches Maß an Kultiviertheit erreicht, daß es in bezug auf seinen allgemeinen Wohlstand, den Reichtum an Zierat und der höfischen Manieren seiner Bewohner alle anderen Königreiche übertraf. Jeder Ritter im Land, der in irgendeiner Form für seine Tapferkeit bekannt war, trug Uniform und Waffen, die seine eigene Wappenfarbe zierten; und modebewußte Damen trugen oft die gleichen Farben. Sie verschmähten es, ihre Liebe einem Mann zu schenken, der sich nicht mindestens dreimal in der Schlacht bewiesen hatte. Auf diese Weise wurden die Frauen keuscher und tugendsamer, und die Ritter kämpften noch kühner um ihre Liebe.«

Während der Hof noch tagte, kamen Gesandte aus Rom an, die Lucius Hiberius, der »Prokurator der Republik«, geschickt hatte. Sie brachten einen Brief, in dem dieser merkwürdig betitelte Würdenträger Arthurs Verhalten verurteilte: der britische König hätte den Tribut nicht entrichtet, den die Briten gewöhnlich ablieferten; statt dessen hätte er sich römischen Besitz in Gallien angeeignet. Lucius forderte seine Unterwerfung und drohte im Falle der Weigerung mit einem Rückeroberungskrieg.

Arthur beriet sich mit den ihm untergebenen Königen und Fürsten, die darin übereinstimmten, daß Lucius' Herausforderung angenommen werden müsse. Aufgrund verschiedener vorausgegangener Taten (die erfunden und an früheren Stellen in die *Geschichte* eingestreut waren) konnte Arthur angeblich selber die Herrschaft in Rom beanspruchen. Er ging zum Angriff über. Er setzte seinen Neffen Modred zusammen mit der Königin als Stellvertreter zu Hause ein und rekrutierte ein großes Heer in Gallien. Nachdem er unterwegs einen menschenfressenden Riesen auf der Insel Mont Saint Michel getötet hatte, marschierte er in das Land südöstlich von Paris ein. Dort begegnete ihm Lucius mit Truppen, die von überall her aus der römischen Welt zusammengezogen worden waren. In einer schrecklichen Schlacht spielte Gawain, der andere Neffe des Arthur, eine beachtliche Rolle. Schließlich besiegten die Briten den kaiserlichen Feind am Rande der Grafschaft Burgund. Lucius fiel, und Arthur sandte dessen Leichnam nach Rom mit dem Hinweis an den Senat, daß Rom keinen anderen Tribut von Britannien erhalten werde.

Im folgenden Winter betätigte sich Arthur im Land der romfreundlichen Burgunder – Geoffrey nennt sie Allobroger, aber es besteht kein Zweifel darüber, wen er meint – »und unterwarf deren Städte«. Er plante nun, die Alpen zu überqueren und gegen Rom selbst zu marschieren, in der Absicht, letztlich den Kaiser anzugreifen, der von Konstantinopel aus den römischen Osten regierte. So hätte er seine lange geplante Eroberung Europas verwirklicht.

Doch da kam Kunde von Britannien, daß sein Stellvertreter Modred Verrat begangen, sich zum König ernannt und die Königin überredet habe, Ehebruch zu begehen. Arthur trat den Heimweg an. Es wurde bekannt, daß sein verräterischer Neffe ein Abkommen mit dem Sachsenführer Cheldric getroffen hatte, worin ihm die Sachsen ihre Unterstützung zusicherten und er ihnen dafür Teile Britanniens abtrat. Arthur trieb Modreds Heer nach Westen und besiegte ihn am Fluß Camel in Cornwall. Der Verräter wurde getötet, aber Arthur selbst war schwer verwundet; tödlich verwundet, laut Geoffrey. Deswegen wurde er »auf die Insel Avalon gebracht, wo seine Wunden behandelt werden konnten«, während er die Krone einem Cousin übergab.

So weit reicht Geoffreys Bericht. Er läßt offen, wo Avalon lag und ob der König an seiner Verwundung starb oder sich auf übernatürliche Weise wieder erholte. In einem Gedicht, das er später schrieb, *Das Leben des Merlin* betitelt, spricht er von Avalon als einer paradiesischen »Apfelinsel« in den Gewässern im Westen, wo Arthur von der Zauberin Morgan gepflegt wurde.

Nach dem Arthurstoff geht die *Geschichte* weiter, aber sie fällt allmählich ab. Fünf weitere Könige von Britannien folgen ihm. Die Sachsen werden noch bis zum letzten dieser Herrscher in Schach gehalten. Der fünfte »stiftet Uneinigkeit im Land« und macht die Insel für erneute Angriffe anfällig. Den Sachsen kommt ein überraschender Verbündeter zu Hilfe – Gormund, der König der Afrikaner. Dank der afrikanischen Armee besetzen sie rasch den Großteil des Landes. Die verbleibenden Briten werden in Wales und Cornwall eingeschlossen; die Bretagne bleibt jedoch bestehen. Die Sachsen besitzen von nun an fast das ganze Land, das jetzt England heißt.

Wahrheit oder Lügen

Im Jahre 1155 veröffentlichte Wace, ein Bewohner der Insel Jersey, eine Version von Geoffreys *Geschichte* in französischen Reimen, die er *Roman de Brut,* oder Brutusroman, nannte, was sich natürlich auf das Vermächtnis des trojanischen Gründers Britanniens bezieht. An die Beschreibung von Arthurs Ritterschaft während des zwölfjährigen Friedens fügte Wace die Tafelrunde an und führte so ein weiteres der berühmten Motive ein. Er erweiterte den Text auch um eine Passage, die auf inzwischen populär gewordene Erzählungen über den König und seine Ritter verwies. Viele davon stammten von bretonischen und walisischen Geschichtenerzählern und waren nicht direkt von Geoffrey inspiriert, obwohl sie in sein Schema passen würden. Wace schreibt folgendes über sie:

> »Während des langen Friedens, den ich erwähnte – ich weiß nicht, ob man davon gehört hat –, geschahen die Wunder und bestand man die Abenteuer, die so oft von Arthur erzählt werden, daß sie inzwischen zur Fabel geworden sind. Die Geschichten von Arthur sind nicht alle unwahr, noch sind sie völlig wahr. Die Geschichtenerzähler haben so viel erzählt, und die Dichter haben so viel fabuliert, um ihre Geschichten auszuschmücken, daß nun alles als Fabel erscheint.«

Diese warnenden Worte erlauben die Frage, der wir nun nachgehen müssen: worauf sich Arthurs erstaunliche »Geschichte« wirklich stützt. In seinem Text gibt Geoffrey einen scheinbaren Verweis auf die tatsächliche zeitliche Einordnung, nämlich Arthurs Todesjahr – 542. Bis zum Ende der Regierungszeit jedoch stellt er das Römische Reich so dar, als kämpfe es immer noch um seine Macht in Westeuropa, wobei es im Jahre 542 im Westen schon seit mehr als sechzig Jahren untergegangen war. Daher ist das Datum fast mit Sicherheit falsch und somit unbrauchbar. Bei Wace wird klar, auf was für dünnen Beinen es eigentlich steht, da er es durch 642 ersetzt. Der ganze Aufbau der Erzählung bestätigt den römischen Anhaltspunkt. Nicht nur das Bestehen des Westreiches, sondern Arthurs Familienbeziehungen und andere Einzelheiten weisen ihm einen sicheren Platz im 5. Jahrhundert zu.

Es wäre jedoch verfrüht, dort nach ihm zu suchen, ohne vorher zu klären, welchen Zweck diese Suche wohl hat. Geoffrey hat seinen Helden mit Sicherheit nicht erfunden. Wie wir sehen werden, gibt es frühere walisische Hinweise auf einen Heroen namens Arthur. Aber sie sind nicht früh genug, um zu beweisen, ob er im 5. Jahrhundert oder zu irgendeiner anderen Zeit lebte. Noch liefern sie eine hinreichende Erklärung für die Geschichte, die Geoffrey erzählt. Es könnte sein, daß die Geschichte aus der Welt des nachrömischen Britannien stammt, so daß wir sie bis zu ihren Ursprüngen zurückverfolgen könnten, wenn wir in diesem Umkreis nach anderen Hinweisen suchten. Aber es könnte ebensogut sein, daß die ganze Sache eine mittelalterliche Erfindung ist, die Geoffrey fälschlicherweise in jene frühe Zeit verlegte.

Angesichts dessen, was Wace schreibt, lohnt es sich zu fragen, was die Leute glaubten, die näher an der vermeintlichen Lebzeit des Arthur lebten als wir. Wie verstanden Leser die Legenden, die sich im Mittelalter verbreiteten? Glaubten die meisten, daß Arthur und sein Hof auf Tatsachen beruhten, oder hielten sie sie für reine Phantasieprodukte?

Die Frage ist schwierig. Mittelalterliche Vorstellungen von Authentizität unterschieden sich von denen unserer Zeit. Ein moderner Autor historischer Romane schreibt offenkundig Fiktion; und dennoch wird solch ein Schriftsteller versuchen, das Zeitalter richtig zu beschreiben: Er wird wissen wollen, wie die Charaktere wohl gelebt haben, wie sie sich gekleidet haben mögen, was sie gegessen haben und was ihre Interessen und Gebräuche gewesen sein mögen. Schriftsteller im Mittelalter taten dies nicht, da Authentizität für sie nicht so wichtig war. Wenn sie einen altertümlichen Stoff behandelten, »vermittelalterlichten« sie ihn und machten die Charaktere häufig zu ihren eigenen Zeitgenossen. Griechische und römische Legenden wurden zu mittelalterlichen Sagen, und nur solche Unterschiede blieben bestehen, die nicht übersehen werden konnten, wie zum Beispiel die Verehrung heidnischer Götter. Und so wurden die Abenteuer des Arthur, unabhängig davon, wie sie nun eigentlich datiert werden sollten, auf mittelalterliche Weise behandelt und drückten somit mittelalterliches Denken aus. Geoffrey gab den Anstoß zu diesem Vorgang, und Romanschreiber nach ihm setzten ihn weiter fort. Deshalb tragen die Ritter der Tafelrunde vollständige Rüstungen, bestreiten Turniere, befolgen die Regeln der Ritterlichkeit und haben höfische Liebesaffären. Sie sind nicht wie die britischen Krieger in der Zeit nach dem Römischen Reich, und sie sollen auch gar nicht so sein, da die Lebenswelt des nachrömischen Britannien nicht für wichtig erachtet wurde.

Genausowenig wurde sie jedoch für reine Erfindung gehalten. Kenner mittelalterlicher Romane stellten sich Arthurs Reich ungefähr so vor, wie wir uns heutzutage den Wilden Westen vorstellen. Der Wilde Westen in Romanen und Filmen ist ein von Schriftstellern und Hollywood geschaffenes Phantasieland. Trotzdem wissen wir intuitiv, daß es auf einer bestimmten Wirklichkeit beruht. Dreißig oder vierzig Jahre lang *war* der amerikanische Westen wild, zumindest jedoch ein weiter Teil davon. Es gab Sheriffs und Marshals; Leute wie Billy the Kid und Calamity Jane existierten wirklich, auch wenn sie ganz anders gewesen sein mögen als ihre erdichteten Gestalten. Aber eigentlich ist dies relativ unwichtig, es sei denn, wir haben ein spezielles Interesse an der Geschichte des Westens; auf jeden Fall wissen wir, daß es die Geschichte gibt. Genauso war es im großen und ganzen mit den mittelalterlichen Vorstellungen über König Arthur. Für die Zwecke der Heldendichtung war seine wirkliche Existenz zweitrangig. Dennoch hat es ihn tatsächlich gegeben, und zwar ungefähr zu der Zeit, die Geoffrey angibt. Unter den ernsthaften Chronisten gab es viele, die dies bezweifelten, und einen oder zwei, die dies gänzlich ablehnten, aber eine recht große Anzahl schloß sich der vorherrschenden Meinung an und nahm ihn in ihre Geschichtsschreibung auf.

Soweit herrschte hierin Übereinstimmung in Geoffreys Zeit und noch einige Jahrhunderte nach ihm. Von den Lesern, die sich mit der Sache überhaupt befaßten, verstand fast keiner die Geschichte des Arthur als reine Fiktion, nur weil sie die Scheinkulisse einer früheren Zeit hatte. Beinahe jeder glaubte, daß sie in Wirklichkeit in jene frühere Zeit gehörte, auch wenn sie dem Sinne nach und in Einzelheiten phantasiereich erweitert, verändert und auf den neuesten Stand gebracht worden war. Heutzutage, wo wir die Geschichte genauer kennen, können wir sagen, daß jene Leser eher recht als unrecht hatten. Ganz egal, wer Arthur eigentlich war – er gehört dorthin, wo Geoffrey ihn plaziert. Dort begann seine Legende; dort liegen die anfänglichen Tatsachen. In jenem Umkreis können wir nach Erklärungen und nach dem Mann selbst suchen. Trotz all der mittelalterlichen Ausschmückung ist Geoffreys König eine *authentische Figur aus der Spätantike*, aus den letzten stürmischen Zeitläufen der römischen Herrschaft in Westeuropa.

Wir können dieses Grundsatzurteil fällen, indem wir einmal versuchen festzustellen, was das Besondere an ihm ist. Verschiedene Zeitalter haben unterschiedliche Bilder von hervorragenden Eigenschaften und von besonderen oder abenteuerlichen Leistungen. Wir können daher durchaus sagen, daß den Quellen der Inspiration einer gegebenen Geschichte die Vorstellungen oder der Geist eines ganz bestimmten Zeitraumes zugrunde liegen. Ein mittelalterlicher Roman über einen christlichen Ritter etwa, der in das Heilige Land geht, um die Sarazenen zu bekämpfen, wird offensichtlich von den tatsächlichen Kreuzzügen inspiriert worden sein. Er würde wohl nichts mit Ereignissen zu tun haben, die tausend Jahre zurückliegen. Sherlock Holmes gehört in das 19. Jahrhundert, James Bond in das 20. Es gibt zwar zahllose Geschichten von Londoner Detektiven und weit herumkommenden Geheimagenten, aber sie gehören alle in eine verhältnismäßig moderne Zeit, und niemand würde sie in den Zeiten des Julius Cäsar vermuten. Das gleiche gilt für fiktionalisierte Geschichte.

Geoffreys Datierung des König Arthur kann auf die gleiche Weise bestätigt werden. Jenseits all der Phantasie verkörpert er einen Mythos, ein Ideal, eine Notwendigkeit, die man aus dem Zeitalter kennt, in dem er angeblich gelebt hat.

Lewis Thorpe, Geoffreys moderner Übersetzer, fragt, wodurch sich Arthur von seinen anderen Königen unterscheidet. Die erste Eigenschaft, die Thorpe nennt, ist »die Aura des Überirdischen und Geheimnisvollen, die seiner Person schon vor der Geburt anhaftet«; die letzte ist »der Umstand, daß er nicht starb, sondern auf die Insel Avalon gebracht wurde«. Er ist, mit anderen Worten, eine mystische Figur. Und zwar hängen seine mystischen Eigenschaften mit einer besonderen Sendung zusammen. Merlins Magie bringt Arthur in ein Land, in dem Uneinigkeit und Verwüstung herrschen, das durch innere Konflikte und unrechtmäßige Thronaneignung geschwächt und zum Teil von Barbaren besetzt ist. Britannien hat eine uralte und hochentwickelte Zivilisation, aber Vortigern und seine heidnischen Freunde haben sie zu Fall gebracht. Etwas äußerst Kostbares steht auf dem Spiel, und Arthurs Onkel und Vater haben lediglich das Schlimmste verhütet. Arthur erscheint mit seiner ungewöhnlichen Herkunft, seiner Jugend und Frische, bezwingt mit bravourösem militärischen Geschick die Peiniger Britanniens und schafft Ordnung aus dem Chaos. Er stellt die alte Ordnung wieder her und baut auf diese Ordnung. Er tritt sein Erbe an und treibt sein Reich vorwärts in ein »Goldenes Zeitalter«, in dem alles, was Britannien jemals repräsentierte, auf eine höhere Stufe gehoben wird. Am Ende wiederholt sein seltsames Dahinscheiden sein ebenso seltsames Erscheinen. Er ist das Instrument einer höheren Berufung, einer mehr als menschlichen Mystik und gehört dennoch zu dieser Welt und nicht zur nächsten.

Dieses Muster taucht auch in späteren Versionen, trotz zahlreicher Variationen im Detail, immer wieder auf. In Malorys *Morte d'Arthur*, ein Werk aus dem 15. Jahrhundert und das bekannteste Arthurbuch in englisch, erscheinen die übernatürlichen Eigenschaften erneut, und andere sind hinzugefügt. Arthur befreit das Land von kleinen Tyrannen, die das Reich in Stücke reißen, aber er ist trotz allem ein Befreier, der Ordnung aus dem Chaos schafft, in diesem Falle hauptsächlich mit Merlins Zauberkraft. Sodann gründet er eine Art Ritterutopia, dessen Mittelpunkt die Tafelrunde ist.

Der besondere Lebenslauf des Arthur zeichnet ihn als Vertreter jenes Heldentyps aus, dessen Bild in der Zeit der Spätantike immer wieder auftauchte. Er ist die *britische* Version jenes Helden. Wie die Legende eines solchen Menschen über sechs oder sieben Jahrhunderte hinweg bis zu Geoffrey von Monmouth überliefert werden konnte, ist eine Frage, der wir später nachgehen müssen. Was jedoch zählt, ist, daß Arthur, so wie er von der Phantasie gestaltet wurde, solch eine Figur ist und damit eindeutig in jenen Umkreis gehört – oder zumindest dort besser zu verstehen ist als anderswo.

Wir müssen nun von Geoffreys Phantasiewelt in die tatsächliche Geschichte hinüberwechseln und das Verhältnis der beiden zueinander zu beurteilen suchen. Aus dem Zeitgeist der spätrömischen Welt können wir verstehen, was die dahinterliegende Vorstellung war und wie sie Gestalt annahm. Wir können so auch die bedeutenden Probleme jener Welt erfassen und das Britannien, das ein Teil davon war, begreifen. Anscheinend stieß er dort irgendwie auf König Arthur.

Vielleicht können wir nicht direkt bis zu Arthur durchdringen. Aber wir können hoffen, ihm zumindest auf die Spur zu kommen.

2. Das nie erlöschende Licht

Bedroher und Erretter des Reiches

Am 24. August des Jahres 410 marschierte ein gotisches Heer in Rom ein und plünderte die Stadt. Für ihre Einwohner schien das Ende der Welt gekommen zu sein. In ganz Westeuropa hatte man guten Grund zu dieser Annahme. Vom Atlantik bis zur Adria zerbröckelte das Römische Reich. Räuberische Barbaren verwüsteten Gallien und Spanien ebenso wie Italien. Es waren keine Eroberer, noch nicht jedenfalls, denn kein Gebiet war vertraglich an sie abgetreten worden. Aber sie waren da, unangepaßt und bedrohlich: nicht nur die Goten, sondern auch andere fremde Völker – Franken, Vandalen, Alanen und Sueven. Sachsen und Burgunder waren ebenfalls im Vormarsch. Und über die Ebenen im Osten zogen die beunruhigendsten aller Barbaren heran, die Hunnen, die einige der Gotenvölker über die Grenze des Reiches gedrängt hatten, die sie bald selbst bedrohen sollten.

Wie es schien, ging eine zerschlagene Gesellschaft unter. »Aus Verzweiflung«, um die Worte einer modernen Diagnose zu benutzen. Verzweiflung herrschte sicherlich, und dennoch scheint es, daß jenes Zeitalter auch von einer hartnäckigen, trotzigen Hoffnung geprägt war. Seit das Schicksal des Reiches unsicher war, hatte der Wechsel zwischen Licht und Dunkelheit Mythen geboren. Die Ablösung eines Kaisers durch einen anderen mochte mehr oder weniger enttäuschend sein, aber der nächste konnte ja wieder ganz anders sein. Er könnte derjenige sein, der das Reich durch einen dauerhaften Frieden, eine Harmonie der Völker und eine gerechte Herrschaft wieder zusammenhalten würde. Und obwohl dies noch keinem Herrscher für lange Zeit gelungen war, bestand die Vision von einem Cäsar, der dies vollbringen würde oder könnte, beharrlich fort.

Trotz der Unterdrückungen, Verfehlungen und Verbrechen im Reich war keine *andere* Weltordnung denkbar. Deshalb konnte es auch noch immer seinen Zauber auf seine Bewohner ausüben. Und dieser Zauber übertrug sich auch auf die hereinbrechenden Barbaren. Selbst gotische Häuptlinge, die ursprünglich nur Zerstörung wollten, änderten ihre Pläne und zogen es vor, das Reich zu erhalten; vielleicht unter ihren eigenen Bedingungen, auf jeden Fall aber wollten sie es erhalten. *Romanitas* bedeutete schlechthin Zivilisation. Von der stoischen Philosophie der Griechen stammte die Vorstellung einer *Cosmopolis,* einer Welteinigkeit. In den Augen der nachdenklicheren Römer war Rom nicht so sehr der Schöpfer dieser Einigkeit als vielmehr deren Hüter. *Romanitas* war eine Mystik, ein Glaube. Die Vision von einem möglichen Erretter war deshalb auch geistlich-religiös besetzt. Sie kam und ging, und im Jahre 410 hatte sie einen Tiefstand erreicht, aber sie hatte immer noch Kraft, sich zu erholen. Das Amt des Weltretters, des *Restitutor Orbis*, war noch immer unbesetzt.

Bilder von Unheil und Rettung hatten sich schon im 3. Jahrhundert in den Köpfen der Römer festgesetzt, als das Reich schon einmal eine schwere Krise durchgemacht hatte. Da es keine geregelte Amtsnachfolge gab, war es jahrzehntelang durch die skrupellosen Machtkämpfe rivalisierender Thronbewerber zerrissen worden, und barbarische Eindringlinge hatten die Verwirrung ausgenutzt. Nach vielen getäuschten Hoffnungen tauchte dann ein *Restitutor* auf und wurde vom Senat offiziell dazu ernannt. Es war Aurelian, ein Soldat, der sich hochgedient hatte und von der Armee zum Kaiser erwählt worden war; er schlug die Barbaren zurück und befriedete die römische Welt. Aurelian jedoch wurde ermordet, aber einer seiner eigenen Soldaten, Diocletian, wurde 284 Kaiser. Er führte Aurelians Werk weiter und setzte den Wiederaufbau in großem Maßstab fort. Auch um 410 trug das Reich noch viele Zeichen seiner Hand, und aufgrund der Restauration, die tatsächlich stattgefunden hatte, blieb es möglich, von einer weiteren zu träumen.

Diocletian zielte darauf ab, die Dinge zu stabilisieren. Seine fortwährenden Feldzüge gegen die Barbaren schafften Frieden innerhalb der Grenzen, und er versuchte, die Amtsnachfolge durch ein Gesetz über Adoption und Staatsheiraten zu regulieren. Er erweiterte und stärkte die Regierungsgewalt ungemein, indem er regionale Statthalter einsetzte, die ihm unterstellt waren, wodurch allen Belangen die notwendige gleiche Aufmerksamkeit zuteil werden sollte. Es handelte sich hierbei schon um weit mehr als nur Politik oder Ökonomie. Die *Cosmopolis* hatte bereits seit Jahren einen mystischen Unterton. Die Anbetung des Kaisers war eine feststehende Praxis und folgte manchmal einem Stil, der asiatischen Sonnenkulten entlehnt war. Diocletians Absolutismus festigte den mystischen Glauben.

Alle Götter wurden für Aspekte oder Abgesandte einer einzigen Gottheit gehalten, die über das Reich wachte. Der Kaiser war deren irdischer Repräsentant, der Brennpunkt der Einheit, von der Gottheit ernannt und selbst göttlich in seiner Person. Der Kult, der sich auf ihn zentrierte, war der »des ewigen Lichtes«. Die örtlichen Verwaltungsbeamten, die es am Brennen hielten, mußten »im Schoße ihres Geburtsortes verbleiben« und »das ewige Geheimnis behüten«, das sie »nur aus Gottlosigkeit preisgeben konnten«. Als religiöse Pflicht und Loyalitätsprüfung konnte von jedem verlangt werden, an den Altären des Kaisers zu huldigen.

Fast alle waren dazu bereit – nur die Christen weigerten sich, und ihre Weigerung machte sie des Hochverrats schuldig.

Außerdem war diese Kirche eine selbständige, gut organisierte Körperschaft, die von Diocletians System nicht kontrolliert werden konnte. Er begann deshalb mit einer vernichtenden Verfolgung dieser neuen Religion.

Diocletian trat 305 zurück, doch der religiöse Konflikt blieb ungelöst. Es wurde bald klar, daß seine Stabilisierungspläne mißlungen waren. Nach dem jahrelangen Krieg zwischen rivalisierenden Herrschern erschien ein weiterer *Restitutor*, Constantin der Große. Er behielt die Staatsmaschinerie weitgehend bei und verstärkte die Mystik, indem er der Sonnengottheit, die der Kaiser verkörperte, neue Bedeutung gab. Dann besann er sich eines Besseren: Er hatte recht in bezug auf das höchste Wesen, aber unrecht in bezug auf dessen Natur und Gebote. Die Christenverfolgung sei eine Missetat, die den Himmel verstimmt habe. Deshalb stellte Constantin sie ein und erklärte, er habe an einem entscheidenden Augenblick in den Kriegen eine Vision gehabt, ein Lichtkreuz am Himmel sei ihm erschienen. Schließlich wurde er alleiniger Kaiser und machte das Christentum zur offiziellen Religion. Die Christen waren in der Minderheit, aber die Verfolgung hatte ihre Überzeugungskraft und ihren Zusammenhalt bewiesen. Mit Hilfe üppiger Pfründen versuchte Constantin, die Kirche als geistlichen Arm des Staates für seine Zwecke zu nutzen.

Die Veränderung, die er im Auge hatte, war nicht besonders drastisch. Als Kaiser konnte er nicht länger göttlich sein, aber er konnte Gottes »Vizekönig« sein und damit immer noch der Mittelpunkt einer mystischen Einheit, die über allen Priestern stand. Die meisten Priester gingen darauf ein, und sein Biograph, Bischof Eusebius, stimmte mit der Auffassung »Ein Gott – ein Herrscher« überein. Obwohl Constantin seine eigene Taufe bis zum letzten Moment aufschob, wurde er als »den Aposteln gleich« gepriesen. Eher durch Staatskunst als durch seinen Übertritt zum Christentum war es ihm gelungen, mehr als irgendeinem Kaiser vor ihm, zu einem irdischen Messias zu werden. Solch eine Herrschaft konnte nicht in Vergessenheit geraten.

Nach Constantins Tod im Jahre 337 teilten seine Söhne das Reich. Eine Zeitlang hielt die frische moralische Energie den Eindruck der Erneuerung aufrecht. »Das Zeitalter der Restauration« war ein häufiges Motto auf Münzen und Inschriften. Und das war keine allzu große Ironie. Die meisten der Männer, die das Reich in seiner Krise gerettet hatten und seinen Wiederaufbau bewerkstelligten, waren Soldaten aus bescheidenem Stande und vielfältiger Herkunft gewesen, so daß ein neuer Reichtum an frischen, unverbrauchten Talenten neben der alten Aristokratie entstanden war. Eine gemeinsame Erziehung trug dazu bei, beide Eliten zusammenzuschweißen.

Aber nach einer gewissen Zeit fingen die Barbaren wieder an einzudringen. Das Christentum hatte mittlerweile dem Reich keine dauerhafte Einheit gebracht. Es war ja selbst gespalten durch die Arianische Ketzerei, die die volle Göttlichkeit Christi bestritt. Mehrere Kaiser sprachen sich zugunsten der Häresie aus und lagen somit im Widerstreit mit ihren katholischen Untertanen. Die orthodoxe Glaubensrichtung triumphierte schließlich unter Theodosius, der im Jahre 395 für kurze Zeit alleiniger Kaiser war, und versuchte, wieder eine Einheit zwischen Staat und Kirche herbeizuführen. Christen, zumindest nominelle Christen, waren zu jener Zeit beinahe im ganzen Reich in der Mehrheit. Allerdings waren die barbarischen Völker, die christianisiert worden waren, arianische Ketzer. Als sie gegen die katholischen Massen vordrangen – die ihnen zahlenmäßig bei weitem überlegen, aber unbewaffnet waren –, bedeutete dieser Zwist, daß auch die gemeinsame Religion keine Versöhnung gewährleistete.

Auch war der katholische Glaube selbst nicht so nützlich, wie Constantin es erwartet hatte. Der Glaube zwang dazu, eine Unterscheidung zu machen, die im Heidentum unbekannt war, nämlich zwischen den Dingen, die des Kaisers waren, und jenen, die Gott gehörten. Darüber hinaus zeitigte ein Schritt, den Constantin im Jahre 330 gemacht hatte, Folgen, die sich seinem Verständnis entzogen. Er hatte die am Bosporus gelegene Stadt

Byzanz vergrößert und sie zu einer neuen Hauptstadt gemacht, die ihm zu Ehren Konstantinopel genannt wurde. Rom hörte damit auf, Mittelpunkt der Reichsregierung zu sein (selbst als der Westen wieder eigene Kaiser hatte, zogen diese in der Regel Mailand oder Ravenna vor), aber das uralte Ansehen der großen Stadt konnte nie gelöscht oder ersetzt werden.

In der Abwesenheit eines Kaisers ging ein Teil des Prestiges allmählich auf den Bischof von Rom über. Als Nachfolger des heiligen Petrus hatten die Bischöfe von Rom eine besondere Stellung inne. Ihr Bistum wurde als Urquell des orthodoxen Glaubens verehrt. Nun standen sie nicht mehr im Schatten eines kaiserlichen Nachbarn und lebten in den eindrucksvollen Quartieren, die Constantin ihnen zugeteilt hatte. In zunehmendem Maße wurden sie als Autorität angesehen; immer mehr bürgerte sich der Titel »Papst« für sie ein.

Da Orthodoxie Glaubensgemeinschaft mit dem römischen Bischofssitz bedeutete, war die Kirche ein Vehikel für die *Romanitas*. Aber diese religiöse *Romanitas* führte ihr eigenes Leben; sie befand sich nicht immer im Einklang mit der politischen. In Konstantinopel gelang es dem Kaiser vielleicht manchmal, der Kirche Vorschriften zu machen. In weiten Teilen des Reiches, und besonders im Westen, konnte er das nicht.

Diese Teilung hatte praktische Auswirkungen. Es gab immer noch genug Bürger im Reich, die Gemeinsinn besaßen und bereit waren, dem Allgemeinwohl als Beamte, Lehrer oder in anderer Funktion zu dienen. Es gab nun allerdings zwei entgegengesetzte Möglichkeiten für sie. Früher hatten sie ihre Fähigkeiten dem Staat gewidmet; nun konnten sie zwischen Staat und Kirche wählen. Häufig entschieden sie sich für die Kirche. Einige, wie zum Beispiel der heilige Ambrosius von Mailand, wechselten vom weltlichen zum geistlichen Amt über. Der Enthusiasmus für den Staat ließ allmählich nach; der Abzug von Begabungen verminderte seine Qualität; und so ging es langsam bergab mit ihm.

Heiden mit ähnlichen Talenten hätten die Lücken füllen können, aber am Beginn des 5. Jahrhunderts gab es zu wenige, die dazu bereit waren, und die Förderung der anderen Religion durch den Kaiser hatte sie dem Staat entfremdet. Als im Jahre 410 die Goten hereinbrachen, sagten die Heiden, Rom werde dafür bestraft, daß es den alten Göttern untreu geworden sei. Die Kirche fand ihren Verteidiger im heiligen Augustinus. Seine Geistesstärke und Leidenschaft übertrafen alles, was das Heidentum zu bieten hatte. Dennoch schien seine Antwort die Zweiteilung zu bekräftigen. Es gebe zwei Gemeinden, sagte er, die Stadt auf dieser Welt – die des verderbten und der Sünde verfallenen Menschen – und die Stadt Gottes. Die erstere begehe und erleide Böses. Die letztere könne sie zum Guten bekehren, sei aber hauptsächlich um die Ewigkeit besorgt. Zwar wurde die Stadt des Menschen nicht mit dem Staat gleichgesetzt, und die Stadt Gottes war nicht identisch mit der Kirche, aber Augustinus' Argumentation verbot es dennoch, die beiden als Einheit zu verstehen.

Ein starker und geachteter Kaiser hätte vielleicht noch eine wirksame Allianz schmieden können. Nach Theodosius waren die Kaiser für ein paar entscheidende Jahrzehnte praktizierende Christen, manchmal sogar aus Frömmigkeit, aber sie waren weder stark noch geachtet. In dieser kosmopolitischen Welt gab es nichts mehr von dem Ernst und der Pflichttreue der alten römischen Oberschicht. Die meisten Reichen verrieten ihre Weltanschauung durch farbenfrohe Kleidung und farbloses Gerede. Was die Kriegführung betraf, so gehörte die standhafte Front der Legionen, die einst Roms Feinde aufgerieben hatten, der Vergangenheit an. Das kaiserliche Heer war ein zusammengewürfelter Haufen. Scharen barbarischer Söldnertruppen sorgten auf dem Schlachtfeld für ein buntes Bild; gepanzerte Kavallerie und berittene Bogenschützen ritten zwischen einem Gewirrr von Fußsoldaten, die allein vom Geld angelockt worden waren.

Aber der Mythos der *Romanitas* überlebte. Er überlebte in all den Wirren der Uneinigkeit, der ungelösten Probleme und des starken und stetig zunehmenden Drucks von innen und außen.

Noch immer konnte man von einem *Restitutor Orbis* träumen, der die Zügel in die Hand nehmen und die Hoffnungen erfüllen werde. Und die Nöte der Zeit machten den Traum immer stärker. Niemand aber konnte sagen, woher der *Restitutor* kommen, noch wie er handeln würde, falls er wirklich käme.

Sonderfall Britannien

Wir können nun besser verstehen, welche Art von Held Geoffreys Arthur ist. Er ist ein *regionaler Restitutor*, der diesen Traum – zumindest für eine gewisse Zeit – in einem kleinen Teil der kaiserlichen Welt erfüllt. Er hat den Segen übernatürlicher Mächte, und er rettet ein geschlagenes Königreich vor den Auswirkungen von Verbrechen und Hader in hohen Ämtern. Er treibt die Barbaren zurück, die hereingelassen wurden, rekrutiert neue Männer, Männer mit Fähigkeiten und Integrität, ohne Rücksicht auf ihre Herkunft. Er kämpft für den christlichen Glauben und verbündet die Kirche mit seiner Herrschaft, allerdings nicht in der überweltlichen Manier königlicher Heiliger, die man im Mittelalter bewunderte. Er beweist sich als Meister der Kriegführung, und dennoch gibt er seinen Untertanen einen dauerhaften Frieden. Er führt eine gerettete Zivilisation auf neue Höhen. Und er hat einen prachtvollen Hof. Er errichtet sogar so etwas wie ein »neues Reich«.

Diese Dinge galten weitgehend, und nicht nur durch die rosa Brille des historischen Rückblicks, für die wirklichen Erneuerer vergangener Zeiten: weniger beeindruckend für jeden einzelnen der drei Herrscher Aurelian, Diocletian und Constantin, doch um so eindrucksvoller für alle drei zusammen und ihre Gesamtleistung.

Innerhalb seiner Grenzen verkörpert König Arthur diese Art von Vision. Ja, man kann sogar die Tatsache, daß er gegen die Römer kämpft, so verstehen, daß die Vitalität und die Ideale des abgewirtschafteten Reiches auf Britannien übergegangen sind.

Die Einzelheiten in Geoffreys Bericht sind weitgehend mittelalterliche Phantasie. Doch sein Grundkonzept ist nicht mittelalterlich; es ist ein Produkt des späten Altertums. Irgendwie traf er im 12. Jahrhundert auf eine Legende, die in jenem Boden wurzelt; sie wurde in mittelalterlicher Manier phantasievoll verfremdet, aber nicht ihrem ursprünglichen Kontext entwunden.

Die natürliche Erklärung ist, daß Britannien wirklich einen *Restitutor* hatte. Vielleicht nur kurz, vielleicht nur andeutungsweise, aber dennoch mit so viel Wirkung, daß eine Bevölkerung, die römische Bürger gewesen waren und sich an die *Romanitas* erinnerten, ihn mit jener Rolle besetzte. Falls es ihn wirklich gab, war er mit Sicherheit der ursprüngliche Arthur. Das würde jedoch bedeuten, daß Geoffreys Bericht auf Tatsachen beruht. Er erzählt von einem Britannien im 5. Jahrhundert, das von Rom unabhängig war und seine eigenen Herrscher hatte; und von einer Katastrophe, die in gewisser Weise an die Schwierigkeiten des Reiches mit seinen Usurpatoren und Barbaren erinnert; und schließlich von einem Wiederaufstieg, in dem der König Arthur die Rolle des *Restitutors* spielen kann. Als Literatur funktioniert das alles recht gut und ist der Zeit vorzüglich angepaßt. Aber spiegelt es irgend etwas wider, das wirklich geschah?

Je näher wir an den Kern von Geoffreys großem Rätsel vordringen wollen, desto klarer müssen wir uns darüber sein, mit welcher Art von Autor wir es zu tun haben. Was immer er auch vorgibt, er betreibt keine Geschichtsschreibung. Selbst von den Riesen, Drachen und ähnlichen Sagenmotiven abgesehen, können wir nichts von dem, was er sagt, glauben, nur weil er es sagt. Geoffrey ist in erster Linie ein fiktionaler Schriftsteller, der eine Pseudogeschichte austüftelt und dabei propagandistische Ziele im Auge hat. Er will die alten Briten, die Vorfahren der Waliser und Bretonen, verherrlichen, so daß sich seine eigene walisische und bretonische Verwandtschaft im Glanze der Vorfahren und der Zukunft sonnen kann, die Merlin ihnen voraussagt. Außerdem sind Teile seiner Erzählung so angelegt, daß sie bedeutenden Männern seiner eigenen Zeit schmeicheln und um ihre Gunst werben.

Allerdings können wir uns nicht damit zufriedengeben und einen wirklichen Arthur unberücksichtigt lassen. Denn Geoffrey konstruiert seine Fiktion, indem er *Fakten* benutzt. In seiner erfundenen Geschichte kopiert er Figuren und Ereignisse aus der wirklichen Geschichte. Wenn er die römische Zeit behandelt, sind in seinem Bericht Julius Cäsar, der Kaiser Claudius, der in Britannien einmarschierte, und andere aus der realen Welt enthalten. Was er ihnen nachsagt, hat in der Regel eine verzerrte Ähnlichkeit mit dem, was sie tatsächlich taten. Manchmal ist die Übereinstimmung zwischen einem der Charaktere Geoffreys und dessen Original äußerst gering, aber sie ist immer noch erkennbar. Als Merlin den endgültigen Untergang der Fremden prophezeit, wiederholt Geoffrey eine tatsächliche *»Prophezeiung des Merlin«*, die Jahrhunderte zuvor aufgezeichnet worden war. Auch nach der Behandlung des Arthurmotivs weist die *Geschichte* diese Eigenschaften auf: Mehrere der erwähnten Herrscher sind authentisch.

Um seinen Übersetzer Lewis Thorpe noch einmal zu zitieren: »Die Liste der Eigennamen und Ortsnamen am Ende seines Bandes enthält 871 Stichworte. Ein beträchtlicher Teil davon sind Namen historischer Figuren und auf der Karte befindlicher Orte. Vieles von diesem Hintergrundmaterial ist fast bis zur Unkenntlichkeit entstellt; aber ganz in seinem Ursprung hat es ein gewisses Element der Wahrheit. Geoffrey hat es nicht erfunden.«

Dies bedeutet, daß wir Geoffreys Geschichte ebenso weiterverfolgen können, wie etwa einen historischen Roman. Ein Roman ist niemals Geschichtsschreibung und sollte nie als Tatsachenbericht verstanden werden, auch wenn der Schriftsteller noch so sehr versuchte, historisch genau zu sein. Mit Geoffrey von Monmouth verhält es sich genauso.

Der Abschnitt über Arthur setzt ein in einem unabhängig von Rom getrennten Britannien im 5. Jahrhundert. Wenn wir uns der tatsächlichen Geschichte zuwenden und uns dieses Land zu jenem Zeitpunkt ansehen, was stellen wir fest? In erster Linie, daß Britannien tatsächlich unabhängig war und trotz seiner vom Reich entlehnten Zivilisation noch immer seinen eigenen Charakter bewahrt hatte und auf eine Vergangenheit zurückblickte, von der ein großer Teil wichtig ist für das Verhältnis nicht nur von Arthur, sondern auch von Merlin, Guinevere und anderen Figuren und Motiven zu ihrer nationalen Geschichte.

Britannien war recht spät Teil des römischen Herrschaftssystems geworden. Die Briten waren ein keltisches Volk, ein Zweig einer mächtigen Kultur, die sich während der letzten Jahrhunderte vor Christus über Mittel- und Westeuropa ausgebreitet hatte. Die Gesamtheit der Kelten schloß eine Vielzahl von Gruppierungen und Stämmen ein. Die Gallier, die Teil des Reiches waren, gehörten dazu, und die Iren, die nie im Reich waren. Die Briten hatten eine Sprache, die inzwischen ausgestorben ist, aber im Walisischen weiterlebt. In den letzten beiden Jahrhunderten vor Christus wußte die Außenwelt noch recht wenig über die Briten, außer über deren Druiden. Diese waren ein eng verflochtener, sehr religiöser Orden, eine äußerst einflußreiche Elite. Sie waren Priester, Gelehrte, Barden, Ratgeber der Könige und Hellseher. Es gab sie auch in Irland und in Gallien, aber ihre führenden Zentren befanden sich in Britannien. Ihre Religion war eine Mischung aus philosophischen, ästhetischen und barbarischen Elementen. Griechische Beobachter interessierten sich für ihre Doktrin der Unsterblichkeit; die Römer hingegen waren mehr beeindruckt von den anarchistischen Ansätzen ihrer Religion und ihrem Ritual des Menschenopfers.

Das Druidentum brachte auch ein besonderes Merkmal der keltischen Gesellschaft zum Ausdruck, nämlich den ungewöhnlich hohen Status der Frauen. Vertreter beider Geschlechter konnten Druiden sein. Ebenso konnten Vertreter beiderlei Geschlechts das Königsamt innehaben. Keltische Königinnen waren kraft Geburt Herrscherinnen über Stammesbünde. Auch in der Sexualmoral jener Würdenträger gab es eine absolute Gleichbehandlung. Eine Königin konnte sich einen Geliebten nehmen, ohne mehr verurteilt zu werden als ein König, der eine Geliebte hatte.

Schon Julius Cäsar unternahm zwei Vorstöße auf die Insel, aber die Römer begannen erst im Jahre 43 n. Chr. mit der eigentlichen Eroberung. Nach jahrzehntelangem Kampf gegen Anführer von Widerstandsbewegungen – wie zum Beispiel den der heldenhaften Boudicca, Königin der Icener, die 60 n. Chr. einen Aufstand anzettelte und vorübergehend London zurückeroberte – umfaßte das römische Britannien in etwa das heutige England und Wales. Das dahinterliegende Land war bis zur schmalsten Stelle in Schottland teilweise mit Truppen besetzt, war aber nie vollständig erobert worden. Noch weiter im Norden gab es Stämme, die die Römer bekämpft und einige Male geschlagen, nie aber bezwungen hatten. Wie die Dinge nun standen, war die endgültige Grenze ein befestigter Wall, der unter Kaiser Hadrian quer über den nördlichen Abschnitt Englands errichtet worden war. (Teile davon stehen heute noch dort.)

Südlich des Walls wurde das Land »romanisiert«. Städte wurden gebaut und durch Straßen verbunden. Der Provinzgouverneur und die höheren Beamten kamen zwar von außerhalb, aber der Großteil des Landes wurde in *civitates* (Kantone) aufgeteilt, deren Ratsversammlungen aus wohlhabenden Briten und Nachkommen früherer Häuptlinge und Adeliger bestanden. Sie und die Räte der Städte sandten Delegierte an eine Zentralversammlung für ganz Britannien, die den Gouverneur beraten konnte.

Seit dem Beginn des 3. Jahrhunderts waren alle freien männlichen Briten Bürger des Kaiserreiches und allen anderen gleichgestellt. Die oberen Schichten wurden wie Römer erzogen und waren zweisprachig, wobei Latein die Schrift- und Geschäftssprache war. Die vornehmen Briten gaben ihren Kindern oft römische Namen. Viele der Wohlhabenderen lebten in Villen – luxuriösen Landhäusern mit Ackerland und Werkstätten und

Sklaven als Personal. Diese romanisierte, villenreiche Gesellschaft war am stärksten in bestimmten Teilen des Südens vertreten, wie etwa der heutigen Grafschaft Cloucestershire.

Während des ganzen 3. und für große Teile des 4. Jahrhunderts ging es im römischen Britannien friedlicher zu als auf dem Kontinent. Die Bevölkerung betrug ungefähr zwei Millionen, vielleicht mehr. Das Kleingewerbe und der Bergbau florierten. Die Landwirtschaft produzierte einen Überschuß an Getreide, das exportiert werden konnte; manchmal wurde der Export allerdings erzwungen – ein Grund zum Ärgernis. Als Diocletian und Constantin herrschten, wurde es allmählich klar, daß Britannien nicht mehr passiver Teil des Reiches war. Es war ein Land, in dem merkwürdige Dinge geschehen und Initiativen ergriffen werden konnten.

Im Jahre 286 ernannte sich ein Admiral namens Carausius für ein paar Jahre zum unabhängigen Herrscher. Als Britannien zurückerobert wurde, schilderte eine Gedenkmedaille, wie London den römischen Kommandeur als *Redditor Lucius Aeternae*, »Überbringer des ewigen Lichts«, willkommen hieß. Aber der Sohn des Kommandeurs war kein anderer als der große Constantin selbst, der in York zum Kaiser proklamiert wurde und damit seine messianische Laufbahn antrat, die ihn durch ganz Europa führte. Britannien gewann zunehmend an Bedeutung als wichtiges Glied im Reich des Kaisers, und wie das ganze Reich wurde es offiziell christlich. Britische Bischöfe waren bei Konzilen in Gallien und Italien vertreten. Aber selbst nach Constantins Amtszeit war die Zahl der Christen gering. Es gab sogar ein kurzes Wiederaufleben des keltischen Heidentums. Neue Tempel wurden gebaut, zum Beispiel ein großer dem Gott Nodons geweihter Schrein, unweit von Geoffreys Monmouth.

Im Jahre 367 fing die Ordnung des Kaiserreiches auch in Britannien an zu zerbröckeln. Jahrzehntelang hatten die Briten unter den Überfällen barbarischer Stämme gelitten. Vom Norden her kamen die Pikten, über deren Angriffe sich Geoffrey so detailliert ausläßt. Sie strömten aus ihrer Heimat jenseits des

Firth of Forth: kleine bärtige, tätowierte Krieger, die mit Schlingen und Speeren kämpften. Von Westen her kamen die Iren. Viele von ihnen wurden verwirrenderweise »Skoten« genannt. (Erst eine größere Wanderung der Skoten in den nördlichen Teil Britanniens gab diesem den Namen Schottland.) Geoffrey erwähnt sie ebenfalls. Sie überquerten das Meer in leichten, seetüchtigen Booten, die aus Tierhäuten bestanden, die sie über Holzrahmen spannten. Sie trugen Lanzen und Schwerter und runde Schilde. Wenn sie an Land waren, sammelten ihre Führer sie mit Signalen aus riesigen Hörnern. Und schließlich kamen die Sachsen von den norddeutschen Küstengebieten, die Geoffreys Erzschurken werden sollten. Sie waren zuerst als Piraten aufgetaucht, die Schiffe plünderten, aber nun gingen sie auch an Land und begannen dort ihre Raubzüge. Ihre Hauptwaffe war ein kurzes Schwert, *Seax*, nach dem sie auch benannt sind. Sie kämpften zusätzlich mit acht Fuß langen Lanzen und mächtigen Bogen.

Diese Angreifer waren lange Zeit unabhängig voneinander vorgestoßen. Dann hatten die Pikten und Skoten damit begonnen, sich gegenseitig zu helfen, und im Jahre 367 stürmten alle drei feindlichen Stämme gemeinsam vor, unterstützt noch durch unzufriedene Briten und verstärkt durch Sklaven, die die Villen ihrer Herren verlassen hatten. Für kurze Zeit wurde Britannien vom Reich weggerissen. In einem verwirrenden und chaotischen Feldzug wurde es zwar zurückgewonnen, aber die Wiederherstellung des Friedens war nicht eine Wiederherstellung all dessen, was vorher existiert hatte. Zu viele Güter waren geplündert worden; zu viele Sklaven waren geflohen. Die römische Lebensform verschwand allmählich, und die meisten Städte fingen an zu zerfallen. Es gab ein wachsendes Unbehagen über die zentrale Autorität Roms und Britanniens Abhängigkeit davon.

Im Jahre 383 wurde ein weiterer Kaiser, wie schon Constantin zuvor, in Britannien ausgerufen und gewann zahlreiche Anhänger im Volk. Es war Magnus Clemens Maximus, ein Heeresbefehlshaber spanischer Herkunft, von dem man sagt, er habe eine britische Frau geheiratet. Mit einer Armee, in der viele Briten kämpften, gewann er die Herrschaft über Westeuropa und nahm sogar Rom ein. Theodosius, der den Osten beherrschte, besiegte ihn schließlich. Aber wieder hatte jemand in Britannien eine entscheidende Initiative ergriffen; wieder hatte jemand aus Britannien sich einen Namen auf dem Kontinent gemacht. Maximus hinterließ einen langanhaltenden Eindruck auf der Insel, auf der sein Abenteuer begonnen hatte. Die Legenden unter den Nachkommen der Briten in Wales und Cornwall machten ihn später zu einem noblen Herrscher und »Ehrenbriten« durch Heirat. Prinzen verfolgten ihren Stammbaum bis zu ihm zurück. Dies war der Maximus, dessen britische Soldaten sich angeblich im Nordwesten Galliens, der damals Armorica hieß, niederließen und somit aus einem Teil davon die »Bretagne« machten.

Was Maximus mit seinen kontinentalen Feldzügen im wesentlichen bewirkte, war, daß Britanniens alte Schwierigkeiten erneut auflebten. Er hatte zu viele Truppen aus dem Land abgezogen. Bald kehrten die Barbaren zurück, und die Iren plünderten diesmal nicht nur, sondern eigneten sich in Wales sogar Land an. Zunächst unternahm das Reich sehr wenig dagegen. Theodosius starb 395, und sein Thronfolger im Westen wurde sein Sohn Honorius. Der Junge war damals erst zehn Jahre alt und sollte nie zu einem Kaiser von Format heranreifen. Ein römischer Feldzug rettete Britannien zwar erneut für eine Weile, aber es war eine Rettung von nur kurzer Dauer.

Im Jahre 406 setzte die letzte Erschütterung ein. Drei Germanenstämme – die Vandalen, Alanen und Sueven – überschritten den Rhein und wüteten mit Raubzügen in ganz Gallien. Britannien war praktisch abgeschnitten. Die Soldaten versuchten, ihren eigenen Kaiser einzusetzen und ihm die Zügel in die Hand zu geben, und nach zwei Fehlversuchen wählten sie im Jahre 407 einen Kameraden namens Constantin, der möglicherweise ein Brite war. Er hatte einen niederen Rang und kein großes Talent, aber sein Name war ein gutes Zeichen. Er nannte sich Constantin III. (es hatte zwischenzeitlich einen Constantin II. gegeben).

Sein Sohn Constans trat aus dem Kloster aus und folgte ihm. An diesem Punkt stimmt die Geschichte stärker mit Geoffreys Phantasie und seinem Vorspiel zu Arthur überein. Sein »König Constantin« mit seinem Sohn Constans, der Mönch ist und das Kloster verläßt, ist diesem Thronbewerber nachgestaltet. Geoffreys Constantin und Constans weichen aber dennoch von ihren Originalen ab; er gibt ihnen stark divergierende Lebensläufe. Trotzdem basieren sie auf diesen beiden Männern, dem Vater und dem Sohn.

Constantin erklärte seine Ansprüche auf die Herrschaft, indem er fast alle verbleibenden Truppen nach Gallien führte und mit dem anerkannten Kaiser Honorius verhandelte. Er riß sodann die Macht über Spanien an sich, und zwar mit der Unterstützung von Hilfstruppen verschiedenster Nationalitäten, die *Honoriaci* genannt wurden, weil sie ursprünglich unter dem Befehl des Honorius rekrutiert worden waren. Im Jahre 409 unternahm jedoch einer der Kommandeure des Thronbewerbers einen Aufstand, ließ die Vandalen in Spanien eindringen und hetzte Rebellen in Gallien auf. Constantin blieb danach nicht mehr lange am Leben. Er wurde von einem kaiserlichen General ermordet, der mit der Hand von Honorius' Schwester belohnt wurde. Ihr Sohn wurde bald Kaiser unter dem Namen Valentin III.

Inmitten dieser Unruhen im Westen Europas hatte Britannien etwas Unerhörtes vollbracht – es hatte sich vom Römischen Reich losgesagt. Um 410 unternahmen die seefahrenden Sachsen erneut einen schrecklichen Angriff. Sehr wenig stand ihnen im Weg, denn die Armee hielt sich – mit Ausnahme von ein paar Garnisonen – mit Constantin außerhalb des Landes auf. Die Räte der *civitates* warfen seine Beamten hinaus und setzten sich mit Honorius in Verbindung. Hatten sie um Hilfe gebeten, so kam keine. Was in Wirklichkeit kam, war folgenschwer: eine Botschaft, die die Briten ermächtigte, sich um sich selbst zu kümmern, und mit der Erlaubnis, sich zu bewaffnen. Es war bisher immer gesetzwidrig gewesen, ohne eine besondere Aufforderung bewaffnete Truppen zu formieren, und eine Erlaubnis war nie in solch großem Ausmaß gegeben worden. Und nun wurde sie erteilt. Ein sich selbst bewaffnendes Britannien bedeutete aber auch ein sich selbst regierendes Britannien. Was immer Honorius wünschte, er mußte zugestehen, daß Britannien unabhängig sein müsse (zumindest für eine Weile). Dies geschah schließlich in dem Jahr, als die Goten Rom einnahmen. Der Kaiser war weit weg in Ravenna, umgeben von seinen Gespielinnen.

Britanniens Schicksal war und blieb einmalig. Es ist völlig falsch anzunehmen, daß Rom die Legionen abzog und die Insel schutzlos zurückließ. Die Legionen gingen, weil Constantin sie auf den Kontinent führte. Das Resultat in Britannien war nicht ein passives Erdulden, sondern eine aktive Tat: *die Erschaffung eines neuen Staates durch Bürger römischen Territoriums.* Dies mag zwar nicht ihre ursprüngliche Absicht gewesen sein, aber es geschah tatsächlich so. Britische Schutztruppen bekämpften die Barbaren mit Erfolg, und die nach römischem Vorbild errichtete Regierung blieb im Amt. Die *civitates* wie auch die Stadtbezirke blieben erhalten. Aufgrund seiner Tradition und Kultur zählte Britannien im Augenblick im Gegensatz zu »barbarischen« Ländern noch immer als »römisches« Land. Aber die Fremdherrschaft kehrte nie wieder zurück.

Arthurs Vorläufer

Nach 410 war Britannien ein ganzes Jahrhundert lang selbständig, wie Geoffrey es in seiner Geschichte behauptet. Über die Umstände, wie es dazu kam, weiß er kaum etwas oder zieht es vor, zu schweigen. Aber zumindest stimmt der Hintergrund zu seiner Geschichte von hier an. Die nächste Frage ist, ob sonst noch etwas stimmt. Er gibt seinem nachrömischen Britannien eine Reihe von Königen, die auf Constantin und Constans folgen – Vortigern, Aurelius Ambrosius, Uther und schließlich

Arthur. Auf den ersten Blick mag diese Reihe nicht sehr glaubwürdig erscheinen. Die meisten seiner früheren »britischen Könige« sind erfunden; einige sind imaginär, einige sind zeitlich völlig falsch plaziert, und einige sind Kaiser, die fälschlich als Briten ausgegeben werden.

Die Geschichte der Briten nach ihrer Trennung von Rom liegt weitgehend im dunkeln. In Teilen des Landes fand man bessere Führer als die örtlichen Beamten und Stadträte. Das Wort »Tyrann«, *tyrannus*, taucht bei den wenigen Schreibern im Ausland auf, die zu diesem Thema etwas anmerken. Es bedeutet nicht so sehr Tyrannei als vielmehr zweifelhafte Legitimität, Macht ohne verfassungsmäßige Grundlage. Die neuen Führer waren Militärführer, die in den Kämpfen gegen die Barbaren aufgestiegen waren.

In der walisischen Überlieferung, die Jahrhunderte später über sie berichtet, wird der Begriff *gwledig*, »Grundbesitzer«, eingeführt. Die eigentliche Bedeutung davon ist die eines militärischen Befehlshabers mit regionaler Macht; das Wort pflegt dann jedoch eine zivilere Ausdeutung anzunehmen, nämlich die des Fürsten. Einige dieser Figuren hatten vielleicht behelfsmäßige Verteidigungsanlagen aus der Endzeit der Kaiserherrschaft in ihrem Besitz.

Der berühmteste Brite mit dem Titel eines Grundbesitzers ist Cunedda. Die neuzeitliche Form seines Namens ist Kenneth. Man sagt, er stamme aus dem Norden nahe Edinburgh und habe in Wales den Befehl übernommen und die irischen Besetzer vertrieben oder unterworfen. Viele walisische Könige und Fürsten führten später ihre Abstammung auf ihn zurück. Skeptiker haben behauptet, er sei ein Patriarch der Legende, der erfunden worden sei, um walisischen Familien Stammbäume zu liefern und walisische Ortsnamen zu erklären, die angeblich nach seinen Nachkommen benannt sind. Aber Cunedda gab es höchstwahrscheinlich wirklich, denn ein anderer Grundbesitzer im Grenzbereich, Ceredig, der das Land um den Clyde in Westschottland beherrschte, ist zweifellos echt.

Ein weiterer regionaler Herrscher, der ebenfalls ausdrücklich als Grundbesitzer bezeichnet wird, ist Ambrosius Aurelianus. Dieser Anführer mit römischem Namen regierte in Südengland. Wir werden später noch auf ihn stoßen. Er ist der erste Beweis dafür, daß Geoffreys Reihe nachrömischer Könige nicht einer faktischen Grundlage entbehrt. Aurelius Ambrosius, Arthurs Onkel, ist ihm nachgebildet, wenn auch die Familienbeziehungen, die Geoffrey ersinnt, höchstwahrscheinlich nicht stimmen.

Grenzdespoten wie Cunedda waren vermutlich nur leicht romanisiert. Sie glichen viel eher den keltischen Häuptlingen in grauer Vorzeit. Doch hatte selbst Cunedda laut seinem Stammbaum einen Vater, Großvater und Urgroßvater mit römischen Namen. Ambrosius im hochzivilisierten Süden war mit Sicherheit stärker romanisiert und bewahrte die *Romanitas* vor dem Erlöschen. Seine Macht stützte sich wahrscheinlich auf ein ziviles Amt sowie auf die Stärke seiner Truppen. Wir können uns leicht einen Begriff von der Stellung und Erziehung eines solchen britischen Herrschers machen, wenn wir einen zeitgenössischen und besser dokumentierten Gallier in ähnlicher Position betrachten.

Ein galloromanischer Gentleman jener Zeit hat recht vollständige Aufzeichnungen hinterlassen, und wir können seine Zeugnisse durch das ergänzen, was wir von einer Reihe anderer Autoren wissen. Es handelt sich um Sidonius Apollinaris, einen Landadeligen, der in der Auvergne, mitten im Süden des Landes, lebte. Er heiratete die Tochter eines anderen reichen Galliers namens Avitus, der für kurze Zeit Kaiser im Westen war. Später war Sidonius Stadtpräfekt von Rom, und ungefähr um das Jahr 470 wurde er Bischof von Clermont. Er pflegte so viele bedeutende Beziehungen, daß seine Schriften für diese gesamte Periode wertvoll sind. Er ist in mehrfacher Hinsicht interessant. Zum einen schrieb er Briefe an führende Briten, von denen einige erhalten sind. Zum anderen belegt er, wie lebendig die Vorstellung des *Restitutor* war: Selbst als das Reich sehr deutlich zerbrach, verfaßte er Lobgedichte auf drei Kaiser (seinen Schwiegervater eingeschlossen), die er in überaus optimistischen und schmeichelhaften Tönen jeweils als den ersehnten Retter pries.

Die Erziehung, die ihm und vielen anderen wohlhabenden Herren im Westen zuteil wurde, war recht beeindruckend. Ein Junge nahm die Standardautoren des Griechischen durch, von denen Homer der wichtigste war, sowie des Lateinischen, hauptsächlich Vergil, Horaz und Cicero. Er beschäftigte sich intensiv mit Mythologie. Später ging er zur »Rhetorik« über, worunter in erster Linie eine Ausbildung in der Redekunst und im Debattieren über vorgegebene Themen verstanden wurde. Dies wurde begleitet von Philosophie, worin Plato und Aristoteles, aber auch Geometrie, Arithmetik und vielleicht Astrologie enthalten waren. Sport und Spiele im Hause wie im Freien nahmen zusätzlich einen sehr breiten Raum ein.

Diese Erziehung war im großen und ganzen vernünftig, doch behandelte sie nur die Vergangenheit. *Romanitas*, so wie der Schüler sie aufnahm, hieß, bei den Leistungen einer schöpferischen Epoche zu verweilen, die schon Jahrhunderte zurücklag und durch griechisches Gedankengut ergänzt wurde, das noch älter war. Feststehende klassische Vorbilder förderten einen Geist der Nachahmung, und die Betonung lag viel stärker auf der Technik der Rede, Prosa oder Verskunst als darauf, was man zu sagen hatte. Sidonius' moderner Biograph drückt es so aus: »Die Erziehungsprinzipien des 5. Jahrhunderts legten mehr Wert auf die Schulung des Intellekts als auf den Intellekt selbst.«

Die Kultur war in der Regel ein geschlossenes System. Zu Sidonius' Zeiten hatte Gallien schrecklich unter barbarischen Attacken und Gegenattacken, Räuberei und Gewalttaten rebellierender Sklaven gelitten. Wir wissen nicht, was er im Gespräch sagte, aber in seinen Schriften hat er all dies ignoriert; die meisten seiner Briefe und Gedichte sind merkwürdigerweise heiter. Er hätte ebensogut in den römischen Friedenszeiten seiner Vorfahren leben können. Solche Heiterkeit mag selbstzufrieden erscheinen, aber sie könnte auch eine Quelle der Stärke sein. Es war eine Schutzhülle. Diese Weltanschauung überdauerte die Lebzeiten des Sidonius nicht mehr, ebensowenig wie die Erziehungsmethoden. Alles änderte sich radikal. Aber es gab Briten im 5. Jahrhundert, wie etwa Ambrosius Aurelianus, die so gedacht haben mochten, solange die Umstände es erlaubten.

Was ihr Christentum betraf, so war dies nicht gerade inbrünstig. Dennoch war es echt. Sidonius wurde nicht nur Bischof, sondern der kirchlichen Tradition zufolge auch Heiliger. Geoffreys Könige, denen der Wiederaufbau der Kirchen wichtig ist und die christliche Embleme auf das Schlachtfeld tragen, entbehren keineswegs der Realität. Britannien hatte sich in der Tat den Ruf erworben, religiös engagierte Männer hervorzubringen. Bis dahin kamen sie aus den höheren, wenn nicht sogar aus den höchsten Gesellschaftsschichten; die endgültige Bekehrung der Massen sollte ein langwieriger Prozeß werden. Das Bekenntnis zum Christentum war nun jedoch häufig mehr als nur eine offizielle Pflicht.

Auch hieß Christsein nicht nur gedankenlose und passive Glaubenstreue. Noch vor dem Bruch mit dem Reich hatte Britannien Europa den Ketzer Pelagius beschert. Er war ein belesener Amateurtheologe, möglicherweise ein Arzt, der sich um 405 in Rom ansiedelte. Seine Version des Christenglaubens sprach dem Menschen mehr Selbstbestimmung zu, als die Kirche gewillt war, zuzugestehen. Er betonte die Freiheit und moralische Verantwortung des Menschen und lehnte die Erbsünde ab, da er davon überzeugt war, daß der Mensch unbefleckt geboren werde. Sein sozialer Standpunkt machte ihn suspekt, und er behandelte Themen, die auch heute noch umstritten sind, wie zum Beispiel die Laienberufung in der Kirche.

Pelagius war dick und gemütlich und scheute das Dogmatisieren. Aber er zog Schüler an, die dies sehr gern taten. Ihre Argumente lösten Entgegnungen aus, die manchmal kaum etwas mit seiner Lehre zu tun hatten. (Ein Gegner beschrieb ihn als »angefüllt mit schottischem Haferschleim«.) Der Brite wurde vom großen Augustinus unter Beschuß genommen, jenem düsteren Denker, der die Idee von der Stadt Gottes entwickelte. Unter dem Druck von Kaiser Honorius entschied der Papst im Jahre 418, daß der Pelagianismus Ketzerei sei. Drei Jahre später verbot Honorius dessen Anhängern, sich näher als hundert Meilen an Rom heranzuwagen.

In weiten Teilen der christlichen Welt verschwand der Pelagianismus daraufhin als Lehre, doch gewann er noch an Boden in des Ketzers Heimatland Britannien, das unabhängig war und sich somit dem Einfluß orthodoxer Kaiser entzog. Im Jahre 429 trafen zwei Bischöfe in Britannien ein, Germanus von Auxerre und Lupus von Troyes, die die Bewegung aufhalten wollten. Germanus inszenierte eine öffentliche Debatte, möglicherweise in Verulamium nahe London, später St. Albans genannt.

Der Besuch der Bischöfe liefert uns einen der wenigen chronologischen Fixpunkte in Geoffreys *Geschichte*. Als der Autor von König Vortigerns Hochzeit mit Hengists Tochter berichtet, schreibt er: »Es war zu jener Zeit, als St. Germanus, der Bischof von Auxerre, und mit ihm Lupus, der Bischof von Troyes, kamen, um den Briten das Wort Gottes zu predigen; denn ihr christlicher Glaube war nicht nur durch die Heiden, sondern auch durch die Pelagianische Irrlehre korrumpiert worden.«

Folglich fand die Heirat 429 statt. Geoffrey hat nicht viel mehr über Germanus zu sagen, aber der Biograph des Bischofs verzeichnet ein Ereignis, aus dem hervorgeht, daß das Christentum mit einem wiederkehrenden Kampf gegen die Barbaren Hand in Hand ging. Während Germanus sich in Britannien aufhielt, fielen Sachsen und Pikten vereint in das Land ein. Eine britische Armee wurde aufgestellt, um sie abzuwehren. Germanus, der in Gallien militärische Ämter innegehabt hatte, wurde gebeten, ihr beizutreten. Das Lager befand sich in hügeliger Landschaft. Ostern nahte, und der Bischof improvisierte mit Zweigen eine Kapelle und taufte viele der Soldaten. Als die Barbaren anrückten, postierte er die Truppe in einem Tal. Die Pikten und Sachsen drangen in dieses ein. Er gab ein Signal, die Briten riefen dreimal »Halleluja!« – und der Feind stürzte davon. Nachdem er auf diese Weise seinen Einfluß sowohl im religiösen als auch im militärischen Bereich geltend gemacht hatte, kehre Germanus nach Gallien zurück.

Um das Jahr 446 stattete er Britannien einen zweiten Besuch ab. Zu diesem Zeitpunkt hatte der Pelagianismus als organisierte Bewegung stark nachgelassen. Auf seinen Rat hin wurden einige beharrliche Prediger verbannt – dies war eine gängige Maßnahme in einer Zeit, als die Christen leider selbst mit Verfolgungen begannen.

Die Christen verwandten ihre Energie nicht allein darauf, Kontroversen auszutragen – sie waren auch missionarisch tätig. Einer der Pioniere war St. Ninian, der angeblich nahe des Solway Firth, der tiefen Bucht der Irischen See zwischen England und Schottland, geboren wurde und in der 390er Jahren in Rom studierte. Auf seinem Rückweg durch Gallien traf er mit dem heiligen Martin von Tours zusammen, einem Freund des Maximus, der einige Jahre zuvor mit Unterstützung der Briten zum Kaiser ernannt worden war. Martin war ein begeisteter Missionar, der zu dem immer noch heidnischen Landvolk hinauszog, als sich die meisten Prälaten schon damit zufriedengaben, daß das Reich »offiziell« christlich war. Nach seiner Rückkehr in seine Heimat im Norden errichtete Ninian bei Whithorn in Galloway, in der Nähe des heutigen Wigtown, eine Kirche, die den Namen *Candida Casa,* »Weißes Haus«, trug, weil sie aus weiß getünchten Steinen bestand. Dann reiste er als Missionar weiter zu den Pikten nach Zentralschottland. Kirchenweihungen und Ortsnamen selbst bis zu den Shetlandinseln erinnern an ihn. Sein überliefertes Todesjahr ist 432.

Ein Brite mit gleichem Interesse und noch größerem Ruhm war Patricius, auch St. Patrick genannt. Er wurde ungefähr um das Jahr 390 als Sohn eines Stadtrates geboren, dessen Familie seit zwei oder drei Generationen christlich gewesen war, irgendwo nahe der Westküste des römischen Britannien. Irische Räuber verschleppten ihn im Alter von sechzehn Jahren. Nach sechs Jahren in der Sklaverei floh er und schlug sich nach Gallien durch. Er war davon überzeugt, daß er zurückkehren und den

Iren das Evangelium predigen sollte; also wurde er Geistlicher und studierte lange Zeit, ohne daß sich ihm eine Gelegenheit zur Mission bot. Um 420 gab es schon eine beträchtliche Anzahl christlicher Iren. Sie waren verstreut, unorganisiert und wahrscheinlich pelagianisch beeinflußt. Im Jahre 432 wurde Patrick durch die Fürsprache des Germanus dazu auserwählt, eine verlorengegangene päpstliche Mission wiederaufzubauen.

Da er das Land und die Sprache kannte und tatkräftig war, ohne überheblich zu sein, machte er einen guten Eindruck auf das Volk. Das ungeschliffene Latein seiner Schriften hat etwas Redliches und Unintellektuelles an sich. In Irland gab es noch immer Druiden, die ihm feindlich gesinnt waren, aber es gelang ihm, der Kirche eine feste Grundlage zu verschaffen. Seine Mission dauerte beinahe dreißig Jahre. Er betrachtete seine Bekehrten als Römer. Diese Bezeichnung ist jedoch nicht politisch zu verstehen, Römer zu sein hieß, der Zivilisation anzugehören, die noch immer weltweit vorherrschte. Die Kirche behütete und bewahrte vieles von dem, was daran dauerhaft war. Auch in anderen Orten außerhalb Irlands wurde die *kirchliche Romanitas* allmählich zur dominierenden Form des Römertums; sie wurde sogar zur einzigen Form.

Bisher haben wir nur regionale »Tyrannen« kennengelernt, aber Geoffrey macht Vortigern zum Herrscher über ganz Britannien, außer dem entlegenen Norden, dem Piktenland, das Rom nie eingenommen hatte. Gab es diesen höhergestellten Herrscher Vortigern aber wirklich?

Wie bereits gesagt, liegt die Geschichte jener Zeit im dunkeln. Es gibt jedoch Anzeichen für eine Atempause ungefähr zwischen dem Bruch mit dem Reich im Jahre 410 und dem Besuch des Germanus im Jahre 429. Britannien blieb von Überfällen verschont und ließ einen erneuten Aufschwung in der Landwirtschaft erkennen, der über eine Generation andauern und sich noch verstärken sollte. Zu diesem Zeitpunkt begann sich die Vorstellung von einer »obersten Autorität« unter den Briten durchzusetzen. Dies ist noch deutlicher sichtbar bei ihren keltischen Verwandten in Irland, die schon seit Jahrhunderten regionale Könige, aber auch einen »obersten König« über ihnen hatten. Auch die Briten nahmen einen solchen obersten König an – im Lateinischen war dies ihr *superbus tyrannus*, »oberster Herrscher«, der über den niederen *tyranni* stand. Der Lage in Irland nach zu urteilen, war seine Macht beschränkt. Er regierte sicherlich mit einem Rat, der den früheren Provinzräten nachgebildet sein mochte. Einer dieser Herrscher wurde schon lange vor Geoffrey in allen Einzelheiten erwähnt; und sein Name ist – Vortigern. Auch wenn er fiktionalisiert wurde, so existierte der königliche Verräter wirklich.

Sein eigentlicher Name ist unbekannt. Vortigern bedeutet einfach »Hochkönig«. Es ist eine keltische Form des höchsten Titels. Waliser, die seine vermeintliche Geschichte erzählen, machen daraus Gwyrtheyrn und verwenden dies als seinen tatsächlichen Namen. Sie betiteln ihn Gwyrtheyrn den Dünnen – vielleicht war er es wirklich oder vielleicht nur im übertragenen Sinn, weil sie glaubten, es mangele ihm an Substanz. Seine Familie stand angeblich mit Gloucestershire in Verbindung, das stark romanisierte, villenreiche Land. Unweit von Llangollen in Nordwales gibt es ein Denkmal, das ihn erwähnt, ein verwitterter Steinpfahl auf der Spitze eines Berges bei der Valle-Crucis-Abtei. Die inzwischen unleserliche Inschrift verzeichnete den Stammbaum eines walisischen Fürsten und gab anscheinend Vortigerns Frau (seine erste Frau, wenn er die Sächsin ebenfalls heiratete) eine Tochter des Kaisers Maximus. Andere Hinweise deuten in dieselbe Richtung. Nach dem Sturz des Maximus wurden seine jungen Töchter Mündel des Reiches. Die Heirat einer dieser Töchter mit einem britischen Adeligen dürfte, als Teil eines Abkommens zur Machtentfaltung, im Sinne spätrömischer Politik gewesen sein. Und Vortigern mochte dies ausgenutzt haben, da es ihm Rechte über das ganze ehemalige römische Territorium verlieh.

Was auch immer seine Verdienste waren, er war wahrscheinlich der erste Hochkönig, den die Briten anerkannten. Seine

Regierungszeit begann vermutlich 425; also ist Geoffreys Datierung, die ihn als König zu der Zeit nennt, als Germanus kam, nicht verfehlt. Einige glauben an einen Zusammenhang und nehmen an, daß Vortigern für die Pelagianische Doktrin war, die Germanus bekämpfen wollte. Die Ketzer, die Germanus antraf, waren gesellschaftlich hochgestellt und möglicherweise unter königlichem Schutz. Es gibt Legenden über eine gewalttätige Auseinandersetzung, in der der Bischof den König mit dem Bann belegte. Dies könnte darauf hindeuten, daß Vortigern einen propelagianischen Standpunkt einnahm.

Aber seine wirkliche Biographie ist nahezu ausgelöscht durch die Überlieferung jenes Unglücks, das den Aufstieg des Arthur markiert. Schon lange vor Geoffrey wird Vortigern die Schuld am wichtigsten Ereignis des 5. Jahrhunderts angelastet: die Ankunft der Sachsen, nun nicht mehr bloß als Plünderer und Landräuber, sondern als bewaffnete Siedler in erschreckend großer Zahl.

3. Ein Jahrhundert des Umbruchs

Die Verwüstung

Als letzten vorbereiteten Schritt unserer Suche nach dem historischen Arthur müssen wir die Ereignisse nachzeichnen, auf denen Geoffreys Szenarium von Katastrophe und Wiederaufstieg beruht. Wir können die Fakten nicht als so sicher annehmen, wie er es tut oder vielmehr zu tun vorgibt. Aber die Landschaft erhellt sich hier und da, und Gestalten beginnen, durch den Nebel sichtbar zu werden.

Die Sachsen kamen tatsächlich. Der Name umfaßt mehrere germanische Stämme: Einige waren Sachsen im eigentlichen Sinn, und einige wurden als Angeln und Jüten unterschieden. Diese vermischten sich mit dem Stamm der Briten, und daraus sollte sich die »englische« Nation entwickeln, die Bewohner von »England« – Angel-Land –, aber das lag noch in ferner Zukunft.

Zu Vortigerns Zeit waren die Sachsen noch unbarmherzige Piraten, die auf dem Kontinent ebenso gefürchtet waren wie in Britannien. Im Unterschied zu den Goten und anderen Barbaren waren sie Heiden und praktizierten den Brauch des Menschenopfers. Sie hatten sich von Germanien aus entlang der heutigen holländischen Küste, dem Friesenland, ausgebreitet und sich mit den Friesen vermischt. Es war ein armes, feuchtes und karges Land, in dem sie lebten. Aber die Sachsen waren auch kühne Seefahrer, und sie breiteten sich auf der Suche nach etwas Besserem weiter aus. Einige streiften in Gallien umher und besetzten Teile des Landes, besonders am unteren Teil der Loire. Andere gingen nach Britannien. Zu Beginn des 5. Jahrhunderts hatte sich eine beträchtliche Anzahl bereits in weit auseinanderliegenden Gebieten niedergelassen, bevorzugt jedoch an der Nordseeküste und an der Themse. Ein paar waren vielleicht schon als Hilfstruppen vor der Unabhängigkeit Britanniens herübergekommen. Der Sieg des Germanus im Jahre 429 bezeugt, daß es außer den einfallenden Piraten auch ungebändigte Sachsen im Landesinneren gab, die zusammen mit den Pikten für Unruhe sorgten.

Die Pikten – deren Stützpunkt in ihrem nördlichen Bollwerk außer Reichweite Roms lag und die schon seit Jahrzehnten Feldzüge unternommen hatten – schienen immer noch die schlimmsten Feinde zu sein. Aus diesem Grund machten sich die Briten eine römische Strategie zu eigen. Sie verbündeten sich mit einem Barbarenstamm zur Bekämpfung eines anderen. Organisierte sächsische Einheiten durften auf britischem Boden leben und wurden unterstützt, wenn sie dafür Militärdienst leisteten. Sie mußten der Freundschaft mit den Pikten abschwören und Britannien gegen sie verteidigen. Wer auf dieser Grundlage Land besaß, gehörte zu den *federati*, den Bundesgenossen.

Zumindest einige der sächsischen Verbündeten in Britannien waren aufgrund einer Entscheidung auf höchster Ebene durch einen Hochkönig und seinen Rat angeworben worden. Angeblich war Vortigern der betreffende König, und es gibt wenig Grund, daran zu zweifeln. Da die Strategie sich nicht bewährte, machten die walisischen Nachkommen der Briten ihn zum Schurken und Sündenbock. Geoffrey baut seine Geschichte auf diesem Urteil auf. Vielleicht aber war Vortigerns Verhalten gar nicht so sträflich, wie die rückblickende Betrachtung es darstellt. Was er tat, war im Grunde nichts Neues: Er folgte lediglich kaiserlichem Vorbild. Der Fehler war – und dies wurde wohl übersehen –, daß ihm die Machtmittel des Kaisers fehlten. Um die Sachsen befriedet und unter Kontrolle zu halten, hätte es beträchtlicher Anstrengungen bedurft, und diese waren auf Dauer wohl schwer zu erbringen.

Gemäß der uralten Überlieferung, die Geoffrey weiterspinnt, wurden die ersten Bundesgenossen von Hengist und Horsa angeführt, den Brüdern, die mit drei Schiffen voll Kriegern landeten und von Vortigern auf Thanet an der Spitze von Kent postiert wurden. In Schulbüchern wurde ihre Ankunft gewöhnlich mit dem Jahr 449 datiert. Es ist ausgeschlossen, daß dies das Datum der ersten Siedlung ist, und der Irrtum stammt von einem Rechenfehler früher Historiker. Andere Zeugnisse deuten auf das Jahr 428 hin. Wenn dies zutrifft, so waren befreundete Sachsen eingesetzt worden, als Germanus feindliche Sachsen in die Flucht schlug. Dies ist sehr gut möglich. Es hatte etwa schon lange prorömische und antirömische Goten gegeben. Die Aktion des Germanus vernichtete die feindlich gebliebenen Sachsen, machte den harten Zeiten ein Ende und ermöglichte die Fortsetzung seines Siedlungsprogramms.

Und es wurde fortgesetzt. Es geriet aber bald außer Kontrolle. Immer mehr Sachsen wurden in den Gebieten angesiedelt, die sich von der Ostküste ins Landesinnere erstreckten. Was die Briten aber nicht bedacht hatten, war, daß ihnen ihre Verwandten nachfolgten, daß auch die Frauen und Familien herüberkamen. Zu Beginn der 440er Jahre beherrschten die verstärkten Bundesgenossen bereits Teile des Landes. Es entstanden Reibereien dadurch, daß die immer größer werdende Volksgruppe immer größere Forderungen stellte. In diesem Jahrzehnt brachen erneut Kämpfe aus.

Aus dem Jahr 446 gibt es ein authentisches Dokument – oder zumindest Auszüge davon. Eine Gruppe führender Briten richtete eine Bittschrift an den General und Konsul Aëtius. Er war der letzte große römische Soldat und kämpfte darum, dem glanzlosen Kaiser Valentin III. den Westen zu erhalten. Die britische Botschaft klang verzweifelt:

> »An Aëtius, den dreimaligen Konsul: das Stöhnen der Briten. ... Die Barbaren drängen uns an das Meer zurück, das Meer drängt uns zu den Barbaren zurück; eine dieser beiden Todesarten, das Ertrinken oder Erschlagenwerden, wird uns ereilen.«

Aëtius war es aber unmöglich, zu helfen, und die Briten blieben den Barbaren ausgeliefert.

In den 440er Jahren schien die Auflösung langsam, aber sicher um sich zu greifen. Da ihre Forderungen nach mehr Mitteln nicht erfüllt werden konnten, meuterten viele unzufriedene Bundesgenossen. Die Angeln im Norden des Siedlungsgebietes brachen ihre Verpflichtungen und erneuerten das Bündnis mit den Pikten. Britannien geriet in eine alptraumhafte Phase von Aufruhr, Raub und Plündereien. Die britischen Truppen konnten vereinzelte Gewinne verzeichnen. Meistens wurden sie jedoch geschlagen. Zu dieser Zeit spielte der berüchtigte Hengist bereits eine aktive Rolle in Kent.

Ein verängstigter Brite beschreibt es so:

> »Ein Feuer, das von der Hand der Gottlosen aus dem Osten angehäuft und genährt wurde, dehnte sich von Meer zu Meer. Es verwüstete Stadt und Land ringsumher, und wenn es einmal brannte, verlöschte es nicht, bevor es nicht die ganze Oberfläche der Insel verbrannt hatte und mit seiner wilden roten Zunge den Ozean im Westen leckte ... Alle größeren Städte wurden unter den wiederholten Vorstößen der feindlichen Sturmböcke vernichtet; vernichtet wurden auch alle Einwohner – Kirchenführer, Priester sowie das Volk –, als die Schwerter ringsumher aufblitzten und die Flammen prasselten. Es war ein trauriger Anblick. Inmitten der Plätze die Grundsteine hoher Mauern und Türme, die von ihrem stolzen

Oben: Kaiser Constantius Chlorus, Vater Constantins des Großen. Die Rückseite des Medaillons zeigt Constantius bei seinem Einzug in London nach seiner Niederschlagung des britischen Aufstands unter Führung von Carausius. *(Britisches Museum)*

Unten: Zwei Skulpturen, die typisch für die westeuropäische Kunst der Spätantike sind. *(Sotheby Parke Bernet)*

Die beste Darstellung eines oströmischen Kaisers in der Pose des *Restitutor Orbis* stellt Marcian dar. *(Hirmer-Verlag, München)*

Oben: Zwar sind keine Darstellungen britischer Hochkönige erhalten, wir bekommen jedoch durch diese Plastik einen Eindruck, wie ein auf Besuch befindlicher Künstler aus Konstantinopel diese vermutlich dargestellt hätte. Der zur Zeit von Riothamus bevorzugte nachdenkliche Ausdruck, ist auf diesem »Brüsseler« Kopf zu sehen. *(A. C. L., Brüssel)*

Unten: Der kaiserliche General Stilicho folgte etwa 398 einem Hilferuf aus Britannien. Seine Römer trieben zwar die Barbaren zurück, aber das offizielle Rom übernahm niemals wieder die Macht in England. *(Mansell Collection)*

Oben: Dieser Helm stammt aus der Schiffsbestattung des sächsischen Fürsten von Sutton Hoo. *(Britisches Museum)*

Unten: Die Rekonstruktion der Rüstung eines sächsischen Anführers – römischen Vorbildern nachempfunden – wird durch die Entdeckungen von Sutton Hoo erleichtert. Schild und Stiefel zeugen davon, daß zu Fuß gekämpft wurde.
(Zeichnung von D. Lloyd Owen)

Oben: Die Kamee von Belgrad. Dieses großartige Fragment zeigt die römische Tradition des heroischen Anführers und dramatisiert gleichzeitig den Rückgriff auf die Kavallerie in der spätrömischen Zeit. *(Narodni Muzej, Belgrad)*

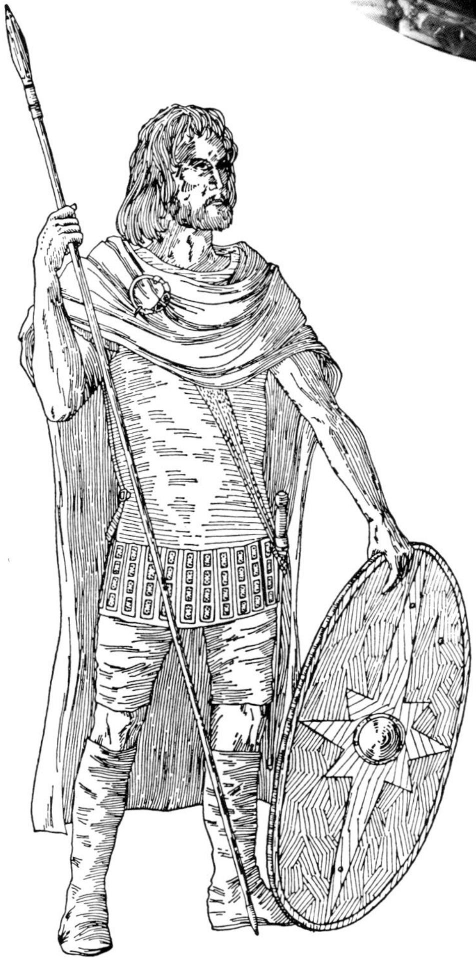

Unten: Die Rekonstruktion der Kleidung eines Arthur-»Ritters« basiert auf archäologischen Funden und Angaben in frühwalisischen Dichtungen. Kleidung, Schwert, Schild und Speer sind für den Kampf zu Pferde geeignet.
(Zeichnung von D. Lloyd Owen)

Silberne Platte von Corbridge aus dem frühen Mittelalter. Sie erinnert daran, wie lebendig dem britischen Adel sowohl der heidnische Glaube als auch die hellenische Kultur im Gedächtnis geblieben waren.
(The Duke of Northumberland Collection)

Oben: Daß der künftige Held Arthur von Dichtungen über die Taten Homerscher Helden inspiriert wurde, läßt sich aufgrund der Häufigkeit von Achilles-Themen bei vielen der nach Britannien importierten Kunstwerke vermuten, wie dieses Beispiel aus Karthago zeigt.

Unten links: Die Ausgrabungen von Cadbury-Camelot: Rekonstruktion einer kreuzförmigen Kirche, Entstehungszeit ungewiß. *(Zeichnung von Bryan Whitton)*

Rechts unten: Rekonstruktion des Torturms mit Wallanlage und Brustwehr auf Cadbury. *(Thames and Hudson Ltd.)*

Der Arthursche Gralsmythos scheint die Faszination, die heilige Reliquien auf eine Gesellschaft von Kreuzfahrern ausübten, mit älteren keltischen Sagen über sakrale Gefäße zu verbinden. Zwei solcher Kelche, der eine heidnisch, der andere christlich, sind in dem Jahrhundert nach Arthur entstanden. Der Kelch von Antiochia (oben), von dem zunächst angenommen wurde, daß er aus dem Jahrhundert nach dem Letzten Abendmahl Christi stamme, wird heute der Epoche von Arthurs Britannien zugeordnet.
(The Metropolitan Museum of Art).

Der goldene »Korb« (unten) diente wahrscheinlich als Behälter eines gläsernen Kelchs und wurde zur Feier von Dionysos beim heidnischen Traubenlesefest benutzt.
(Sotheby Parke Bernet)

Sockel gerissen worden waren, heilige Altäre, Teile von Leichen, die mit einer Purpurkruste geronnenen Blutes bedeckt waren und aussahen, als seien sie in eine schreckliche Weinpresse geraten ... Einige der unglücklichen Überlebenden wurden in den Bergen gefangen und allesamt hingemetzelt. Andere, die vom Hunger zermürbt waren, lieferten sich dem Feind aus; es war ihnen beschieden, für immer Sklaven zu sein, wenn sie nicht unmittelbar getötet wurden.«

Etwas aber, das unerwähnt bleibt, muß betont werden: Die Sachsen versuchten mit ihrem Blutbad nicht, Britannien zu erobern oder etwa ihren Besitz zu mehren. Dafür waren sie noch immer viel zu wenige. Ihre Kriegsscharen durchstreiften das Land willkürlich, und zweifellos lagerten und überwinterten sie quer über das Land hinweg. Wie berichtet, erstreckten sich ihre Raubzüge bis zum Meer im Westen, und die Pikten halfen ihnen. Aber sie plünderten nur und besetzten nicht. Es gibt weder in der Geschichte noch in der Archäologie irgendwelche Anzeichen für neue Siedlungen. Im Grunde blieben die Enklaven bestehen; hier und da mögen die Häuptlinge sie geringfügig erweitert haben, wenn es eine günstige Gelegenheit dazu gab, aber während der ganzen Schreckenszeit blieben das sächsische Gebiet und das wesentlich größere britische Territorium getrennt.

Die Plünderungen dauerten noch jahrelang an, weit in die 450er Jahre hinein, an bestimmten Orten vielleicht sogar länger. Wie oft jedoch ging das Leben normaler weiter, als die Schreie der Entsetzten vermuten lassen. Bei Germanus' zweitem Besuch gab es schon keine Probleme mit den Sachsen mehr. Aber ganz unabhängig davon, ob nun »alle größeren Städte« geplündert waren, die städtische Gesellschaft verfiel immer mehr. Die Überreste der Villenwirtschaft verschwanden fast vollständig.

Einige Jahrhunderte später, als die Sachsen des Schreibens kundig geworden waren, zeichnete eine als *Angelsächsische Chronik* bekannte Textsammlung einige ihrer früheren Taten auf. Etliche Lobreden auf Könige und Balladen über den Krieg, die von Minnesängern überliefert worden waren, sind mit Daten am Rand niedergeschrieben. Die Eintragungen für den ersten Aufstand sind insofern falsch, als sie die Ankunft der Sachsen zu spät datieren, aber die Hinweise auf Kämpfe südöstlich von London mögen bereits einigermaßen zutreffend sein. Die *Chronik* erwähnt, daß Vortigern im Jahre 455 noch lebte. Nirgendwo wird später noch etwas über ihn gesagt. Er muß damals wohl sechzig oder siebzig Jahre alt gewesen sein. Die Legenden schildern sein Ende auf häßliche und zum Teil widersprüchliche Weise. Die prosaischste ist die, daß er, von allen gehaßt, »von Ort zu Ort wanderte, bis schließlich sein Herz brach und er würdelos starb«.

Keiner seiner Söhne folgte ihm als Hochkönig nach. Mitglieder seiner Familie tauchen in Gallien auf, wenn auch nicht unumstritten. Ein Sohn namens Faustus wird erwähnt, der der Kirche beitrat, und in einem alten walisischen Stammbaum gibt es einen Enkel namens Riagath. Dies sind interessante Namen. Ein kirchlicher Faustus ist im Ausland ausdrücklich belegt. Er wurde zwischen 405 und 410 geboren, was zwar ein wenig früh ist für einen Sohn Vortigerns, aber immerhin nicht unmöglich. Wer auch immer seine Eltern waren, er war auf jeden Fall Brite. Im Alter von ungefähr 30 Jahren wurde er Abt von Lérins, einer bedeutenden Gemeinde auf einer Insel vor der Mittelmeerküste. Solch eine Beförderung deutet auf erlauchte Beziehungen hin. Später wurde er zum Bischof von Riez in Südgallien ernannt. Einige von ihm verfaßte Bücher sind uns erhalten. Was ihn hier besonders interessant macht, ist, daß es eine Verbindung mit einem anderen Briten namens Riocatus gibt. Dies ist nichts anderes als eine lateinische Form des Namens, der in dem Stammbaum Vortigerns Enkel gegeben wird. Wenn dies stimmt, dann war Riocatus der Neffe des Faustus; und beide tauchen tatsächlich gemeinsam in einer Quelle auf.

Der Mann, der sie miteinander verbindet, ist Sidonius. Eines seiner Gedichte und zwei seiner Briefe sind an Faustus gerichtet. Der zweite Brief, der geschrieben wurde, als Sidonius Bischof von Clermont war, berichtet von einem abgefangenen Paket. Riocatus war bei Faustus gewesen und stattete auf seiner Heimreise Sidonius einen Besuch ab. In seinem Gepäck befand sich die Kopie eines Buches, das Faustus geschrieben hatte. Obwohl er einige Zeit in Clermont verweilte, erwähnte er nie, daß er das Buch hatte. Sidonius erfuhr dies erst nach seiner Abreise. Da er das Buch unbedingt lesen wollte, trat er die Verfolgung an:

> »Ich verfolgte den Ausreißer mit geschwinden Pferden, die seinen Vorsprung von einem Tag leicht aufholen konnten ... hielt seine Pferde an, machte ihre Zügel fest, öffnete sein Gepäck, fand das Buch, das ich suchte, zog es heraus, las es und las es erneut und machte Abschriften von den besten dieser großartigen Kapitel. Eine wesentliche Zeitersparnis war die Geschwindigkeit der Schreiber, die meinem schnellen Diktat folgten, und das Notieren mittels Zeichen, was sie nicht in Buchstaben fassen konnten.«

Sidonius schrieb dies, als das umliegende Land von Goten überrannt war und Chaos herrschte. Unter solchen Umständen ist das literarische Idyll erfrischend; das Leben ging trotz allem weiter. Vortigerns Sohn und Enkel, falls sie dies wirklich waren, hatten eine ruhigere Laufbahn als ihr Ahnherr. Wie wir noch sehen werden, war Faustus aber weder der einzige Brite, mit dem Sidonius korrespondierte, noch der bedeutendste.

Der Wiederaufstieg

In Britannien ebbte inzwischen die Welle der Zerstörungen und wiederholten Plünderungen langsam ab. Die schlimmsten Plünderungen waren vorüber. Neue Führer tauchten auf, und ihre Gegenwart machte sich auch in Aëgidius' Reich in Gallien bemerkbar. Die Überfälle der Sachsen hatten unter anderem zur Folge gehabt, daß Briten massenweise nach Armorica in Nordwestgallien auswanderten. Archäologische Funde legen den Schluß nahe, daß es dort eine Zeitlang kleine britische Gemeinden gegeben hat. Geoffrey übernimmt die Legende, derzufolge sie im 4. Jahrhundert von Veteranen des Kaisers Maximus gegründet wurden. Was auch immer davon richtig ist, es steht fest, daß die Besiedlung bis zum Ende der 450er Jahre andauerte, wodurch sich ein Teil von Armorica in die Bretagne umzuwandeln begann. Was als Aufbruch von Flüchtlingen angefangen hatte, änderte sich, sobald der Strom stärker wurde.

Viele der Siedler stammten aus den gebildeten und wohlhabenden Schichten – sie hatten angeblich zahlreiche Bücher mitgenommen – und kamen aus Cornwall und Devon, wo die Sachsen keine besondere Bedrohung darstellten. Sie waren vielleicht einfach von den Aussichten für die Zukunft beunruhigt, aber einige gingen wahrscheinlich mit einer positiveren Einstellung, mit Ägidius' Hilfe und unter seinem Schutz nach Gallien. Er und sie hatten sehr wahrscheinlich Pläne für ein neues regionales System, von dem beide Seiten des Kanals hätten profitieren können. Zwei neue armoricanische Städte entstanden um diese Zeit. Es ist möglich, daß Ägidius oder sein Sohn und Nachfolger Syagrius die Briten mit der Verteidigung der Küste beauftragte und diese Siedlungen unterstützte.

Einer der Gründe, weshalb die Auswanderung höchstwahrscheinlich keine reine Flucht vor den Sachsen war, ist, daß die Siedler auch in Gebiete zogen, die bereits von Sachsen besetzt waren, etwa entlang der Loire und auf Inseln im Fluß. Für eine Weile dürfte ein friedliches Nebeneinander die Regel gewesen sein, wenn es vereinzelt aber auch dort zu Kämpfen gekommen sein mag. Immerhin war im Jahre 461 schon ein »Bischof der Briten« bei einem Konzil in Tours vertreten. Seine Herde war zwar noch klein, aber ein kleines Überseebritannien hatte angefangen, sich zu entwickeln.

Etwa um diese Zeit taucht Ambrosius Aurelianus auf, der Mann, dem Geoffrey seinen Nachfolger Vortigerns, Aurelius Ambrosius, nachbildet. Er wird vage als überlebender Römer bezeichnet und als Sohn von Eltern, die Purpur getragen hätten und in der Zeit der Verwüstung umgekommen wären. »Den Purpur tragen« könnte heißen, daß sein Vater Senator war. Daß er als Römer bezeichnet wird, hat nichts mit seiner ethnischen Herkunft zu tun. Es bezieht sich auf seine Treue, auf seine prorömische Einstellung in Fragen der Unabhängigkeit, darin dem Ägidius in Gallien ähnlich. Die Überlieferungen der Waliser nennen ihn Emrys, walisisch für Ambrosius, und machen ihn zu einem Grundbesitzer oder Truppenführer mit regionaler Macht. Es gibt Dokumente darüber, daß er im Jahre 437 in einem Ort namens Guoloph einen Rivalen bekämpfte. Wenn das stimmt, befand er sich im mittleren Alter, als er am Ende der 450er und in den 460er Jahren zum »römischen« Führer aufstieg. Guoloph ist das heutige Wallop in Hampshire. Das Einflußgebiet des Ambrosius war das südliche Britannien, wo die Magnaten der Villengesellschaft, oder vielmehr deren Söhne und Enkel, noch keineswegs ausgestorben waren.

Das erneute Aufleben der *Romanitas* war eher ein Aufflakkern, aber doch spürbar. Eine Zeitlang gaben einige Briten ihren Kindern noch römische Namen. Nahezu ein Jahrhundert lang hielten sich manche noch für »Bürger« und Latein für »unsere Sprache«.

Mittlerweile ereignete sich etwas Greifbares, das als wesentliche Verbesserung der Lage empfunden wurde. Die Pikten zogen sich in ihre schottische Wildnis zurück, und auch die Sachsen kehrten schließlich in ihre Enklaven im Osten und Südosten heim, wohin nun aber noch mehr Stammesgenossen vom Kontinent strömten. Es ist schwer zu sagen, wieviel von ihrem Rückzug militärischen Unternehmungen der Briten zu verdanken ist und wieviel ihrer zunehmenden Unlust, plündernd herumzustreichen.

In den 460er Jahren sammelt Ambrosius Truppen, organisiert Angriffe, und es gelingt ihm, die Barbaren zurückzudrängen. Ohne jegliche Hilfe vom Ausland werden die Briten wieder Herr der Lage. Hinweise von der gegnerischen Seite belegen dies. Die

Angelsächsische Chronik verzeichnet zwar keine Niederlagen – und germanische Barden zogen es ebenfalls vor, sie nicht zu besingen –, aber das Nachlassen der berichteten Siege gibt unbeabsichtigte Hinweise. Auch wenn ihre früheren Eintragungen zur Datierung unzuverlässig sind, so zeigen sie doch eine Tendenz an. 455 befinden sich die Sachsen auf dem Höhepunkt einer Revolte. Hengist bekämpft die Briten und fängt an, sich König von Kent zu nennen. 457 kämpft er erneut gegen sie, und sie fliehen vor Schreck nach London. Über die folgenden acht Jahre wird nichts berichtet. Eine Schlacht von 465 wird nicht als Sieg ausgegeben. Ihr Ausgang wird dadurch beschönigt, daß stolz über die Verluste des Feindes berichtet wird. Dann folgt Schweigen für weitere acht Jahre. Wir können uns also sehr deutlich vorstellen, wie Ambrosius in den 460er Jahren das Kommando übernimmt und die Sachsen einkreist.

Ein paar Ortsnamen erinnern möglicherweise an ihn. Einer ist Amesbury. Der letzte Teil, *»bury«*, ist sächsisch, und der erste Teil ist ursprünglich *»Ambr«*. In dieser Stadt in der Nähe der Ebene von Salisbury steht ein altes Kloster, und einer begründbaren Vermutung zufolge wurde es von Ambrosius gegründet.

Es ist jedoch noch eher anzunehmen, daß er dort Truppen stationierte. In der Spätzeit des Reiches wurden Streitkräfte manchmal nach ihren Anführern oder nominellen Führern benannt. Daher die Honoriaci, »die Männer des Honorius«, die zu dem Thronprätendenten Constantin überliefen. Ambrosius' Männer waren die Ambrosiaci oder Ambrosiani gewesen. Ihre Anwesenheit könnte so einem von ihnen benutzten Standort seinen Namen gegeben haben. Das gleiche mag für Ambrosden in Oxfordshire gelten, das soviel heißt wie »Ambr's Hill« (Ambr's Hügel).

In einer Schrift über den Hochkönig, der die Sachsen ins Land brachte, äußert Professor Leslie Alcock die Vermutung, daß Ambrosius »wahrscheinlich ebendiesem König oder seinem Nachfolger unterstellt« war. Es ist möglich, daß Ambrosius zu einem früheren Zeitpunkt Vortigern untergeben war, mit Sicherheit aber dessen Nachfolger, da der von Ambrosius geführte Feldzug nach Vortigerns Tod erfolgte. Trotz Geoffrey wird Ambrosius, außer in der Legende, nie selbst als Hochkönig bezeichnet. Wenn er es nicht war, wer war es dann? Welchem Hochkönig unterstand er?

Die Dinge waren in ständigem Fluß. Die Briten hatten eine monarchische Herrschaft, die durch das Mitspracherecht der Ratsversammlung allerdings eingeschränkt war, akzeptiert. Das so regierte Territorium hatte inzwischen auch einige Gebietsveränderungen erfahren; die wichtigsten davon waren den Sachsen zu verdanken. Mehrere mittelgroße Gebiete waren fest in deren Hand. Viele ihrer Kinder waren in den Siedlungen geboren und damit in erster Linie zu »Engländern« geworden, obwohl dieses Wort erst in ferner Zukunft gebraucht wurde. Der Anteil der Insel, den die Briten innehatten, blieb aber bei weitem größer und enthielt neun Zehntel der Bevölkerung. Doch es gab keinen Zusammenhalt von einer Küste zur anderen mehr, und sei dieser noch so schwach.

Am Clydefluß etwa regierte der Gebietshäuptling Ceredig (auf lateinisch Corotius) von einem Bollwerk auf dem Felsen von Dumbarton, der »Festung der Briten«, aus. Während der 450er Jahre hatte eine Mannschaft seiner Krieger die See überquert und war auf eine Gruppe von Iren gestoßen, in der sich auch erst kürzlich durch den heiligen Patrick Bekehrte befanden. Sie massakrierten einige und schleppten die übrigen als Sklaven mit. Für die gerade Missionierten war dies recht entmutigend, denn auch ihre Gegner waren nominell Christen. Patrick schrieb zwei Protestbriefe, von denen der zweite uns erhalten ist und Ceredig eine gräßliche Unsterblichkeit verleiht.

Das Endergebnis all dieser Veränderungen war, daß es nun

keinen Hochkönig Britanniens mehr geben konnte, nicht einmal in dem Maße, in dem Vortigern es möglicherweise gewesen war. Aber außer Ceredig hatte sich bisher kein regionaler Fürst selbständig gemacht. Es konnte noch immer einen höchsten Herrscher über die Mehrzahl des britischen Volkes geben, einen »König der Briten« zumindest dem Namen nach; genauso wie es Könige der Visigoten und Vandalen gab, die nach ihren Untertanen benannt waren und nicht nach ihren kaum definierten Territorien. Wenn überhaupt, dann nur in dieser Zeitspanne zwischen 450 und 460 konnte es einen solchen Mann gegeben haben, konnte sich das britische Hochkönigtum bilden. Die Bezeichnung »König der Briten« ist urkundlich belegt, und den Mann gab es auch, wenn auch unklar ist, ob sich seine Macht so weit erstreckte, wie dies möglich gewesen wäre. Er war der Held einer Episode, die den Wiederaufstieg der Briten unterstreicht, in einer Zeit, als ihnen ihre teilweise wiedererwachte *Romanitas* plötzlich kurzfristig große Bedeutung gab.

Im Jahre 465 war der kaiserliche Thron in Rom wieder einmal unbesetzt. Für mehr als ein Jahr hatte der Westen keinen eigenen Kaiser. Schließlich griff Leo I., der Kaiser von Konstantinopel, ein. Im Jahre 467 ernannte er selbst einen Mitkaiser für den Westen. Seine Wahl fiel auf Anthemius, einen griechischen Adeligen von bewundernswertem Charakter und aus angesehenem Hause. Der marschierte mit einem prächtigen Gefolge nach Rom und wurde vom Senat willkommen geheißen. Wie schon vorauszusehen war, widmete Sidonius auch ihm ein Gedicht und las es den versammelten Senatoren vor:

»Als die Natur den jungen Jupiter über die Sterne setzte und der neue Gott ein uraltes Reich betrat, wetteiferten alle Götter in der Verehrung ihrer Gottheit und äußerten in verschiedener Weise alle das gleiche ›Bravo‹ ... In ähnlicher Weise, oh Cäsar, größte Hoffnung unserer Zeit, folge ich großen Herren und biete Dir demütig Weihrauch ...

Dies, meine Herren, ist der Mann, nach dem sich Roms

kühner Geist und Eure Liebe sehnte, der Mann, dem sich unser Reich anvertraut, so wie ein Schiff, das von Stürmen besiegt und ohne Kapitän ist, seinen zerbrochenen Aufbau übergibt, um von einem verdienten Steuermann gewandter geführt zu werden, und so weder Sturm noch Piraten fürchten muß . . . Vorwärts also, Vater Deines Landes, vom Schicksal Gesegneter.«

Sidonius' dritter *Restitutor* stand vor einem großen Problem in Gallien. Es war zwar immer noch Teil des Reiches, aber es hatte unter vielen feindlichen Eingriffen und Landbesetzungen gelitten und befand sich in einer schwierigen Lage. Ägidius war gestorben, und sein Sohn Syagrius beherrschte den Norden und nahm irgendwann den Titel »König der Römer« an. Innerhalb seiner Einflußsphäre lebten auch die Franken, deren eigener König aus dem Exil zurückgekehrt war. Zum gegenwärtigen Zeitpunkt hatten sie gute Beziehungen mit Syagrius. Die ausgewanderten Briten traten entlang der Loire den Sachsen gegenüber. Der Teil Galliens, der südlich von Syagrius' Machtbereich lag, gehörte prorömischen Burgundern. Gefahr lauerte von seiten der Westgoten. Ihr neuer König Euric war Herr über fast ganz Spanien. Er hatte auch Eroberungsabsichten in Gallien und setzte sie bald in die Tat um. Die Westgoten waren arianische Ketzer, und die Differenz in der Religion war mehr als nur Wortklauberei. Euric unternahm zwar keine systematischen Verfolgungen, aber in einigen Teilen Galliens, durch die er marschierte, wurden Kirchentüren versperrt, Priester eingekerkert und Bischöfe verbannt. Faustus, vermutlich der Sohn Vortigerns, war unter den Verbannten.

Im Jahre 468 unternahm der neue Kaiser Anthemius einen höchst ungewöhnlichen Schritt: Er bemühte sich um eine Allianz mit den Briten. An diesem Versuch läßt sich das Erstarken der Briten und die Zunahme ihrer Sympathien für Rom abmessen. Und was noch wichtiger ist – er hatte Erfolg. Ein Bericht dieser Ereignisse ist in der *Geschichte der Goten* eines gewissen Jordanes verzeichnet, der im Jahre 551 ein älteres und inzwischen verlorengegangenes Werk zusammenfaßte. Der Bericht beginnt folgendermaßen:

»Leo . . . wählte seinen Patrizier Anthemius zum Kaiser [im Westen] und schickte ihn nach Rom . . .
Nun bemerkte Euric, der König der Visigoten, den häufigen Wechsel der römischen Kaiser und strebte danach, Gallien für sich zu haben. Kaiser Anthemius vernahm dies und bat die Briten um Hilfe. Ihr König Riotimus kam auf dem Seewege mit zwölftausend Mann in den Staat der Biturigen und wurde nach der Landung seiner Schiffe empfangen.«

Hier nun haben wir einen König der Briten, der auf eine 460er Version des Hochkönigtums hindeutet. Außerdem verwendet Jordanes den Ausdruck in klarer Form. Ein Grund, weshalb Historiker dieser Angelegenheit kaum Aufmerksamkeit geschenkt haben, war die Annahme, daß die Briten Bretonen waren – Siedler in Armorica – und der König lediglich ein Ortshäuptling war. Aber die britischen Soldaten kamen »auf dem Seewege«, was nur heißen kann, daß sie von Britannien herübergesegelt waren. Das aber hätten die Siedler nicht getan, da sie sich ja bereits an Ort und Stelle befanden. Auch kamen sie in größerer Anzahl, als die jungen Kolonien hätten stellen können. »Zwölftausend« mag übertrieben sein, aber die Truppe war stark genug, um die Hoffnung aufrechtzuerhalten, dem Westgoten Euric Schach zu bieten.

Auf den ersten Blick gesehen, war Riotimus Vortigerns Nachfolger, dem Ambrosius als regionaler Fürst mit dem Auftrag, die Sachsen in Britannien einzudämmen, Rechenschaft schuldete. Vielleicht war er um 450 durch einen nicht dokumentierten Staatsstreich oder durch die Heirat mit einer Tochter Vortigerns an die Macht gekommen, obwohl all dies nur Vermutungen sind. Ein König, der britische Truppen ins Ausland führt, mag uns verantwortungslos erscheinen, wenn wir an die ständige Gefahr durch die Sachsen zu Hause denken. Für den Augenblick könnte es den Anschein gehabt haben, als sei die Gefahr überstanden, als habe Ambrosius sie bezwungen. Es mag sogar der Eindruck bestanden haben, als lauere die Hauptgefahr durch die Sachsen nun auf dem Kontinent.

Die Zusammenfassung des Jordanes liefert ein klares Bild des Feldzuges. Der »Staat der Biturigen«, den die Briten betraten, war Berry im Herzen Galliens. Sie mußten dazwischenliegendes Land durchqueren, um dorthin zu gelangen. Zweifellos segelten sie in die Mündung der Loire; die unbenannte Person, die sie dort »empfing«, könnte Syagrius gewesen sein, der selbsternannte König der Römer in Nordgallien. Sie marschierten am Nordufer des Flusses entlang bis in die Nähe des Sachsengebietes und hielten dann inne. Ungefähr um diese Zeit vernichteten die »römischen« Streitkräfte die Sachsen in der Nähe von Angers. An diesem Krieg nahmen auch Franken teil, die Inseln im Fluß erbeuteten, die die Sachsen besessen hatten; Briten waren ebenfalls beteiligt; sie halfen, die Schiffe zu zerstören. In diesem Landstrich war die Macht der Sachsen nun gebrochen, wenn auch der fränkische König Childeric sie vor dem völligen Untergang bewahrte, indem er mit ihnen verhandelte und einige von ihnen in seine eigenen Dienste aufnahm.

Es gab mit Sicherheit nach dem Verlauf dieses Feldzuges große Hoffnungen auf beiden Seiten des Kanals. Die Briten rückten an der Loire entlang vor, betraten Berry und besetzten Bourges. Aus jener Zeit ungefähr besitzen wir ein überraschendes Beweisstück: nichts Geringeres als einen Brief an ihren König. Der Schreiber ist der unschätzbare Sidonius. Er spricht den König mit Riothamus an und verwendet eine lateinische Schreibweise, die dem britischen Original verwandter sein dürfte als Jordanes' Version. Der Brief erklärt, wer sein Überbringer ist, nämlich ein Grundbesitzer, der sich darüber beklagt, daß die Briten ihm seine Sklaven weggelockt haben. Sidonius verweist auf einen früheren Kontakt zurück. Wenn es tatsächlich eine Verbindung zwischen den Geistlichen Faustus und Riocatus und Vortigern gibt, dann hatte Sidonius freundschaftliche Beziehungen zu drei königlichen Briten und hat den zuletzt Erwähnten vielleicht durch die beiden anderen kennengelernt. Er schreibt ihm:

»Ich bin ein unmittelbarer Zeuge der Gewissenhaftigkeit, die so schwer auf Ihnen lastet und die immer von einer derartigen Zartheit war, daß Sie für die Fehler anderer erröten.«

Dann erklärt er die Beschwerde des Landbesitzers, ist sich aber ungewiß über den Empfang, den man diesem bereiten wird:

»Ich schätze, daß dieser arme Geselle mit seiner Klage Erfolg haben wird, das heißt, wenn es inmitten einer Menge lauter, bewaffneter und ungezügelter Männer, die sowohl durch ihre Kühnheit als auch durch ihre Anzahl und ihre Kameraderie ermutigt werden, überhaupt eine Möglichkeit gibt für einen einzelnen unbewaffneten Mann, einen bescheidenen Landmann, einen Fremden ohne großes Vermögen, auf gerechte und unparteiische Weise Gehör zu finden.«

Ob er es fand oder nicht, ist uns nicht bekannt.

Über das Datum und die Umstände dieses Schreibens gibt es verschiedene Ansichten. Sidonius' früherer Kontakt mit dem König deutet auf einen gewissen zeitlichen Abstand hin, so daß der Brief mit 469, möglicherweise sogar mit dem Beginn des Jahres 470 zu datieren ist.

Es war ein schwindelerregender Augenblick. Nach all den Verlusten, die die Briten vorher erlitten hatten, hatten sie sich nun bis zu dem Punkt erholt, wo ihr oberster König von einem Kaiser umworben wurde und die Macht hatte, darauf einzugehen oder das Hilfeersuchen abzulehnen. Er hatte so weit an Format gewonnen, daß er Roms letzte Hoffnung jenseits der Alpen war, die letzte westliche Stütze des wackelnden Weltreiches. Diese einmalige Machtposition wurde völlig richtig erkannt von jenen, die seinen Untergang bereits beschlossen hatten: Während Riothamus Eurics Vorstoß erwartete, war er bereits verraten.

In Gallien gab es noch immer einen kaiserlichen Präfekten, der dort stellvertretend für den Kaiser regierte. Sein Name war Arvandus. Seine erste Amtsperiode war gut verlaufen, seine zweite jedoch schlecht, da er äußerst unpopulär war und öffentliche Gelder dazu benutzt hatte, private Schulden zu bezahlen. Bald nach Riothamus' Ankunft in Gallien hatte er Euric einen verräterischen Brief geschrieben, in dem er den Westgoten dazu aufforderte, sich nicht mit dem »griechischen Kaiser« (eine Verspottung des Anthemius) zu einigen, sondern die derzeit »nördlich der Loire postierten Briten« zu vernichten. Wieder haben einige Historiker diese Briten zu »Bretonen« herabgestuft. Aber Euric hätte nichts gewonnen, wenn er die kleinen, abgelegenen Kolonien überrumpelt hätte. Es ging darum, daß die vom britischen König mitgeführte Armee ein zentrales Problem war, das einzige Hindernis, das Eurics Plänen noch im Wege stand. War diese Armee erst einmal erledigt, so fuhr Arvandus fort, so konnte Euric die Burgunder von ihrem Bündnis mit Rom abschneiden und sich Gallien mit ihnen teilen.

Der Brief wurde abgefangen, Arvandus wurde nach Rom zurückbeordert und vom Senat angeklagt. Die Ankläger warfen dem Präfekten eine ganze Reihe von Verfehlungen vor, wobei der Brief als vernichtendes Beweisstück diente. Das schließlich gegen ihn wegen Hochverrats ausgesprochene Todesurteil wurde in die Verbannung und eine hohe Geldstrafe abgemildert. Seine Botschaft hatte ihren Adressaten nicht erreicht, aber der Schaden war angerichtet und der Verrat begangen. Der Vorschlag war an die Öffentlichkeit gelangt, und Euric begriff, wie unterhöhlt das Reich in Gallien war.

Nachdem die Briten die Loire überquert und ihre ungeschützte Frontstellung bezogen hatten, stieß er vor. Dies war wahrscheinlich zu Beginn des Jahres 470. Und Jordanes schreibt zu den folgenden Ereignissen: »Euric, der König der Westgoten, trat mit einer unabschätzbaren Armee gegen sie an, und nach einem langen Kampf schlug er Riotimus, den König der Briten, bevor die Römer dazustoßen konnten.«

Die königliche Bezeichnung wird hier ganz deutlich gebraucht. Die Römer, die nicht kamen, waren wohl Truppen, die Syagrius versprochen hatte. Gregory von Tours, der im 6. Jahrhundert eine *Geschichte der Franken* schrieb, fügt ein paar Einzelheiten hinzu. Er ist ein wenig unklar hinsichtlich des Zeitpunktes, aber er kennt den Ort: »Die Briten wurden von den Goten von Bourges vertrieben, nachdem viele von ihnen in Bourg-de-Déols getötet wurden.« Déols liegt genau gegenüber von Chateauroux auf der anderen Seite des Indre, und ungefähr dort wurde die tragische Schlacht ausgetragen. Riothamus war kühn vormarschiert und hatte tapfer sein Bestes versucht, aber die Horden der Barbaren überwältigten ihn.

Und noch einmal Jordanes: »Als er einen großen Teil seiner Armee verloren hatte, floh er mit all den Männern, die er sammeln konnte, und ging zu den Burgundern, einem Nachbarstamm, der damals mit den Römern verbunden war.« Gregorys Worte zeigen den Verlauf seines Rückzuges an. Eine Linie von Déols zurück durch Bourges führt, wenn man sie auf der Landkarte verlängert, in einen benachbarten Teil von Burgund. Dort verschwindet Riothamus aus der Geschichte. Was die überlebenden Briten betrifft, die er *nicht* sammeln konnte, so gibt es Anzeichen dafür, daß Euric sie gefangennahm und in einem Teil seines eigenen Reiches, in Aquitanien am Golf von Biskaya, ansiedelte.

Dieser König der Briten stellt ein faszinierendes historisches *Wenn* dar. Er und Ambrosius in Britannien sowie Ägidius und Syagrius in ihrem Teil Galliens standen nicht genau für das erschütterte Reich, sondern sie standen für die *Romanitas*. Außerdem schmiedete die britische Siedlung in Armorica eine Verbindung zwischen Britannien und Gallien. Wenn es keinen Verrat gegeben hätte, wenn Euric mit vereinten Kräften zurückgeschlagen worden wäre, dann wäre das Reich im Nordwesten Europas vielleicht wieder aufgeblüht; nicht durch eine Rückkehr zum Provinzstatus, sondern durch das Entstehen eines neuen Zentrums mit seinen eigenen Kaisern. Aber mit der britischen Niederlage war alles, oder so gut wie alles, vorbei.

Anthemius, der kühne, aber schlecht behandelte Grieche, wurde im Jahre 472 gestürzt und ermordet. Vier Jahre und vier Kaiser später war die Linie im Westen am Ende.

Doch setzte der gewaltige Zerfall auch neue Kräfte frei: Die Franken lehnten sich gegen Syagrius auf, und im Jahre 486 nahm ihr nächster König, Clovis, dessen Hauptstadt Soissons ein. Clovis gewann die Vormachtstellung in Nordgallien und trieb die Westgoten nach Spanien zurück. Gallien wurde das »Land der Franken« – Frankreich.

In Armorica beschritten die Siedler ihren eigenen Weg. Der von ihnen besiedelte Teil Galliens schrumpfte in die Bretagne zusammen und nahm schließlich die fränkische Oberlehnsherrschaft an. Und doch erlangte die Bretagne eine gewisse Sonderstellung. Nicht nur gründeten reiche Einwanderer örtliche Dynastien, sondern es gab in jenen Jahren auch einen Zustrom von Kirchenmännern, den »Heiligen« der Bretagne – Missionaren, Lehrern, Gründern von Kirchengemeinden, von denen viele aus Wales waren. Erst waren es wenige, doch später waren es unzählige, und sie spielten eine entscheidende Rolle in der Gestaltung einer neuen Gesellschaft. Über die nächsten achtzig Jahre sollten neue Einwandererwellen den Charakter des Landes bestimmen. Die ursprünglichen Bewohner Armoricas wurden in eine bretonische Nation integriert.

In Britannien selbst mag Ambrosius noch nach 470 im Amt gewesen sein. Es gab jedoch keine weiteren Hochkönige, außer vielleicht einigen Anwärtern, die den Anspruch aber nicht einlösen konnten. Es konnte keinen »König der Briten« im wirklichen Sinne mehr geben. Das Land war in Auflösung begriffen. Die Regionen wurden schließlich zu separaten Königreichen mit eigenen Dynastien.

Die Sachsen konnten nicht länger im Zaum gehalten werden. Sie plünderten zwar nicht mehr willkürlich, aber weitere Einwanderung stärkte zunehmend ihre Macht, und sie fingen an, langsam, aber sicher das Land zu übernehmen. In einigen Gebieten stießen die neuen Übergriffe auf keinerlei Widerstand. In anderen verursachten die von Ambrosius eingeleiteten Gegenangriffe zeitweilig Konflikte.

Dies ist also der Kontext, in dem die Geschichte des Arthur steht. So wie Geoffrey von Monmouth seine *Geschichte* darstellte, ist sie phantastisch und unhistorisch. Und doch kann sie keineswegs abgewiesen werden als etwas, das jeglicher Grundlage entbehrt. Die Fiktion ist in Fakten verankert: Britannien wurde tatsächlich unabhängig, Vortigern regierte wirklich, und die Sachsen kamen – etwa in der Art, wie Geoffrey es beschreibt. Es gab eine Katastrophe, und es gab eine Rettung. Da die Rettung später in der Figur des Arthur zusammengefaßt und symbolisiert wurde, haben Historiker manchmal von Arthur als Tatsache gesprochen. Dies klärt jedoch in keiner Weise, ob er wirklich existierte oder nicht.

Aber er symbolisiert mehr als nur die Rettung allein. Die Erzählung macht ihn zu einem archetypischen Helden jenes Zeitalters, der einen Lieblingstraum jener Zeit verkörpert. Er ist ein *Restitutor* innerhalb seines eigenen Wirkungskreises.

Geoffreys Charaktere ähneln selten ihren lebendigen Vorbildern. Selbst mit der intensivsten Forschung können wir nicht erwarten, auf irgend jemanden zu stoßen, der Arthur in allen Einzelheiten erhärtet. Wenn wir jedoch alles in Betracht ziehen, können wir mit gutem Grund hoffen, eine Arthurfigur von Format, ein würdiges Original zu identifizieren: jemanden, der genug von den Eigenschaften besitzt, die Geoffrey für seine Fiktion brauchte, und genügend Substanz, um jener Fiktion ihren Einfluß im Mittelalter zu verleihen, die sie als offizielle und unumstößliche Geschichte besaß.

2. Teil:
Die Suche
nach dem historischen
Arthur

4. Die walisischen Quellen

Ein geheimnisvolles Vorwort

Wenn wir uns mit der Legende um Arthur befassen, müssen wir uns zuallererst fragen: Was hat Geoffrey gelesen oder gehört? Macht er selbst irgendwelche Andeutungen über seine Quellen? Und wenn ja, führt er uns zu älterem Material, aus dem hervorgeht, wer Arthur wirklich ist?

Geoffrey beschränkt sich keinesfalls auf bloße Andeutungen. Er erzählt uns völlig exakt, woher er seinen Stoff hat: nicht nur die Arthurerzählungen, sondern seine gesamte *Geschichte*. Das Problem ist nur, daß die Erklärung kaum weniger verwirrend ist als die *Geschichte* selbst. Nachdem er das Buch abgeschlossen hatte, schrieb er als Vorwort eine Widmung an Robert Graf von Gloucester, einen unehelichen Sohn von König Henry I., dessen Unehelichkeit ihn nicht davon abhielt, eine bedeutende Stellung im Staat einzunehmen. Das Vorwort beginnt folgendermaßen:

> »Wenn ich gelegentlich über die Geschichte der Könige Britanniens nachdachte, und zwar in jenen Momenten, in denen ich mir viele solcher Dinge durch den Kopf gehen ließ, erschien es mir immer auffällig, daß ich außer solchen Hinweisen, wie sie Gildas und Bede [Gildas und Bede sind Autoren,

> mit denen wir uns später noch befassen müssen] in brillanten Büchern über das Thema gaben ... überhaupt nichts über die Könige erfahren konnte, die hier vor der Fleischwerdung Christi lebten, oder etwa über Arthur und all die anderen, die nach Christus regierten. Und doch waren die Taten dieser Männer derartig, daß sie es verdienen, für alle Zeiten gepriesen zu werden. Außerdem sind diese Taten in der mündlichen Überlieferung eifrig weitergegeben worden, geradeso, als lägen sie in schriftlicher Aufzeichnung vor, und zwar von vielen Völkern, die sich nur auf ihr Gedächtnis verlassen konnten.«

Es sieht so aus, als wolle Geoffrey seine *Geschichte* rechtfertigen, indem er sich auf eine mündliche Überlieferung beruft, die natürlich nicht überprüft werden kann. Doch dem ist nicht so. Er fährt mit einer erstaunlichen Behauptung fort:

> »Zu einer Zeit, als ich solchen Dingen besonders viel Aufmerksamkeit schenkte, präsentierte mir Walter, der Erzdiakon von Oxford, ein Mann, der in der Kunst des öffentlichen Vortrags geschult und über die Geschichte fremder Länder wohlunterrichtet ist, ein gewisses Buch, das sehr alt und in der britischen Sprache geschrieben war. Dieses Buch, das ansprechend zusammengestellt war und eine durchgehende und geordnete Erzählung bildete, stellt all die Taten dieser Männer dar ... Auf Walters Wunsch hin habe ich mir die Mühe gemacht, das Buch ins Lateinische zu übersetzen.«

Geoffrey will uns also glauben machen, daß die *Geschichte* lediglich eine lateinische Version eines viel älteren Buches ist. Die »britische Sprache« könnte entweder Walisisch oder Bretonisch sein. Beide stammten von der Sprache der Britannier ab, und zu Geoffreys Zeit hatten sie sich noch nicht so weit auseinanderentwickelt wie seither. Am Ende des Buches sagt er, der Erzdiakon Walter habe das Buch *ex Britannia* gebracht, was wohl eher »aus der Bretagne« als »aus Wales« heißt. An einer anderen Stelle spricht er davon, daß Walter das alte Buch mit mündlich überlieferter Information ergänzte.

Ein Erzdiakon hatte Verwaltungs- und Aufsichtsämter in einer Bischofsdiözese inne. Walter existierte wirklich, und Geoffrey war zur gleichen Zeit wie er in Oxford. Ihre Namen tauchen zusammen in Urkunden auf, die sich auf verschiedene Ländereien der Kirche beziehen. Was Geoffreys Behauptungen in seinem Vorwort betrifft, so gibt es keinen dokumentierten Kommentar von seiten Walters, aber anscheinend war er damit einverstanden. Schließlich wurde er vermutlich von Lesern nach dem alten Buch gefragt. Das beweist nicht, daß es tatsächlich existierte. Erzdiakone waren dafür bekannt, es mit der Wahrheit nicht immer sehr ernst zu nehmen. Im Mittelalter wurde, teils ironisch, teils ernsthaft, darüber debattiert, ob ein Erzdiakon der Erlösung teilhaftig werden könne.

Heute gibt es von dem Buch keine Spur mehr, und keiner glaubt Geoffreys Behauptung in der Form, in der er sie aufstellt. Die *Geschichte* enthält bei weitem zu viele ausgefallene Details, die in das 12. Jahrhundert gehören. Zum Beispiel spricht er von Normannen in Arthurs Armee. Dies ist ein ebenso eklatanter Anachronismus, wie es etwa Texaner in einer Geschichte über Jeanne d'Arc wären, und er kann sie in keinem alten Buch gefunden haben. Wenn er die Geschichte wirklich einfach erfand und dabei Walters Zustimmung hatte, so folgte er damit lediglich einer bekannten mittelalterlichen Praxis. Im Mittelalter galt Glaubwürdigkeit mehr als Beweisbarkeit, und viele Autoren behaupteten fälschlicherweise, ihr Material aus älteren Quellen bezogen zu haben; dies verschaffte ihrem Werk ein höheres Ansehen. Bestenfalls könnte man annehmen, daß Geoffrey einen Teil seiner *Geschichte* einem verlorenen bretonischen Werk entnommen hat. Er nennt bretonische Namen richtig, und seine Könige, die Britannien retten, einschließlich Arthurs Vater, sind königlicher Abstammung und kehrten aus der Bretagne ins Vaterland zurück – genau jene Phantasievorstellung, die unter den Adeligen jenseits des Kanals geherrscht haben mag.

Das alte Buch ist somit keine Lösung, sondern eher ein neues Problem, das wir zunächst einmal beiseite legen. Beschäftigen wir uns nun mit den zwei Autoren, die Geoffrey nennt: Gildas und Bede. Er deutet zu Recht an, daß sie ihm bei seinen britischen Königen nicht viel halfen. Doch wenn wir uns ihre Werke ansehen, dann wird uns klar, woher sein Gerüst für die Arthurerzählung stammt.

Gildas war ein britischer Mönch, der im 6. Jahrhundert lebte. In den 540er Jahren brachte er ein Buch über den Untergang und die Eroberung Britanniens heraus, in dem er mehrere zeitgenössische Herrscher anklagt und seine Landsleute in der Vergangenheit für ihre Sünden und Dummheiten tadelte, die in seinen Augen die Invasion der Sachsen als strafendes Gottesurteil heraufbeschworen. Er ist in erster Linie ein Moralist, und sein Buch ist keineswegs »brillant« – wie Geoffrey sagt –, sondern enttäuschend, da es anstelle der Geschichtsschreibung, die wir schätzen würden, fast nur Moralpredigten enthält. Selbst der Teil, in dem er historische Fakten liefert, enthält fürchterliche Fehler und Mißverständnisse. Und dennoch behandeln Historiker seine Übersicht mit einem gewissen Respekt und stützen sich teilweise auf ihn – einfach weil es nichts Besseres gibt.

Den meisten relevanten Dingen, die er abdeckt, sind wir bereits begegnet. Er erwähnt, daß die Britannier an den römischen General Aëtius, den er fälschlich Agitius nennt, um Hilfe gegen die Barbaren appellierten. Er erzählt davon, wie ihre Volksversammlung mit der Zustimmung des *superbus tyrannus* (hier finden wir die lateinische Form für den Hochkönig) die Sachsen im Land willkommen hießen. Dann berichtet er die schreckliche Geschichte von Aufruhr und Plünderei, die sich bis hinüber zur Westküste erstreckten. Nach dem Rückzug der Sachsen in ihre Heimatstützpunkte – hier bezeugt er ein wichtiges Ereignis – folgen die Gegenangriffe des Ambrosius Aurelianus, des »letzten Römers«.

Gildas erklärt weiterhin, daß das Kriegsglück sehr lange Zeit ständig wechselte. Endlich gewannen die Britannier einen entscheidenden Sieg beim »Sturm auf den Mount Badon«, der »beinahe die letzte Schlacht der Schurken« war. Er scheint dieses Ereignis 43 oder 44 Jahre vor den Zeitpunkt der Niederschrift zurückzuverlegen, also ungefähr auf das Jahr 500. Danach folgt eine relativ ruhige Periode. Da es noch lebende Zeugen gab, die sich an die Schlacht erinnerten, erzählt er uns sicherlich die Wahrheit über diesen Sieg und die Atempause, die dieser mit sich brachte. Insgesamt werden seine Schilderungen durch die Archäologie gestützt; der Vormarsch der Sachsen kam in den meisten Gebieten zum Stillstand. Gildas beschuldigt seine Zeitgenossen, die Früchte des Sieges vergeudet zu haben, aber daß es nach dem Sieg eine Zeitlang bergauf ging, daran läßt er keinen Zweifel.

Badon war irgendwo in Südbritannien. In der Nähe eines uralten Hügelforts in Wiltshire, dem Liddington Castle, gibt es ein Dorf namens Badbury, das als »Badon« in Frage kommt. Ausgrabungen haben gezeigt, daß seine Befestigungsanlagen ungefähr zur betreffenden Zeit verstärkt wurden. Britische Truppen könnten sich dort eingegraben, eine sächsische Belagerung überstanden und schließlich den entmutigten Feind in einem Ausfall aufgerieben haben. Dasselbe könnte aber auch auf einem Hügel in der Nähe von Bath geschehen sein, wie ebenfalls vermutet wurde.

Bede, der andere Autor, der in Geoffreys Vorwort genannt wird, lebte im 8. Jahrhundert in Nordengland. Er war ein viel bedeutenderer Gelehrter als Gildas und schrieb eine wesentlich glaubwürdigere Geschichte. Leider gilt dies nur für die späteren Epochen. Wo sich sein Werk mit dem des Gildas überschneidet, kopiert er weitgehend von diesem, ohne viel zu ergänzen. Aber er fügt doch noch etwas Wichtiges hinzu. Er erwähnt den Thronprätendenten Constantin und dessen Sohn Constans und berichtet ausführlich über den Besuch der Bischöfe Germanus und Lupus in Britannien. Auch vermeidet er einen der störendsten Mängel von Gildas, nämlich eine ausgesprochene Knappheit an Namen. Vortigern, Hengist und Horsa werden bei Bede alle namentlich genannt.

Sosehr Geoffrey auch entstellt und übertreibt, er ist diesen Autoren doch stark verpflichtet. Abgesehen von den offenkundigen Übereinstimmungen findet bei ihm die vernichtende Niederwerfung der Sachsen bei Bath statt, der Ort, der für ihn identisch mit Badon ist. Wenn er in seinem Vorwort also Gildas und Bede zitiert, führt er uns nicht in die Irre, und er leitet auch weitere Stoffe aus der Zeit nach Arthur von diesen beiden Autoren ab.

Aber Arthur entlehnt er von keinem der beiden, denn dieser kommt bei ihnen nicht vor. Gildas nennt nur einen Briten im ganzen 5. und zu Beginn des 6. Jahrhunderts, nämlich Ambrosius. Das Problem mit diesem klerikalen Verfasser ist, daß er eifert und nicht Geschichte um der historischen Wahrheit willen schreibt. Er findet, die meisten Briten seien es nicht wert, daß man ihrer gedenke. Bede, der ebenfalls ein Geistlicher ist, wenn auch ein in der Regel nicht so engstirniger, folgt ihm in diesem Punkt. Ihr Schweigen über Arthur beweist keineswegs, daß es ihn nicht gab, obwohl einige moderne Autoren versucht haben, so zu argumentieren. Es spricht zwar gegen die Existenz von Geoffreys »Übermenschen«, den niemand hätte ignorieren können, nicht aber gegen die Existenz eines Britanniers, den Geoffrey zum Vorbild hätte nehmen können. Gildas' eigenes Zeugnis von jahrzehntelangen Kämpfen, bei denen auch Siege errungen wurden, zeigt ganz klar, daß es noch andere Führer in Britannien gegeben haben muß, außer dem einen, den er nennt. Vielleicht schwieg er über den ursprünglichen Arthur aufgrund seiner Vorurteile oder aus Mangel an Informationen. Gildas läßt auch andere bedeutende Personen aus, die nachweislich gelebt haben.

Geoffrey erwähnt Gildas einige weitere Male und führt an, daß dieser Dinge geschrieben habe, von denen es keine Spur mehr gäbe, wie zum Beispiel eine lateinische Übersetzung alten britischen Rechtes. Trotzdem kann es sein, daß Geoffrey hiermit einen Hinweis liefert. Wenn er von Gildas spricht, bezieht sich der Name vielleicht noch auf andere Schriften als das bisher zitierte Traktat über Untergang und Eroberung. Tatsächlich existiert ein Buch unter dem Titel *Historia Brittonum*, Geschichte der Britannier, das viel älter als jenes von Geoffrey ist und früher allgemein Gildas zugeschrieben wurde. Vielleicht hielt auch Geoffrey Gildas für den Autor, so daß er dieses Buch mit einschließt, wenn er von Gildas spricht. Ob dem so ist oder nicht, er kannte das Buch mit Sicherheit. Abschnitte seiner eigenen *Geschichte* beziehen sich darauf und verknüpfen Teile daraus mit dem echten Gildas und mit Bede. Und hier nun fand Geoffrey seinen berühmten König.

Mehrere Abschriften der *Historia Brittonum* sind uns erhalten geblieben. Die bekannteste befindet sich in einem Handschriftenband im Britischen Museum und ist als »Harley 3859« katalogisiert. Der Band enthält mehrere Texte aus verschiedenen Quellen. Derjenige, der für Arthur von Bedeutung ist, kommt aus Wales, obwohl er in lateinischer Sprache verfaßt ist. In Wales erhielten sich die Nachkommen der Britannier ihre Unabhängigkeit und überlieferten Sagen und Bräuche aus der vorsächsischen Zeit, als ihre Vorfahren ganz Britannien beherrschten.

Die *Historia Brittonum* bringt uns der möglichen Wirklichkeit viel näher als Geoffrey. Sie wurde zwischen 800 und 820 abgeschlossen. Da Gildas inzwischen als Autor ausgeschlossen ist, wird sie im allgemeinen dem aus Bangor in Nordwales stammenden Mönch Nennius zugeschrieben. Er verarbeitete ein Gewirr von Material und »warf« – nach seinen eigenen entwaffnenden Worten – »alles auf einen Haufen, was er fand«. Das Ergebnis ist chaotisch. Doch flößt das Chaos eine Art von Vertrauen ein.

Er ist so offensichtlich kein großer Literat, daß wir getrost annehmen können, er zitiere authentische Überlieferungen und alte Dokumente. Er scheint kaum fähig, diese selbst zu erfinden.

Geoffrey macht sich das Buch des Nennius zweifellos zunutze, und nicht nur für die nachrömische Zeit. Zum Beispiel gibt es bei Nennius eine Version der Legende von Brutus, dem Trojaner. Bei der Schilderung des 5. Jahrhunderts tauchen dann verschiedene Themen Geoffreys in ihrem »Urzustand« auf: wieder einmal die Geschichte von Vortigern und seiner Ehe mit einer Heidin; der Feldzug und Tod seines Sohnes Vortimer; das Massaker von Adeligen; die Festung, die zusammenbrach; und der prophetische Knabe (auch wenn Nennius ihn mit dem General verwechselt und ihn Ambrosius nennt). Die meisten dieser Episoden sind nur kurz und grob skizziert. Geoffrey erweitert sie nicht nur, sondern ändert häufig auch ihre Reihenfolge.

Nennius sagt sehr wenig über den wirklichen Ambrosius und gar nichts über Uther. Statt dessen berichtet er von einem anderen Führer des Widerstandes.

> »Zu jener Zeit nahmen die Sachsen in Britannien zahlenmäßig zu. Nach dem Tod von Hengist kam jedoch dessen Sohn Octha aus dem nördlichen Teil Britanniens in das Gebiet von Kent, und von ihm stammen die Könige von Kent ab.
>
> In jenen Tagen kämpfte dann Arthur zusammen mit den Königen der Britannier gegen die Bewohner von Kent, doch er selbst war der Feldherr [in der lateinischen Fassung: *dux bellorum*]. Die erste Schlacht fand an der Mündung des Flusses statt, der Glein heißt. Die zweite, dritte, vierte und fünfte an einem anderen Fluß, der Dubglas heißt und im Distrikt Linnuis liegt. Die sechste Schlacht an dem Fluß, der Bassas heißt. Die siebte Schlacht war im Kaledonischen Wald, das heißt in Cat Coit Celidon. Die achte Schlacht war in Fort Guinnion, wo Arthur das Bildnis der heiligen Maria, der ewigen Jungfrau, auf seinen Schultern trug und die Heiden an jenem Tag in die Flucht schlug; und ein großes Blutbad kam auf sie hernie-

der durch unseren Herrn Jesus Christus und durch die Heilige Jungfrau Maria, seine Mutter. Die neunte Schlacht wütete in der Stadt der Legion, die zehnte Schlacht führte er an den Ufern des Flusses, der Tribruit heißt. Die elfte Schlacht fand auf dem Hügel statt, der Agned heißt. Die zwölfte Schlacht war auf dem Mount Badon, wo an einem einzigen Tag neunhundertundsechzig Männer bei einem einzigen Angriff von Arthur fielen, und kein anderer bezwang sie als er allein. Und aus allen Schlachten ging er als Sieger hervor.«

Da es in anderen Teilen von Nennius' Buch so viel Fabuliertes gibt, haben wir keine Garantie dafür, daß er sich hier an die Fakten hält. Man nimmt an, daß die Liste von einem verlorenen Lobgedicht auf Arthur übernommen wurde. Es gibt frühe walisische Gedichte, die im Krieg bewährte Männer preisen, indem sie Ortsnamen abspulen und jedem Namen ein paar Worte über deren dortige Triumphe beifügen. Die Liste allein mag aber als Panegyrikum zu dürftig erscheinen.

Und wieder einmal treffen wir Geoffrey dabei an, wie er sich Dinge für seine *History* auswählt, obwohl er hier überraschend wenig aufgreift. Drei Schlachten, die sein junger König Arthur ficht, stammen von dieser Liste – diejenige, die am Douglasfluß ausgetragen wurde, bei Nennius »Dubglas« genannt; diejenige in der Nähe von Lincoln, »im Distrikt Linnius«; und die im Kaledonischen Wald. Außerdem ist, wie bereits gesagt, seine Schlacht von Bath die von Badon, die er höchstwahrscheinlich aufgrund der Liste als einen Sieg von Arthur deutet. Und doch machen all diese Schlachten zusammengenommen und trotz der Form, in der er sie ausbaut, nur einen Bruchteil seiner *Geschichte* aus.

Wieviel sagt Nennius wirklich aus? Selbst der Stellenwert des Arthur bleibt zweifelhaft. Er ist der Kriegsanführer der Briten, und in einem Britannien, in dem es regionale Könige gibt, hat er eine gewisse Oberherrschaft inne. Aber als was? Als tatsächlicher Hochkönig oder nur dem Namen nach, als im Rückblick glorifizierte Figur oder bloß als Oberbefehlshaber, der regionale Kriegsanstrengungen koordiniert? Nennius geht davon aus, daß der Leser weiß, wer Arthur war, und gibt weiter kein Wort der Erklärung.

Es ist sehr schwer, zu bestimmen, *wann* all dies stattgefunden haben soll. Auch Hengists Tod, der nebenbei angemerkt wird, hilft nicht weiter. Nennius' gesamte Chronologie ist furchtbar verworren. In den vorangegangenen Kapiteln sprach er vom Tod Vortigerns, der vielleicht um 455 starb, und vom Leben des heiligen Patrick, der mit Sicherheit um 460 starb. Arthurs Taten scheinen zu jenem Widerstand zu gehören, den die Briten in der letzten Phase der Sachsenüberfälle, also zum Ende der 450er oder zum Beginn der 460er Jahre, leisteten. Diese Annahme wird von jenen Schlachtorten untermauert, über die Gewißheit herrscht. Kämpfe in Schottland deuten auf Pikten hin, die die Verbündeten des Hauptfeindes während der Sachsenunruhen waren – aber nicht später. Kämpfe in Chester sind nur zu verstehen als Gegenangriffe gegen Überfälle auf die andere Seite des Landes, was während der Unruhen geschah – aber nicht später. Wie wir sehen werden, hat einer der brillantesten Funde der jüngsten Forschung ergeben, daß es eine auch schon mittelalterlichen Historikern bekannte Überlieferung gab, die Arthur in genau diese Periode verlegt.

Jedoch ist die einzige Schlacht, die als historisch belegbar gilt, die von Badon, und Gildas datiert sie ungefähr um das Jahr 500, was ziemlich spät ist für jemanden, der bereits vierzig Jahre zuvor der Anführer eines Landes war. Dem könnte man entgegnen, daß Nennius' Arthur in dieser Schlacht schon zur Legende geworden war, zum überdimensionalen Helden, der eigenhändig 960 Männer erschlägt, so daß seine Verbindung mit Badon als reine Phantasie ausgeklammert werden kann, die viel später einer Liste seiner Taten angefügt wurde, die alle um 450 und 460 datieren.

All dies ist interessant, aber unergiebig. Wenn wir uns jetzt den *Annales Cambriae* zuwenden, die zeitlich auf Nennius folgen, stellen wir fest, daß diese sogar noch verwirrender sind. Diese Chronik gehört in das 10. Jahrhundert. Es ist im Grunde eine Tabelle von Jahreszahlen, die mit dem Jahr 1 beginnt, das dem Jahr A. D. 447 entspricht. Unter vielen Jahreszahlen sind Ereignisse eingetragen. Einige davon waren von älteren Chroniken übernommen worden und wurden möglicherweise in der betreffenden Zeit aufgezeichnet. Wenn man sich den Titel vergegenwärtigt, erscheint der erste Teil höchst sonderbar. Bis zum Jahr 72 berichten die Annalen nichts aus Wales, ja nicht einmal aus Britannien. Mehrere Einträge der frühen Jahre beziehen sich auf Irland. Der Grund dafür ist, daß ein Chronist, der walisische Aufzeichnungen kopierte, die im 6. Jahrhundert beginnen, auch Einträge aus irischen Urkunden abschrieb, die im 5. Jahrhundert anfangen.

Das Jahr 72 entspricht dem Jahr 518, und die entsprechende Eintragung lautet folgendermaßen: »Die Schlacht von Badon, in der Arthur das Kreuz unseres Herrn Jesu Christi drei Tage und drei Nächte lang auf seinen Schultern trug und in der die Briten siegten.« Unter dem Jahr 93, das heißt 539, steht folgendes: »Der Streit von Camlann, in dem Arthur und Modred fielen. Und in Britannien und Irland gab es die Pest.«

Der erste dieser Einträge verbindet Arthur wieder mit Badon; man kann das gleiche dagegen einwenden wie gegen den Satz bei Nennius. Er muß nicht unbedingt so unglaubwürdig sein, wie er klingt. »Schultern« (wie vielleicht auch in Nennius' Satz über die achte Schlacht) kann eine falsche Übersetzung eines walisischen Wortes sein, das »Schild« bedeutet. Das Kreuz könnte sein Emblem sein oder vielleicht eine heilige Reliquie, etwa ein Stück des »echten« Kreuzes. Aber »drei Tage und drei Nächte« klingt doch sehr märchenhaft. Was die Sache jedoch viel verzwickter macht, ist, daß die Jahreszahl 518 nicht mit Gildas übereinstimmt, der schrieb, als es noch lebende Zeugen der Schlacht gab.

Was den zweiten Eintrag betrifft, so ist Arthurs Tod in einer tragischen Schlacht bei »Camlann« ein wiederkehrendes Motiv in der walisischen Überlieferung. Geoffrey hatte davon Kenntnis, und der Eintrag in den *Annales* mag ihm das Vorbild für die letzte Schlacht mit Modred an den Ufern des Camel geliefert haben. Mehr lieferte er allerdings nicht. Aus dem Eintrag geht nicht einmal hervor, daß sie auf entgegengesetzten Seiten kämpften. Auch der eigentliche Ort ist ungewiß. »Camlann« bedeutet wahrscheinlich »krummes Ufer«, aber mehr als nur ein Flußname enthält das Wort »krumm«. Der einzige Ort, der heute tatsächlich Camlan heißt, ist ein Tal in Merioneth in Nordwestwales, durch das ein kleiner Fluß fließt.

Da der Eintrag jener Chronik den Tod eines Bischofs im Alter von 350 Jahren verzeichnet, flößen die frühen Darstellungen dieser Quelle wenig Vertrauen ein. Es stimmt etwas nicht mit der Art und Weise, wie sie Arthur datiert und seine Laufbahn weit bis in das 6. Jahrhundert ausdehnt. Andererseits scheint jede Person, die die Chronik außer ihm erwähnt, wirklich gelebt zu haben, so daß es gut sein kann, daß auch er wirklich existierte.

Andere walisische Gedichte und Erzählungen belegen, daß Arthur schon vor Geoffrey als Krieger und Anführer von Kriegern bekannt war. In einem Gedicht heißt es beispielsweise, daß sein Grab ein Geheimnis sei, und damit deutet sich vielleicht eine frühe Form der Volkssage von seiner Unsterblichkeit an. Ein oder zwei Verse über ihn liegen zeitlich noch weiter zurück als Nennius, vielleicht sogar um zwei Jahrhunderte. Aber sie enthalten nicht viel Information, und was sie enthalten, löst keineswegs das Problem seiner Identität. In einem Gedicht wird er *ameraudur* genannt, was dem lateinischen *imperator* entspricht. Die ursprüngliche Bedeutung dieses Wortes ist wohl »Oberbefehlshaber«, es könnte aber auch »Kaiser« bedeuten. Irische Schreiber verwenden es auch bei ihren Hochkönigen. Einer der so Bezeichneten ist der König, der zu Lebzeiten des heiligen Patrick regierte. Arthur, der *ameraudur*, könnte also durchaus Arthur, der Hochkönig, sein.

Bis vor kurzem hingen alle modernen Versuche, den »historischen Arthur« aufzuspüren, von diesem walisischen Material ab. Ernsthafte Wissenschaftler, die es versuchten (es gab nie viele davon, dagegen immer zahllose Amateure mit unterschiedlichen Neigungen und unterschiedlichem Intellekt), wußten genau, was sie von Geoffrey von Monmouth zu halten hatten. In Sachen Geschichtsschreibung konnte man ihm niemals trauen. Einige spätere Gedichte und literarische Werke mochten zwar unbeeinflußt von ihm sein, aber alle Hinweise auf Arthur, die vorgaben, historisch zu sein, waren nichts anderes als ein Echo seines unglaubwürdigen Werkes. Einige der Passagen über Arthur in diesem Werk haben vielleicht einen weit entfernten historischen Bezug. Aber Arthur kann kein bedeutender Herrscher gewesen sein – jedenfalls nicht in dem Britannien, das Gildas beschreibt. Die meisten seiner Taten seien offenkundiger Schwindel. Dies treffe besonders auf seine Feldzüge in Gallien zu. Außerhalb Britanniens zu forschen, wäre reine Zeitverschwendung.

Dies waren die mehr oder minder eindeutigen Annahmen, die das Forschungsgebiet einengten. Sie schlossen Geoffrey von jeglicher Berücksichtigung aus, und sie schlossen alle Belege aus, die auf Geoffrey folgten. Sie schlossen weiterhin alle Zeugnisse *außerhalb* Britanniens aus. Des weiteren beschränkten sie in der Praxis die Zeugnisse *in* Britannien im Grunde auf das walisische Material ein. Nur die Waliser, die Nachfahren der Britannier des 5. Jahrhunderts, hätten irgend etwas Konkretes verzeichnet, das für die Arthurlegende von Bedeutung war. Wenn überhaupt, dann konnte der »historische Arthur« nur aufgrund des walisischen Materials als solcher rekonstruiert werden.

Der erste größere Anstoß zu diesem Versuch kam von E. K. Chambers, der für sein Werk über das elisabethanische Schauspiel bekannt ist. 1927 veröffentlichte er *Arthur of Britain*, eine recht undifferenzierte Übersicht über die Arthurliteratur. Sie enthielt nicht nur Geoffrey und die mittelalterlichen Romanschriftsteller, sondern auch die älteren Dokumente und sogar regionale Folklore. Über die wahre Identität von Arthur äußerte sich Chambers nicht, aber er beschrieb ihn mit Worten, die erkennen ließen, wo man nach ihm suchen sollte. Arthur war, so sagte er, ». . . der legendenverbrämte Vertreter einer untergehenden Weltordnung, durch den wir in die Zeit vor der Ankunft der furchteinflößenden Barbaren aus dem Norden zurückreichen, in die Zeit, in der sich die Zivilisation des Mittelmeers langsam an den Küsten des Atlantik ausbreitete, und in die Zeit der *pax Romana*, deren vorderster Posten diese Insel war«. Solch eine Sprache war einladend, und bald fing man mit den ernsthaften Versuchen an, den »historischen Arthur« zu rekonstruieren.

Es gab offensichtliche Probleme. Zum Beispiel: Inwieweit konnte man Nennius trauen? Focht Arthur all diese Schlachten, oder wurden ihm einige erst später zugeschrieben, als er schon ein volkstümlicher Held der Bardengesänge war? Falls das erstere zutrifft, war er höchst mobil und ein nationaler Führer mit einer Befehlsgewalt über das ganze römische Britannien. Falls das letztere stimmt, war er wahrscheinlich ein nur regionaler Häuptling, der von der Legende aufgebläht wurde.

Aber: Warum wurde gerade *dieser* regionale Anführer so sehr aufgebauscht und nicht irgendein anderer? Befürworter eines lokalen Arthur argumentierten, daß ein einziger Anführer nicht an so weit auseinanderliegenden Orten gekämpft haben könne. Aus eindeutig belegten Kriegen in den nächsten Jahrhunderten läßt sich jedoch schließen, daß er es getan haben könnte. Solch ein weit umherziehender Arthur wäre durchaus glaubwürdig als Anführer in der zweiten Hälfte des 5. und vielleicht im ersten Jahrzehnt des 6. Jahrhunderts, bevor der Zerfall Britanniens so weit fortgeschritten war, daß er ein vereintes Oberkommando ausschloß.

Im Jahr 1936 vertrat R. G. Collingwood, Mitautor eines Standardwerkes über das römische Britannien und die englischen Siedlungen *(Roman Britain and the English Settlements)*, eine Theorie, die sich einige Jahre lang behauptete. Er nahm alle Siege

– und damit auch die Mobilität Arthurs – als authentisch an und suchte die Frage nach dem König zu erklären, indem er Vermutungen über dessen tatsächliche Position anstellte. Wie hätte es einem Briten gelingen können, den Spieß gegen die Sachsen so gründlich umzudrehen? Eine einfache Antwort würde lauten, daß die Briten ihnen zahlenmäßig überlegen waren. Aber die Mehrzahl von ihnen wurde nie eingesetzt, nie organisiert. Collingwood bot eine viel genialere Antwort: Arthur war nicht ein König, sondern ein General, der die Kavallerie aus der Spätzeit des Römischen Reiches wieder einführte, die zur mobilen Verteidigung in der Tiefe des Schlachtfeldes entwickelt worden war.

In der letzten Phase des römischen Britannien war einer der höchsten Offiziere der *Comes Britanniarum*, der »Fürst der Britannien« (Britannien steht im Plural, weil es in fünf Provinzen aufgeteilt worden war). Er kommandierte Kavallerieeinheiten und hatte die Vollmacht, sie überall im Lande einzusetzen. Berittene Krieger waren damals noch nicht so vorherrschend wie im Mittelalter, weil der Steigbügel noch nicht bis Westeuropa vorgedrungen war. Die Sachsen nun hatten überhaupt keine Reiterei. Berittene Briten hätten durch Geschwindigkeit, Überraschungseffekt und psychologische Wirkung klare Vorteile gehabt. In einigen der ältesten Beispiele walisischer Dichtkunst, die um das Jahr 600 geschrieben wurden, ist von Edelleuten die Rede, die zur Schlacht reiten. Ihre Vorfahren mögen das gleiche mit Arthur als Anführer getan haben. Collingwood vermutet jedenfalls, daß Arthur ein ernannter oder selbsternannter *Comes Britanniarum* war. Er gewann seine Schlachten, indem er bewegliche Reiter gegen das Fußvolk der Sachsen einsetzte und seine Männer blitzartig im Land hin und her bewegen konnte. Es wäre zu undifferenziert, sie als die »ursprünglichen Ritter« zu nennen, aber Collingwood stellte zu Recht fest, daß sie der Ritterepik ein klein wenig mehr Substanz verleihen. Seine Theorie als Ganzes unterlag der Kritik, aber die Idee mit der Kavallerie hielt sich und blieb populär und plausibel.

Als Romanheld gehört der Ritter in den zivilisierten Teil des

Mittelalters, also grob zwischen das 12. und 15. Jahrhundert. Während jener Zeit war der berittene Krieger in Rüstung eine höchst schreckenerregende Figur auf dem Schlachtfeld, eine Art Äquivalent zum modernen Panzer. Auszeichnung im Krieg verlieh ihm seinen Status zu Friedenszeiten; hinzu kamen verschiedene Kunstfertigkeiten und Manieren, die die sogenannte Ritterlichkeit ausmachten. Es gab standesgemäße Lieblingsbeschäftigungen, wie etwa die Jagd und die Falknerei; ritterliche Interessen, wie etwa die Wappenkunde; und ritterliche Sportarten, wie zum Beispiel den Zweikampf zu Pferde mit Lanzen. Ritter formierten sich manchmal zu Orden, die unter der Schutzherrschaft eines Königs oder eines Adeligen standen oder eine religiöse Grundlage hatten (daher stammt der Mythos der Tafelrunde).

Bereits im alten Rom gab es den Stand der »Ritter« – *equites* –, aber Männer wie die mittelalterlichen Ritter waren es nicht. Gepanzerte Kavallerie hatte jedoch schon seit damals eine bedeutende Rolle in der Kriegführung gespielt. Es erhebt sich nun die Frage, ob in den Berichten über die »Ritter« des Arthur, die uns Geoffrey und spätere Schreiber liefern, eine gewisse Tradition britischer Kavallerie nach spätrömischem Vorbild nachklingen könnte.

Der nächste größere Fortschritt in der Geschichte der Arthurforschung wurde dadurch erzielt, daß Professor Kenneth Jackson mit philologischem Sachverstand an die Liste der Schlachten heranging und den Fluß Glen, Lindsey, den Kaledonischen Wald und Chester identifizierte. In einem Aufsatz, der 1959 in dem Band *Arthurian Literature in the Middle Ages* erschien, widerlegte er die meisten Thesen von Collingwood, aber er erkannte einen Arthur an, der als Organisator der Kriegsanstrengungen in Südbritannien etwa um das Jahr 500 herum »sehr wahrscheinlich existiert hat«. Andersdenkende Wissenschaftler zogen es vor, Arthur in den Norden zu verlegen und seine Bedeutung zu mindern.

Es entstand ein Streit um die Frage, welches die eigentliche

Heimat von Arthur war. Die Schulmeinung, die für den Norden plädierte, war sehr lange einflußreich. Ihre Verfechter hoben hervor, daß einige der ältesten Gedichte, die Arthurs Namen enthalten, im heutigen Nordengland verfaßt wurden, und zwar zu einer Zeit, als man dort noch eine Abart des Walisischen sprach. Allerdings war dies ein schwaches Argument, da sie auch Personen erwähnten, die mit Sicherheit nicht aus dem Norden stammten. Sie bewiesen lediglich, daß Arthur in jenem Teil des Landes schon früh aus Gedichten bekannt war. Das überrascht jedoch nicht, zumal die ersten bedeutenden Dichter der walisischen Sprache alle zufällig im Norden zu Hause waren.

Der Schulmeinung, die für den Norden sprach, wurde entgegnet, daß die einzigen Überlieferungen, die Arthur einen Geburtsort zuschreiben, diesen in den Westen des Landes verlegen, etwa zwischen Land's End und Bath. Tintagel mag zwar Geoffreys Idee sein, aber keine irgendwie gewichtige Legende bietet einen anderen Geburtsort als Alternative an. Die alten Waliser ließen Arthur in Cornwall beheimatet sein, und zwar in »Killiwic«, womit vielleicht ein altes Fort namens Schloß Killibury gemeint ist, das ein paar Meilen südlich des eigentlichen Tintagel liegt. Waliser hätten aber mit Sicherheit eine Heimat in Wales ausgemacht, wenn sie gekonnt hätten! Diese und ähnliche Überlieferungen, die Arthur mit Cornwall sowie mit Somerset in Verbindung bringen, scheinen zu tief verwurzelt gewesen zu sein, um in Zweifel gezogen zu werden. Eine gewisse geographische Tendenz zeigt klar in den Westen des Landes. Und wenn Arthur wirklich eine bedeutende Figur war, dann ist es wahrscheinlicher, daß er, so wie Ambrosius, aus dem romanisierten Land am Kanal und nicht aus dem entlegenen, turbulenten und dünn besiedelten Norden stammte.

Ein Nebenprodukt dieser Debatten war die Erkenntnis, daß das einfachste Argument für Arthurs Authentizität im offenkundigsten aller Indizien lag: in seinem Namen. Arthur ist ursprünglich ein römischer Name, *Artorius*, der sich durch generationenlangen Sprachwandel veränderte (so wie aus Ambrosius Emrys wurde). Briten gaben ihren Kindern noch im 5. Jahrhundert und kurz danach römische Namen, viel später jedoch in der Regel nicht mehr. Außerdem geschah mit diesem besonderen Namen etwas Ungewöhnliches: Er lebte für kurze Zeit wieder auf. Trotz des allgemeinen Verschwindens römischer Namen ist in den Jahrzehnten nach 550 in den Prinzenhäusern von Wales und Schottland mindestens viermal der Name Arthur belegt. Daß wenigstens vier so weit auseinanderliegende Elternpaare diesen ausgefallenen Namen wählten, deutet darauf hin, daß eine gemeinsame Inspiration am Werk war – der weitverbreitete Ruhm eines Vorbildes, das kurz zuvor gelebt hat. Es galt offensichtlich als patriotisch, daß man Jungen nach diesem Mann benannte.

Camelot gleich Cadbury?

Während diese Fragen endlos hin und her gewälzt wurden, beeinflußte auch die Arbeit von Archäologen allmählich das Bild der Forschung. Sie erbrachte, daß die Legenden eine ungeahnte Portion Wahrheit enthielten.

Es war schon lange offensichtlich gewesen, daß Geoffrey einiges über des vorausgegangene römische Britannien gewußt haben muß. In seiner *Geschichte* sieht man die Landkarte des Reiches im 5. Jahrhundert stellenweise noch durchschimmern, wie sie den Tatsachen entsprach. Das römische Silchester ist ein Ort für die Krönung von Königen; das römische Caerleon ist ein Ort zum Hofhalten. Seit den 1930er Jahren wurde es immer klarer, daß Geoffrey und andere Legendenstricker vor und nach ihm auch etwas über das neue Britannien wußten, das nach dem Verschwinden der römischen Strukturen entstand.

Da war zum Beispiel die Sache mit Tintagel und die Tatsache, daß Geoffrey gerade dieses Schloß als Ort für Arthurs Zeugung und Geburt wählte. Heute betritt man die Szene der Handlung von dem Dorf Tintagel aus. Der Besucher geht durch einen

Hohlweg zu einer Bucht hinunter; unten ist der Strand, und zu beiden Seiten liegen massive Landzungen. Zur Linken führt ein Pfad auf das Vorgebirge, an das Geoffrey denkt. Dort oben stehen die Überreste eines Schlosses aus dem 12. Jahrhundert sowie eine Reihe kleinerer Gebäude. Skeptiker haben behauptet, daß Geoffrey diesen Ort nur wählte, um dem normannischen Gründer des Schlosses zu schmeicheln. Dies mag durchaus ein Beweggrund gewesen sein. Aber bei Ausgrabungen, die C. A. Ralegh Radford durchgeführt hat, entdeckte man Dinge auf der Landzunge, die niemand vermutet hätte.

Radford entdeckte Überreste von Töpferwaren, die seither als Tintagel-Keramik bezeichnet werden. Er grub Bruchstücke erstklassiger Gefäße aus; sie waren von der Sorte, die man für Luxusgüter, wie zum Beispiel Wein, benutzte. Sie waren aus dem östlichen Mittelmeerraum eingeführt worden und konnten in das späte 5. oder frühe 6. Jahrhundert zurückdatiert werden. Es hatte an dieser Stelle einen sehr wohlhabenden Haushalt gegeben, und zwar zu der Zeit, aus der die Töpferwaren stammen, oder kurz zuvor; das heißt ungefähr in der »Arthur«-Epoche. Ähnliche Funde, die man später in verschiedenen Teilen der Britischen Inseln machte, gaben uns eine noch klarere Vorstellung von den Orten, an denen die Wohlhabenden lebten.

In Tintagel jedenfalls kam Radford zu dem Schluß, daß die frühen Bewohner der Landzunge Mönche gewesen seien, deren Gemeinde reich war, um Gebrauchsgegenstände von weit her zu importieren. Nach Funden an anderen Orten kam man dann in weiterführenden Untersuchungen zu der Annahme, daß Tintagel eher die Festung eines Fürsten war. Das war jedoch noch lange kein Beweis für die Existenz von Gorlois, Ygerna oder Arthur. Allerdings deutete alles darauf hin, daß die »richtige« Art von Leuten ungefähr zur »richtigen« Zeit Tintagel in Besitz hatten.

Dann war da noch die Sache mit Vortigerns Festung über dem Teich und dem Prophetenjungen. Bei diesem Ort handelt es sich um Dinas Emrys am Südrand des Snowdon-Gebirgsmassivs. Es ist eine Hügelfestung aus der Eisenzeit, die auf einer schroffen

Anhöhe steht und mit dreifachen Erdwällen ein Plateau einschließt. Hier haben die Ausgrabungen von H. N. Savory Spuren einer kleinen Siedlung in römischer Zeit gesichert, zu denen auch tatsächlich ein Teich gehört, und zwar ein künstlicher – wenn auch zugegebenermaßen keine Drachen. Im 5. Jahrhundert zog ein neuer Hausherr ein, jemand mit Wohlstand, der auf das Christentum und ein gewisses Maß an Komfort hindeutende Gegenstände zurückließ. Der Name Emrys verweist auf Ambrosius wie auch in Nennius' verworrenem Bericht über den Propheten. Nennius behauptet, daß Ambrosius den Ort übernahm, nachdem Vortigern ihn verlassen hatte. Geoffrey, der den Propheten als Merlin ausgibt, versucht alles unter einen Hut zu bringen, indem er erklärt, daß Merlin »auch Ambrosius genannt« wurde. Wahrscheinlich war keiner von beiden der wirkliche Bewohner im 5. Jahrhundert, aber daß hier jemand wohnte – und zwar eine bedeutende Person –, ist inzwischen nachgewiesen.

Radford setzte seine in Tintagel begonnene Arbeit fort. 1935/36 entdeckte er Fundamente alter Gebäude in Schloß Dore, das ebenfalls in Cornwall liegt, in einem Gebiet, das in verschiedener Form mit der Arthur-verwandten Epik des Tristan, dem Thema von Wagners Oper, verknüpft ist. 1962/63 ging er nach Glastonbury in Somerset, ein Ort, der mehrfach mit Arthur in Verbindung gebracht wurde. Die Mönche der dortigen Abtei verkündeten einst, daß sie ein altes Grab entdeckt hätten, von dem sie behaupteten, es sei das von Arthur. Ausgrabungen bewiesen, daß auch dies nicht reine Fiktion war. Sie hatten wirklich ein altes Grab entdeckt, das Radford wiederfand, doch die Mönche hatten den dort Bestatteten, wer immer es gewesen sein mag, entfernt. Philip Rahtz war von 1964 bis 1966 ebenfalls in Glastonbury und machte Ausgrabungen auf dem darüberliegenden Hügel, dem sogenannten »Tor«. Er fand die Überreste von Gebäuden, die ins 5. oder 6. Jahrhundert gehören und vielleicht Teile eines kleinen Forts oder eines Leuchtturms waren.

Ein weiteres archäologisches Projekt, das für eine Weile im

Mittelpunkt der Suche stand, befand sich in South Cadbury in Somerset. Dort steht eine von Glastonbury Tor aus sichtbare Hügelbefestigung namens Cadbury Castle. Ihr Gipfel liegt ungefähr 170 Meter über Meereshöhe. Es gab hier nie eine Burg im mittelalterlichen Sinne. Der Hügel selbst ist die Burg, die von vier Erdwällen gebildet wird, sie schützen einen großen Gipfelbezirk, der in der Mitte zu einem Plateau aufsteigt. Cadbury ist schon in vorrömischen Jahrhunderten als bewohnter Ort belegt. Einst stand ein Dorf auf dem Plateau und vertraute seine Sicherheit den aus Erdwällen bestehenden Verteidigungsanlagen an. Ebendiese Hügelbefestigung nun hatte, unter vielen anderen, lange Zeit eine besondere Bedeutung, weil man annahm, sie sei Camelot, die Hauptstadt des Königs Arthur.

Im Jahre 1542 schrieb ein gewisser John Leland folgendes über diesen Platz: »Ganz am südlichen Ende der Kirchengemeinde von South Cadbury steht Camallate, einst eine berühmte Stadt oder Festung ... Die Leute können nichts darüber erzählen, außer daß sich laut Hörensagen Arthur häufig in Camalat aufhielt.« Kritiker haben argumentiert, daß es in jener Gegend eigentlich gar keine Überlieferung gab und daß Leland diese Vermutung nur anstellt, weil es wenige Meilen entfernt zwei Dörfer namens Queen Camel und West Camel gibt. Er spricht jedoch davon, daß der Name des Hügels bekannt war, und in seiner Schreibweise – ein *a* in der letzten Silbe – mag eine regionale Aussprache anklingen, die man noch heute dort hören kann.

Es gibt eine Legende, wonach Arthur schlafend in einer Höhle jenes Hügels liegt, und diese Legende kann weiter zurückverfolgt werden als vergleichbare walisische Erzählungen. Die Höhle soll eiserne oder goldene Tore haben, die sich gelegentlich öffnen und einen Blick hinein gestatten.

Am Vorabend oder in der Nacht der Sommersonnenwende – so erzählt eine andere Geschichte – oder am Weihnachtsabend, es mag auch nur jedes siebte Jahr sein (niemand weiß genau, wann), reiten die Geister von Arthur und seinen Rittern über die

Gipfel des Hügels und den alten Torweg hinab. Am Fuß des Hügels gibt es Überreste eines alten Weges, der in das siebzehn Kilometer entfernte Glastonbury führt. Der Weg heißt »Arthurs Pfad«, und man sagt, daß man an Winterabenden dort das Galoppieren gespenstischer Reiter hören könne.

Mitte der 1950er Jahre fing man damit an, zu überprüfen, ob Cadbury das sagenhafte Camelot gewesen sei. Ein Teil der Hügelspitze wurde durchgepflügt. Mary Hartfield, eine Archäologin aus der Gegend, durchstreifte das Gebiet, als sie mit ihrem Hund spazierenging. Sie sammelte Feuersteine und Tonscherben in dem aufgepflügten Boden. Radford untersuchte das Material und fand importierte Töpferware darunter, wie er sie in Tintagel gefunden hatte. Diese Fragmente bezeugten, daß der Hügel sowohl in der nachrömischen wie auch in der vorrömischen Periode besiedelt gewesen war und daß die Bewohner hochstehende Persönlichkeiten gewesen waren, die Luxusgüter aus entfernten Ländern eingeführt hatten. Vielleicht hatte Cadbury also doch etwas mit Arthur zu tun? In der Folge wurde das »Camelot-Forschungskomitee« gegründet, das von 1966 bis 1970 unter der Leitung von Leslie Alcock einen Teil des Hügelgipfels ausgrub (für eine vollständige Ausgrabung war das Areal zu groß).

Vielsagende Fakten tauchten bei der Aushebung der Erdwälle auf. An einer Krümmung des obersten Erdwalls machte man eine grausige Entdeckung – das Skelett eines jungen Mannes war mit dem Kopf nach unten in eine Grube gerammt, seine Knie berührten das Kinn. Über ihm war ein vorrömisches Bauwerk errichtet worden. Anscheinend hatte er als Menschenopfer gedient. Von dieser Praxis ist ja auch in der Erzählung von Vortigerns Festung und dem jungen Opfer, das seine Wahrsager fordern, die Rede.

Die Archäologie war in bezug auf die nachrömische »Arthur«-Zeit reichhaltiger, als man gehofft oder vorauszusagen gewagt hatte. Auf dem hochgelegenen Grund, den man Arthurs Palast nannte, kamen die Fundamente einer mittelgroßen Halle ans Licht. Sie war mit großem handwerklichen Geschick aus Holz gebaut gewesen. An der Lücke in den Wällen – wo der Legende nach die Geister durchreiten – fanden sich die Reste eines Torhauses. Eine gepflasterte Straße hatte durch doppelte Tore in einem nahezu quadratischen Turm in den Innenhof hineingeführt.

Noch viel beeindruckender waren die Ergebnisse verschiedener Stichgrabungen durch den obersten Erdwall. Eine mörtellose, fünf Meter dicke Steinmauer, in die Blöcke aus römischem Mauerwerk eingebaut waren, umgab die Hügelkuppe. Ihr Gesamtumfang betrug nahezu einen Kilometer. Lücken in den Steinreihen zeigten an, wo massive Holzpfosten, die inzwischen verrottet sind, die Brustwehr an der Außenseite verstärkten. Querlaufende Balken hatten den Bau zusammengehalten und eine Plattform getragen, auf der Soldaten hinter dem Schutz der Brustwehr gestanden hatten.

Es war klar, was dies bedeutete: In der zweiten Hälfte des 5. Jahrhunderts (oder nur wenig später) hatte jemand, der über viele Arbeitskräfte verfügte, den unbewohnten Hügel wieder bezogen und seine Verteidigungsanlagen im großen Maßstab wieder erneuert. Das Bauwerk als Ganzes erweckte den Eindruck, als überlappten sich in ihm verschiedene Epochen. Der Torturm wies Elemente römischer Bauweise auf, und der Wall bestand aus römischem Material. Dieses war jedoch in eine keltische Bauform gegliedert, die wie so vieles Nachrömische in Britannien von einem Wiederaufleben des Vorrömischen zeugte. Die *Romanitas* lebte in der Vorstellung des Bauplaners fort, aber er arbeitete mit Männern, deren Baupraxis andere, und zwar nationalere, Einflüsse verriet.

Soweit also wurde die Überlieferung bestätigt. Während der Ausgrabungen wurde zufällig das Musical *Camelot* gefilmt. Eine Landkarte, die in einer Szene kurz zu sehen ist, zeigt Camelot in Somerset. Daß man diese Lage wählte, war das unmittelbare Ergebnis einer Anfrage an das Komitee.

Die Bilanz der jahrzehntelangen Diskussionen und Ausgrabungen war, daß die meisten Forscher überzeugt werden konnten, daß es einen historischen Arthur in irgendeiner Form gegeben habe. Es war trotz aller Hindernisse einfacher, an seine Existenz zu glauben als an das Gegenteil. Aber er hatte keine überzeugenden Umrisse. Dies zeigte sich daran, daß Forscher ihn auf ein halbes Dutzend verschiedene Arten rekonstruiert hatten und sich über seine Datierung, seine Ansiedlung, seinen Status und seine Bedeutung uneinig waren. Spekulative Autoren hatten eine Flut weiterer Theorien hinzugefügt, die sich ebenso gegenseitig widersprachen.

Erst 1980 war man sich über die richtige Einstellung gegenüber dem Material aus Wales einigermaßen im klaren. Es konnte als vager Hinweis auf einen wirklichen britischen Anführer, wahrscheinlich einen bedeutenden, angesehen werden. Die Vermutung wurde durch Cadbury-Camelot erhärtet. Als historisches Dokument reichte es aber nicht aus. Es war jedoch falsch, dieses Material resigniert fallenzulassen; statt dessen mußte man die Fakten *dahinter* suchen, die es in ein klareres Licht rücken und damit in einen angemessenen Erklärungszusammenhang stellen würden.

5. Die Entdeckung von Riothamus

Bewußt daneben gedacht

Meine eigene Beschäftigung mit dem Thema dieses Buches begann als Nebenprodukt anderer Interessen mythologischer und historischer Natur. Einige Jahre lang folgte ich dabei mehr oder weniger den Fußspuren der Berufshistoriker. Als Sekretär des »Camelot-Forschungskomitees«, das die Ausgrabungen in Cadbury unternahm, ließ ich mich dann näher auf die Sache ein. Ein Ergebnis davon war, daß ich ein Buch unter dem Titel *The Quest for Arthur's Britain* herausgab, zu dem Ralegh Radford, Leslie Alcock und Philip Rahtz großzügigerweise Beiträge lieferten.

Zu Beginn des Jahres 1980 sendete das BBC-Fernsehen eine Programmreihe über das frühchristliche Britannien. Der Moderator war Michael Wood. Sein Stil war recht unterhaltsam, er verwandte auch effektvolle Tricktechniken, wie zum Beispiel durch die Luft fliegende Schwerter. Ein Zeitungskritiker sprach abfällig von der »*Star-Wars*-Schule in der Archäologie«. Jede Folge befaßte sich mit einer historischen Person, und bei der Sendung über das 5. und 6. Jahrhundert war Arthur dran. Woods archäologische Programmteile waren zwar interessant, aber sein Versuch, die eigentliche Frage nach Arthur zu lösen, war denkbar schlecht konzipiert. Er beschränkte sich auf ein paar Worte über Nennius und die *Annales Cambriae* und eine ziemlich abwertende Schlußfolgerung. Dies schien mir dem gesunden Menschenverstand zu widersprechen. Wenn Arthur fiktional oder bestenfalls unbedeutend war, warum gab es dann die Legende? Wie konnte sein Ruhm den jeder politischen Führer ausstechen, die wirklich existiert hatten? Ich sah jedoch ein, daß Wood damals nur so und nicht anders urteilen konnte, und letztlich verdanke ich ihm die Anregung zu einer Neubewertung des ganzen Sachverhaltes, die mich auf eine Idee brachte, von der ich überzeugt bin, daß sie die Lösung enthält.

Mir fiel unter anderem auf, daß jene, die Geoffrey ignorierten, einen bestimmten Punkt übersehen hatten, der mir enorm wichtig erschien, als ich mich wieder mit diesem Autor beschäftigte. Ich sah ein, daß das Material aus Wales, selbst wenn man das Beste daraus machte, nicht einmal *annähernd* seine Arthurgeschichte erklären kann. Die Teile, die er der walisischen Überlieferung verdankt – einige der Kriege in Britannien und vielleicht der geheimnisvolle Abgang in ein unbekanntes Grab –, belaufen sich in Thorpes Übersetzung auf ungefähr zehn von fünfzig Seiten. Außerdem hat das meiste von dem, was Arthur so einmalig und sensationell macht, keine walisische Grundlage in der Zeit vor Geoffrey: seine merkwürdige Geburt, seine Eigenschaften als *Restitutor,* sein prächtiges Gefolge, sein internationaler Ruhm, seine Feldzüge in Gallien, die ihn als Briten, mit dem die Kaiser rechnen müssen, in den römischen Machtbereich führen.

In Geoffreys *Geschichte* nehmen die Wirren im Römischen Reich mehr als die Hälfte des erzählten Stoffes ein, und Arthur gelangt durch sie auf seinen Höhepunkt. Keine Erzählung und kein Gedicht aus Wales gibt auch nur den kleinsten Hinweis auf diesen komplexen Sachverhalt. Das Entscheidende ist nicht, daß Geoffrey aus ein wenig Realgeschichte, oder was man dafür hält, eine lange Pseudogeschichte spinnt. Das Entscheidende ist, daß er etwas qualitativ völlig anderes produziert. In Wales gilt der

Krieger Arthur als etablierter Held, so wie Vortigern ein etablierter Schurke ist. Wenn Geoffrey seine Geschichte über den Schurken erzählt, so schmückt er einfach die Überlieferung aus. Wenn er seine Fabel über den Helden erzählt, wäre zu erwarten, daß er dasselbe tut. Dies ist jedoch nicht der Fall.

Als ich das Material aus Wales neu auswertete, hatte ich den Eindruck, daß sie nicht Fakten, sondern frühe Schichten der Legende wiedergaben, obwohl diese manchmal sehr nahe an die Fakten herankamen. Diese Fälle waren jedoch begrenzt, und sie behandelten, nach Geoffrey zu urteilen, nur einen Aspekt eines viel größeren Originals, das ihm als Vorbild diente. Die Barden in Wales konnten kriegerische Tapferkeit verstehen und Verse darüber schreiben, also würdigten sie die kriegerische Tapferkeit des Arthur, egal, wer er war. Es ist jedoch gut möglich, daß dies nur *eine* Eigenschaft eines Mannes war, der eine viel größere Bedeutung hatte. Vielleicht war Arthur mit einer anderen Figur etwa aus der gleichen Zeit vergleichbar.

Hatte Geoffrey, als er über Arthur schrieb, irgend etwas vor Augen, was er aus anderen Quellen als der walisischen Überlieferung bezog?

Diese Frage brachte mich zu seiner Behauptung zurück, er habe die *Geschichte* aus einem »sehr alten Buch in der britischen Sprache« übersetzt. Wie die Dinge lagen, konnte man ihm dies kaum abnehmen. Aber vielleicht steckte da doch eine Wahrheit drin, die er lediglich übertrieb. Vielleicht besaß er ein inzwischen verlorenes Buch, das ihm zumindest für einen Teil der *Geschichte* Ideen lieferte. Da es sich bei der »britischen Sprache« sehr gut um das Bretonische handeln kann und da er für die Bretagne eingenommen war und sich sehr für sie interessierte, eröffnete sich eine mögliche Verbindung mit der Welt *außerhalb* von Wales. Ohne das Buch schien ich nicht viel weiter zu kommen. Aber wenn ich etwas Besonderes, das Geoffrey vermutlich daraus entnahm, bestimmen konnte, dann mußte jener Teil der *Geschichte*, in dem dieses besondere Element vorkommt, eingehend erforscht werden. Vielleicht konnte ich so einer unentdeckten Quelle auf die Spur kommen.

Die Suche danach erwies sich als überraschend einfach. Geoffrey selbst gab den Fingerzeig, und der Abschnitt bezog sich erfreulicherweise auf Arthur. Nach Aussage des Autors lieferte ihm das alte Buch zumindest teilweise die Fakten für die letzte Schlacht des Königs Arthur. Nachdem er Modreds Verrat und die Untreue der Königin Guinevere erwähnt hat, fährt er fort, indem er sich wieder an jenen Robert von Gloucester wendet, den er im Vorwort anspricht:

> »Über diese spezielle Angelegenheit, edelster Herzog, sagt Geoffrey von Monmouth lieber nichts. Er wird jedoch in dem ihm eigenen schlichten Stil, und ohne Worte zu verschwenden, die Schlacht beschreiben, die unser höchst berühmter König gegen seinen Neffen führte, als er nach seinem Sieg nach Britannien zurückgekehrt war; denn dies fand er in der bereits genannten britischen Abhandlung. Er hörte es auch von Walter von Oxford, einem Mann, der in allen Zweigen der Geschichte äußerst gelehrt ist.«

Hier ist sehr viel ausgesagt, als auf den ersten Blick auffällt. Geoffrey konnte den bloßen Namen der fatalen Schlacht, Camlann, auch den walisischen Quellen entnommen haben. Wahrscheinlich hatte er ihn von dort, und zwar über Walter oder jemand anderen. Worin bestand also der besondere Beitrag der »britischen Abhandlung«? Vermutlich alles von dem, was er vor und nach dem zitierten Einschub hinzufügte – die Umstände, aus denen er das Drama des Untergangs erschuf: Modreds Position als stellvertretender Herrscher, sein Verrat an Arthur, sein Bündnis mit den Barbaren und die Verknüpfung all dessen mit dem gallischen Krieg, der seine heimtückische Tat erst möglich machte. Dies unterscheidet sich deutlich von den skizzenhaften walisischen Legenden über Arthur und Modred, die nur von einer Art barbarischer Fehde berichten.

Ich vermutete daher, daß das alte Buch, falls es wirklich existierte, Material über das Ende von Arthurs Leben enthielt, so wie Geoffrey es beschrieb. Dies mußte nichtwalisisches Material über die Ursachen der Katastrophe sein, in dem Verrat eine so wichtige Rolle spielte. Eine Episode mußte sich im Ausland zugetragen haben, weil in Geoffreys Hinweis von Arthurs Rückkehr nach Britannien die Rede ist. Als ich mir diesen Teil der *Geschichte* näher ansah, stellte ich fest, daß er sie zweimal erzählte. In den »Prophezeiungen Merlins«, die er gegen das Ende von Vortigerns Herrschaft einfügte, ließ er Merlin den Lebenslauf von Arthur, dem »Eber von Cornwall«, voraussagen. In dem gesamten Abschnitt über die »Prophezeiungen« skizzierte er einen Teil der Erzählung, zu dem er später kommen wollte, so wie er ihn ursprünglich zu erzählen gedachte.

Aber hier bemerkte ich etwas, das nie genügend Beachtung gefunden hatte, nämlich daß einige der »Prophezeiungen« in der Folge nicht genau erfüllt wurden. Nachdem er sie schon einmal beschrieben hatte, *änderte er beim Weiterschreiben seine Pläne.* Es gab klare Hinweise dafür, daß er sich, neben anderen Abweichungen, Arthurs Abgang ursprünglich anders gedacht hatte.

So läßt er Merlin zu Vortigern folgendes sagen:

> »Die unterdrückte Rasse wird letztlich die Oberhand gewinnen, denn sie wird der Barbarei der Eindringlinge Widerstand leisten.
> Der Eber von Cornwall wird die Erlösung von diesen Eindringlingen bringen, denn er wird ihre Nacken mit den Füßen zertreten.
> Die Inseln im Ozean werden der Gewalt des Ebers unterstellt werden, und er wird über die Wälder Galliens herrschen.
> Das Haus des Romulus wird den wilden Eber fürchten, und das Ende des Ebers wird in ein Geheimnis gehüllt sein.«

Nichts davon verweist auf Camlann. Es sieht so aus, als habe Geoffrey zuerst geplant, Arthurs Abgang nach Gallien zu verlegen, und die Römer, das »Haus des Romulus«, einzuführen. Aber als er beim eigentlichen Schreiben diese Stelle erreichte, hatte er von der Camlann-Überlieferung erfahren oder weiter darüber nachgedacht, und er brachte Arthur statt dessen für das geheimnisvolle Dahinscheiden nach Hause. Seine Phantasie hatte sich jedoch zuerst an etwas anderem festgemacht. Er hielt daran fest und verband es in einer literarischen Neuschöpfung mit der Camlann-Erzählung aus Wales. War dies etwas aus dem alten Buch? Krieg in Gallien und Hochverrat als Ursachen für Arthurs Untergang, den tragischen Weg nach Avalon?

Soweit hatte ich zwei Tatbestände gesichert: Für Geoffrey hing der Höhepunkt der Geschichte immer mit dem gallischen Krieg zusammen. Und dieser Höhepunkt ist die einzige Episode in der ganzen *Geschichte,* in der er ausdrücklich auf das »alte Buch« als Quelle hinweist. Früheren Forschern war dies entgangen. Weil sie davon ausgingen, daß die gallischen Teile der Erzählung reine Fiktion waren, sahen sie keinen Grund, näher darauf einzugehen. Nur Arthurs Lebenslauf in Britannien zählte, und das auch nur zum Teil. Ein unvoreingenommener Blick auf die *Geschichte* zeigt jedoch, daß dies keineswegs mit Geoffreys eigenen Ansichten übereinstimmt. Die Sache mit Gallien, die zweimal vorkommt, ist ihm offenkundig wichtig. Wenn man die vorausgehenden diplomatischen Verwicklungen und Verhandlungen hinzuzählt, dann nimmt dieser Sachverhalt mehr als die Hälfte des Berichts über seine Regierungszeit ein. Dem Umfang dieser Episode nach zu urteilen, ist er eher ein gallischer Eroberer als irgend etwas anderes.

Als ich mir die Sache weiter überlegte, fiel mir auf, daß die Schreiber nach Geoffrey es ähnlich sehen. Bei ihnen kommt Arthur sowohl in Britannien als auch auf dem Kontinent vor. Der erste der großen Romanschriftsteller, Chrétien de Troyes, läßt ihn in der Bretagne hofhalten. Der bedeutendste deutsche Gralsdichter, Wolfram von Eschenbach, lokalisiert ihn über große Strecken der Geschichte in der bretonischen Stadt Nantes und schickt ihn erst am Ende seiner Erzählung nach Britannien

Merlins Baum ist Gegenstand einer alten Überlieferung: »Wenn Myrddins (Merlins) Baum wird fallen, dann fällt auch Carmathen Town.« Die südwalisische Stadt konnte die Eiche nicht mehr retten; nur noch ein Fragment ist im Museum erhalten. *(Reece Winstone)*

Tintagel in Cornwall gilt traditionell als Ort der Zeugung Arthurs und ist die Stätte, an der die Archäologen erstmals auf Relikte von Arthurs Britannien stießen.
(Edwin Smith)

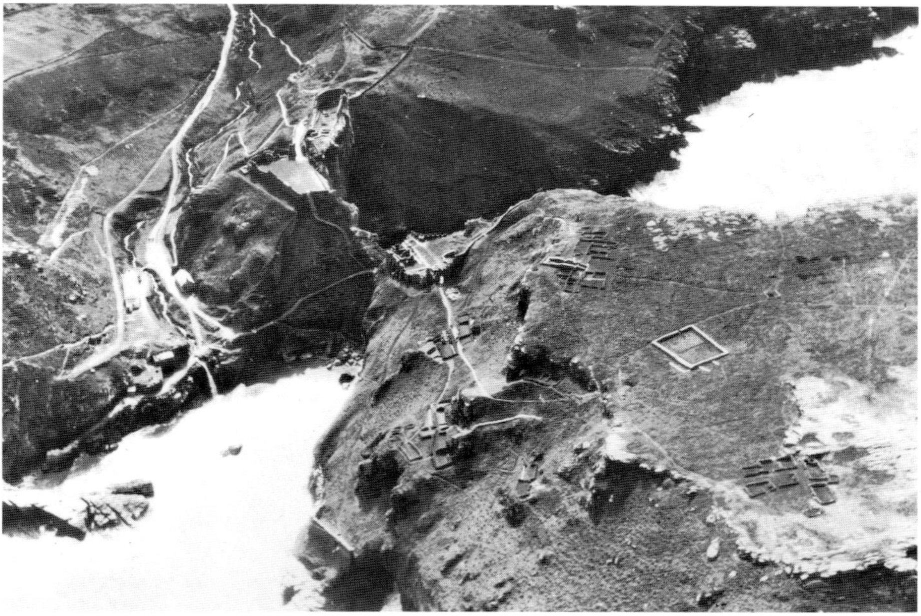

Oben: Die Landzunge von Tintagel und die angrenzende Küste. Die Ruinen an der Meeresenge stammen von der mittelalterlichen Burg. Viele der übrigen Überbleibsel datieren aus der Epoche Arthurs. *(Aerofilms)*

Unten: Die Säule eines Kreuzes, das an den walisischen König Eliseg erinnert und seine Abstammung auf den römischen Kaiser Maximus und Arthurs Vorgänger Vortigern zurückführt. *(Royal Commission on Ancient and Historical Monuments)*

Arthur's Seat (Arthurs Sitz) ist der Rest eines alten Vulkans östlich von Edinburgh und seinem berühmten Schloß Holyrood. Der Dichter der Arthur-Epoche Aneirin beklagt, wie britische Ritter von einem »Din Eydin« aus in den Tod ritten.
(British Tourist Authority)

Schloß Bamburgh (Northumberland) wurde an der Stätte errichtet, die Malory als Platz der ehemaligen Residenz von Sir Lancelot annahm. Hier soll dieser Ritter der Tafelrunde Tristan und Isolde Gastfreundschaft gewährt haben.
(Edwin Smith)

Oben: Die Inseln von Scilly vor der Küste von Cornwall geben vielleicht eine reale Basis für die alte Arthursche Legende von dem Land namens »Lyonesse« ab, über das Tristan regierte und das später vom Meer verschlungen wurde. *(Aerofilms)*

Unten: Schloß Portchester mit seinen römischen Mauern, das zum Schutz gegen die Sachsen erbaut wurde, gilt für viele als der Schauplatz von Geraints Taten, die in einem alten walisischen Gedicht verzeichnet sind. *(British Tourist Authority)*

Oben: Quimper in der Bretagne ist eines der Zentren, die mit der britischen Ansiedlung im 5. Jahrhundert in Verbindung gebracht werden. In der mittelalterlichen Kathedrale befindet sich eine Statue von Budic, möglicherweise ein Nachfolger von Riothamus. *(Fremdenverkehrsbüro der französischen Regierung)*

Unten: Die französische Stadt Avallon lag auf dem Fluchtweg des Riothamus nach Burgund, nachdem er an die Goten verraten worden war. *(Fremdenverkehrsbüro der französischen Regierung)*

Glastonbury Tor. Am reichsten an Sagen über Arthur ist das West Country, und nirgendwo konzentrieren sich diese stärker als im geheimnisvollen Glastonbury in Somerset, dem alten »Summer Country«. Glastonbury wird mit Arthurs Insel Avalon in Verbindung gebracht. *(Aerofilms)*

zurück. Die Romanautoren, die die Kriege des Arthur behandeln, machen deutlich, was sie für wichtig halten. Die meisten von ihnen schenken der Niederwerfung der Sachsen in Britannien wenig Aufmerksamkeit. Die Kriege in Gallien, das inzwischen Frankreich heißt, werden jedoch behandelt. Sie nehmen zwar weniger Raum ein als bei Geoffrey, denn die Romanschriftsteller sind weniger am Krieg interessiert. Aber sie erwähnen sie. In der klassischen englischen Version von Malory werden sogar zwei Kriege unterschieden, einer gegen Rom und ein anderer, viel späterer, gegen einen rebellierenden Lancelot.

Ich wußte, daß die Wissenschaftler, die dieses Thema erörtert hatten, versucht hatten, es hinwegzuerklären. Sie sagten, Geoffrey habe Taten für Arthur erfunden, nach dem Vorbild von Kaisern, die in Britannien ernannt wurden und den Kanal überquerten, zum Beispiel Maximus im Jahre 383. Oder sie sagten, er habe versucht, den Normannen, die in England herrschten, zu gefallen, indem er Länder zum Reich des Arthur zählte, die jene auf dem Kontinent beanspruchten.

Mir mißfiel diese Auffassung, daß nur Ereignisse in Britannien zählen sollten, und ich beschloß, sie in Frage zu stellen. Ich wollte versuchen, den gallischen Teil ernst zu nehmen. Nicht wörtlich, als ob er Geschichte sei oder sein könnte, aber dennoch so ernst, als verweise er vielleicht auf etwas, worauf Geoffrey sich stützte. Es mochte sich sogar herausstellen, daß die Ereignisse auf dem Kontinent eine gesichertere Grundlage hatten als die in Britannien. Ich wollte nach Arthur suchen, indem ich eine neue Frage auf eine neue Weise stellte: *Auf welchen realen Ereignissen (falls überhaupt) beruhen die gallischen Kriege bei Geoffrey; und welche reale Person (falls überhaupt eine) war hier das Vorbild für seinen König?*

Als erstes fragte ich mich, wo ich Anhaltspunkte für die Datierung hernehmen könnte. *Wann* hat Arthurs Kriegszug in Gallien angeblich stattgefunden?

Geoffreys Chronologie ist selten zusammenhängend, und im frühen 5. Jahrhundert, in der Zeit vor Arthur, ist die Verwirrung besonders groß. Aber Arthurs Familienbeziehungen sehen recht überzeugend aus. Sein Großvater Constantin regiert nach Maximus, aber nicht sehr viel später. Constantins Regierungszeit endet vorzeitig, und Vortigern übernimmt bald die Macht. Als die Bischöfe im Jahre 429 Britannien besuchen, war Vortigern schon eine Zeitlang König. In der Zwischenzeit wachsen Constantins Söhne Aurelius Ambrosius und Uther auf. Der erstere vertreibt Vortigern. Seine eigene Regierungszeit ist nur kurz und liegt vermutlich in den 430er Jahren. Sein Bruder Uther wird sein Nachfolger, und Arthur wird kurz danach geboren und besteigt mit 15 Jahren den Thron. Die Zeitbezüge, die während der Regierungszeit von Arthur erwähnt werden, sind nur schwer miteinander zu vereinbaren, aber man kann zu dem Schluß kommen, daß sie ungefähr 25 Jahre dauerte. Er kann nicht viel älter als 40 gewesen sein, als er nach Avalon aufbricht.

Nichts von alldem kann auch nur für einen Augenblick als echte Datierung verstanden werden, aber es zeigt in groben Zügen an, welchen Platz Arthur in Geoffreys Gesamtschema einnimmt. Er ist der Enkel eines Mannes, der 429 schon längst tot ist, und kein Jonglieren mit der Generation dazwischen ändert etwas daran, daß er ein Herrscher des 5. Jahrhunderts sein muß. Geoffrey selbst hat ein wenig manipuliert, um dies zu gewährleisten, indem er sowohl Vortigern als auch Ambrosius abtreten läßt, als ihre Vorbilder noch etliche Jahre zu leben hatten. Sein Arthur lebt wahrscheinlich im dritten Viertel dieses Jahrhunderts.

Als ich dann über Gallien und Geoffreys diesbezügliches Interesse nachdachte, stellte ich fest, daß die Art und Weise, wie er das Römische Reich darstellte, einige Hinweise enthält. Nach seiner *Geschichte* existiert das Reich im Westen noch, und Gallien ist noch immer offiziell römisch, wenn auch das Reich bereits zu schwach ist, um zu verhindern, daß ein Eroberer in die Provinz einmarschiert. Lucius, der Hauptgegner von Arthur, ist eine merkwürdige Person. Im ersten Feldzug wird er gar nicht erwähnt; im zweiten ist seine Rolle unklar. Sein Titel »Prokurator« wurde Stellvertretern des Kaisers in kleineren Provinzen verliehen. Es klingt also so, als hatte er keineswegs unumschränkte Macht, und der Senat in Rom hatte in der Tat die Gewalt, ihm Weisungen zu geben. Später nennt Geoffrey ihn einige Male »Kaiser«. Aber er erwähnt auch einen anderen Kaiser, der während der beiden Feldzüge im Amt ist; dieser scheint zwar nicht in Rom zu sein, aber er ist derjenige, dessen Amtsgewalt unbestreitbar ist, derjenige, der also wirklich zählt.

Geoffrey war sich beim Niederschreiben seiner Arbeit über die Hintergründe einer Situation bewußt, die wir bereits kennen – die Situation, die nach dem Tode Valentins III. im Jahre 455 herrschte. Das römische Gallien löste sich auf, war aber noch nicht völlig am Ende, und die westlichen Kaiser waren so kurzlebig wie unfähig, aber noch nicht ganz erledigt. Diese Phase dauerte bis 476; danach gab es im Westen gar keine Kaiser mehr. Konstantinopel blieb unterdessen jedoch stark und hatte einen mächtigen Herrscher.

Ich wertete diese Fakten aus und kam zu dem Schluß, daß eine mögliche Grundlage für die gallischen Feldzüge zwischen den Jahren 455 und 476 liegen müsse. Zu meinem Erstaunen entdeckte ich einen noch viel spezifischeren Anhaltspunkt, der die Datierung bestätigte und wesentlich genauer eingrenzte. Nicht bloß einmal, sondern dreimal, und zwar während beiden Einmärschen, die Arthur in Gallien macht, nennt Geoffrey den »richtigen« Kaiser, den in Konstantinopel – und wir können ihn identifizieren. Erstens: »Die Provinz Gallien war zu jener Zeit unter der Rechtsprechung des Tribunen Frollo, der dort im Namen Kaiser Leos regierte.« Zweitens: »Lucius Hiberius . . .

konnte sich nicht entscheiden, ob er sich auf eine richtige Schlacht mit Arthur einlassen oder sich nach Autun zurückziehen und dort die Verstärkungen von Kaiser Leo abwarten solle.« Und drittens heißt es in dem Bericht über Modreds Verrat: »Arthur blies den Angriff, den er gegen Leo, den Kaiser der Römer, geplant hatte, sofort ab.« Es kann sich dabei nur um Leo I. handeln, der von 475 bis 474 in Konstantinopel regierte. Leo II. war ein Kind, das sein Nachfolger wurde und schon nach sehr kurzer Zeit starb; erst einige Jahrhunderte später regierte wieder ein Leo.

Die Bedeutung Leos für unsere Geschichte ist nicht hoch genug zu bewerten. Geoffrey gibt einen chronologischen Anhaltspunkt, durch den Arthur mit der bekannten Geschichte außerhalb Britanniens verknüpft werden kann. Es ist der einzige explizite und sichere Anhaltspunkt in Arthurs gesamter Regierungszeit. Darüber hinaus ist es der einzige, den bis in Geoffreys Zeit überhaupt jemand liefert. Nichts Vergleichbares konkurriert damit. Der als Phantast abgelehnte Geoffrey liefert uns, was das angeblich historische Material aus Wales niemals hergibt.

Leo ist zwar *der* Schlüsselname, aber zwei weitere verdienen ebenfalls unsere Aufmerksamkeit. Geoffrey spricht von einem Papst namens Sulpicius. Es gab aber nie einen Papst mit diesem Namen. Doch wird Sulpicius in der Regel als entstellte Version von Simplicius verstanden, und das ist der Name eines Papstes, der von 468 bis 483 regierte. Mit anderen Worten, er war Papst während voller sechs Jahre, als Leo Kaiser war, nämlich von 468 bis 474. Ihre Amtszeiten überlappen sich.

Das gleiche könnte auch für Lucius möglich sein. Es gab nie einen Kaiser dieses Namens. Aber einer der letzten in der aussterbenden Reihe im Westen war Glycerius. In einer Chronik von Sigebert von Gembloux, die Geoffrey gekannt haben mochte, wird diese Randfigur Lucerius genannt und irrtümlicherweise in die Jahre 469 bis 470, also in Leos Regierungszeit im Osten, verlegt. Daraus läßt sich eine interessante Schlußfolgerung ziehen. Wenn ein Buch, das Geoffrey als Quelle diente, sein Interesse genau auf die Jahre 469 bis 470 lenkte, mochte er nicht nur erfahren haben, daß Leo Kaiser im Osten war, sondern auch, daß der Kaiser im Westen Lucerius und der Papst Simplicius war – und daraus konnte er durch Veränderungen, die ihm durchaus zuzutrauen sind, recht leicht seinen Lucius und Sulpicius machen. Nichts davon ist historisch, nur die Namen und die Ämter. Aber es ist auffallend, wie alle drei innerhalb einer kurzen Zeitspanne aufeinandertreffen.

Aber Geoffrey nennt auch jenes Detail, das offensichtlich nicht paßt, nämlich den Zeitpunkt für Arthurs Aufbruch nach Avalon im Jahre 542. Es gibt keine plausible Erklärung dafür. Frühe Schriften sind voller Fehler in bezug auf präzise numerische Daten; und wenn der Rest der Geschichte eine unschlüssige Erzählung liefert, dann ist es angebracht, dieses eine Datum für den Moment auszuklammern. Wenn aber alles andere stimmig ist, wäre es ebenso fair, die Zahl noch einmal zu überprüfen und zu fragen, woher sie wohl stammt.

Mit dieser Perspektive ging ich noch einmal durch, wie Arthurs Taten dargestellt werden. Der Bericht über seinen ersten gallischen Feldzug ist kurz und behandelt hauptsächlich seine romantische Einzelschlacht gegen Frollo. Die zweite Schlacht ist die, auf die es ankommt. Er schickt seine Armee per Schiff über den Kanal, dringt bis an den Rand von Burgund vor und wird dann von seinem Stellvertreter Modred verraten, der einen Pakt mit dem sächsischen Feind schließt. Sein letzter ausdrücklich genannter Standort in Gallien ist bei den proömischen Burgundern. Nach der wegen des Verrats fatal endenden Schlacht bricht er in Richtung Avalon auf, und es gibt kein Zeugnis von seinem Tod.

Wie bereits gesagt, läßt Merlins Prophezeiung vermuten, daß Geoffrey ursprünglich nicht an eine Rückkehr nach Britannien dachte. Er übernahm die Version von Camlann erst später und verknüpfte sie mit seiner Geschichte über Gallien, wie immer diese ausgesehen haben mag, und beschuldigte Modred eines Verrats, den die Waliser ihm nie zuschrieben. Ein vielsagendes

Detail bestätigt diese Ansicht. Die mystische Insel, auf die Arthur geht, ist ein paradiesischer »Ort der Äpfel« oder »Apfelgarten« – so wird der Name jedenfalls allgemein verstanden. Der walisische Name heißt *Ynys Avallach.* Geoffreys lateinisches Äquivalent ist *Insula Avallonis.* Dies ist jedoch keine wirkliche Entsprechung, da es nicht mit dem Walisischen übereinstimmt. Es ist von der Schreibweise eines wirklichen Ortsnamens, *Avallon,* beeinflußt. Avallon ist ein gallischer Name mit der gleichen Bedeutung, und das wirkliche Avallon liegt in Burgund – wo Arthurs gallische Laufbahn endet. Es scheint auch hier wieder so, als sei Arthur früher und anders verschieden, und zwar auf dem Kontinent und nicht in Britannien.

Hat Geoffrey also irgend etwas aus den historischen Ereignissen in Gallien entnommen? Die Zeitspanne, in der diese liegen müssen, kann Schritt für Schritt eingegrenzt werden. Wenn es irgendwelche Ereignisse dieser Art gibt, können wir folgendes über sie sagen:

1. Sie gehören in die letzte Phase des Westreiches, also zwischen 455 und 476.
2. Sie ereigneten sich, als Kaiser Leo im Osten regierte. Dies engt die Zeitspanne auf die Jahre 457 bis 474 ein.
3. Sie geschahen höchstwahrscheinlich, als Simplicius Papst war. Seine Amtszeit überlappt die von Leo, aber die Überschneidung beschränkt sich auf die sechs Jahre zwischen 469 und 474.
4. Es gibt Grund zur Annahme, daß sie in der Zeit liegen, in der »Lucerius« – laut einer Chronik – Kaiser im Westen gewesen sein soll. Die fraglichen Jahre liegen innerhalb der Überschneidung zwischen Leo und Simplicius. Es sind die Jahre 469 bis 470.

In diesen Jahren, *und nur in diesen,* konnte Geoffrey alle Namen zusammen vorgefunden haben, die er in seiner

Geschichte erwähnt. Der erste und zweite Schritt sind dabei als gesicherter als der dritte und vierte Schritt anzusehen.

Von Angesicht zu Angesicht

Merkwürdigerweise war ich in meinem früheren Buch *From Caesar to Arthur*, das 1960 erschien, der Lösung der Arthur-Frage zum Greifen nahegekommen, hatte aber dann davor zurückgescheut. Nach erneuter Überprüfung konnte es keinen ernsthaften Zweifel mehr geben, wessen Laufbahn diesen Abschnitt der Arthursaga inspiriert hatte, insbesondere die letzte Phase, bei der Geoffrey andeutet, daß er aus einer unbekannten Quelle schöpfte. Mir wurde jetzt klar, daß die Suche nach Arthur auf den walisischen Spuren ein Irrweg gewesen war. Es war der Versuch gewesen, eine weitere britische Führergestalt neben den historisch verbürgten und bereits bekannten zu finden. Um den Gesuchten zu identifizieren, war es aber gar nicht nötig, irgend jemanden zu suchen. Es ging darum, ihn zu *erkennen*. Er war bereits vorhanden und wohldokumentiert.

Es war der König, der auf dem Kontinent als Riothamus bekannt ist und an den Sidonius einen Brief schrieb. Wir haben seine Laufbahn bereits verfolgt.

Riothamus führte eine britische Armee nach Gallien, und er war der einzige britische König, der das tat. Er drang bis in die Nachbarschaft von Burgund vor. Er wurde von einem Unterführer verraten, der mit barbarischen Feinden paktierte. Er taucht zuletzt in Gallien unter den römerfreundlichen Burgundern auf. Er verschwindet nach einer vernichtenden Schlacht, ohne daß sein Tod verzeichnet wird. Die Richtung seines Rückzugs zeigt, wenn man sie auf einer Landkarte verlängert, daß er sich auf das reale Avallon zubewegte. Was den Zeitpunkt betrifft, so befand er sich nicht nur während Leos Regentschaft auf dem Kontinent, sondern genau in den Jahren 469 und 470, aus denen der in Chroniken wühlende Geoffrey die Namen für alle drei Würdenträger bezogen haben könnte: seinen östlichen Kaiser, seinen westlichen Kaiser und seinen Papst.

Dabei könnte sogar noch eine Draufgabe herauskommen: Ein vierter Name, auf den er bei seinen Wühlarbeiten im gleichen Zeitraum von wenigen Jahren gestoßen sein könnte, ist Childeric. Er war der fränkische König, dessen Pakt mit den Sachsen deren Überreste im Loiretal bewahrte. In diesem Fall hätte Geoffrey nur einen Namen gefunden; aber dieser hätte vage mit den Sachsen und einem Betrug verbunden sein können; und Childeric in der Form von Cheldric ist der Name, den er dem sächsischen Herrscher gibt, mit dem Modred seinen verräterischen Pakt schließt.

Nochmals: Wir haben es nicht mit Geschichte, sondern mit Fiktion zu tun. Doch so viele Themen und Einzelheiten von Arthurs gallischem Abenteuer erinnern an Riothamus, daß die Quelle dieser Inspiration außer Zweifel steht, auch wenn Geoffrey die Fakten manipuliert, übertreibt, verdreht und sie neu ordnet.

Wenn der Name des Königs Riothamus war, warum sollte er dann aber in der *Geschichte* als Arthur auftreten? Auch hier ist des Rätsels Lösung recht einfach. Geoffrey ist da wahrscheinlich ähnlich verfahren wie im Falle des prophetischen Knaben von Nennius, dessen Name er als Ambrosius verzeichnet fand, dem er aber den aufregenderen Namen Merlin gab. Er bemäntelte das, indem er erklärte, Merlin sei »auch als Ambrosius bekannt gewesen«, und konnte sich dabei auf ein bekanntes Faktum stützen, nämlich daß manche Briten im 5. Jahrhundert zwei Namen hatten, einen britischen und einen römischen. St. Patrick beispielsweise hieß sowohl Maun oder Magonus als auch Patricius. Genauso mag es mit dem König gewesen sein, sei es in Geoffreys Phantasie oder tatsächlich. Riothamus ist eine lateinische Version eines britischen Namens, und Artus bzw. Arthur entspricht dem römischen Namen Artorius. Er könnte beide Namen gehabt haben.

Aber einige Nachforschungen brachten mich auf eine bessere

Idee. In seiner ursprünglichen britischen Form hätte Riothamus *Rigotamos* gelautet. Die erste Hälfte davon würde als Substantiv genommen »König« und als Adjektiv »königlich« bedeuten. Die zweite Hälfte ist eine englische Superlativendung wie »-est«, zum Beispiel in Worten wie »kindest«. Rigotamos könnte somit »Königlichster« oder »oberster König« bedeuten. (Ein zeitgenössisches in derselben Weise gebildetes Wort ist »Generalissimus«.) Jedenfalls hatte ich den Eindruck, daß es sich um einen Titel oder eine Ehrenbenennung für den Herrscher und genaugenommen nicht um seinen Namen handeln könnte. In diesem Fall hätte er darüber hinaus auch einen Namen gehabt. Artorius?

Doch meine These hatte sich mit zwei weiteren Schwierigkeiten auseinanderzusetzen.

Die erste war, daß der Hauptfeind nicht stimmte. Für Geoffreys Arthur waren die Römer Gegenspieler. Für Riothamus waren sie Verbündete, wenn auch unzuverlässige und zuletzt nicht mehr vorhandene. Darauf könnte man antworten, daß ein Austausch der Feindbilder in der Heldenliteratur nicht unbekannt ist, wenn die Geschichte ihn verlangt. Das französische Epos über den Tod des Paladins von Karl dem Großen, Roland, verwandelt die Feinde aus Basken, um die es sich tatsächlich handelte, in Sarazener. Geoffrey nimmt in seiner *Geschichte* an früherer Stelle zumindest eine ähnliche Veränderung vor. Als er zu Arthur kommt, kann er seinen König schwerlich zu einem bloßen römischen Unterführer machen. Für seine literarischen Zwecke war kein Feind außer dem Kaiserreich groß genug. Da ist aber noch mehr. Er ließ ein verräterisches Detail in seinem Text stehen. Bei dem Kriegsrat, der vor dem großen gallischen Feldzug gehalten wurde, spricht einer von Arthurs Feldherren davon, nach Europa zu segeln, um gegen die Römer *und die Deutschen* zu kämpfen. Diese »Deutschen« könnten Sachsen oder Goten oder beides sein. Geoffrey vergißt sie, da er sie für seine Geschichte nicht mehr braucht.

Der zweite Stolperstein war der unerklärliche Zeitpunkt, den Geoffrey für das Hinscheiden des Königs angibt, 542. Bis dahin hatte das noch niemand erklärt. Aber nachdem ich die Art und Weise studiert hatte, wie frühere Autoren Daten durcheinanderbrachten, wurde mir klar, daß Riothamus auch darauf die Antwort geben kann. Der Grund war, daß vor der allgemeinen Einführung der christlichen Zeitrechnung eine ältere christliche Datierung existierte, die an einem anderen Ausgangspunkt ansetzte und um 28 Jahre von dieser abwich. Die Folge ist, daß historische Schriften aufgrund einer Verwechslung der Systeme manchmal einen Irrtum von 28 Jahren aufweisen. Auch bei Nennius kommt dieser zweimal vor. Das wahrscheinliche Ableben von Riothamus im Jahr 470 wäre nach der alten Methode als 442 datiert worden. Von irgendeinem der Kopisten irgendwann fälschlich als A.-D.-Datum verzeichnet, wäre dies offensichtlich ein zu frühes Todesdatum für den König gewesen. Geoffrey muß erkannt haben, daß selbst er das nicht plausibel machen konnte.

Wir können erraten, was geschah. Aus irgendeinem Grund war er entschlossen, das Dokument so zu benutzen, wie er es vorfand, und stehe es in noch so großem Widerspruch zu seinen anderen Quellen. Vielleicht ohne zu wissen, mit welchem Irrtum er es zu tun hatte, entschied er sich für einen offensichtlicheren und vertrauteren Irrtum um hundert Jahre. Er »korrigierte« 442 in 542 und setzte damit das Datum in die Welt, das uns jetzt solche Schwierigkeiten macht. Eine solche Änderung erfolgte nur zu leicht, und dasselbe Schicksal erlitt dieses Datum in den Händen von Geoffreys Bearbeiter Wace, der schließlich 642 daraus machte! Die »Korrektur« brachte die Dinge nur in der anderen Richtung durcheinander und setzte den Tod zu spät statt zu früh fest. Aber es verfälschte die Geschichte und zerdehnte sie über einen vagen Zeitraum, so daß es leichter war, Camlann einzufügen (plus ein paar anachronistische walisische Heilige, um Arthurs Hof interessanter zu machen), und wodurch für die meisten Leser die Absurdität weniger offensichtlich wurde. Fassen wir zusammen: Wie auch immer es im einzelnen geschehen sein mag, der Tod von Riothamus im Jahr 470 gibt uns ein Datum, von dem man durch erkennbare Irrtümer zu 542 gelangt sein mochte. Und damit scheint endlich auch das Rätsel der so irreführenden Jahreszahl gelöst.

Da ich nun all diese Fakten beisammen hatte, erfuhr ich, daß jemand schon lange vor mir den gleichen Einfall gehabt hatte und daß er auf eine Wahlmöglichkeit hinwies, die sich dadurch ergab. Sein Name war Sharon Turner, und er schrieb eine Geschichte der Angelsachsen, die ein bahnbrechendes Werk der Gelehrsamkeit war. Der erste Band erschien 1799. In seiner Darstellung der frühen sächsischen Ansiedlungen in Britannien bezieht Turner gegen die zu seiner Zeit gängige Ansicht Stellung, daß Hengist in den 450er und 460er Jahren die Briten völlig vernichtet habe. Er steht der heutigen Auffassung näher als eine ganze Reihe der späteren Historiker. Ohne die Unterstützung archäologischer Forschungen legt er seinen Finger auf eine »simple und authentische Tatsache«: daß »die Briten genau zu dieser Zeit so kriegerisch waren, daß 12 000 von ihnen auf Ersuchen des Kaisers nach Gallien gingen, um die dortige Bevölkerung gegen die Westgoten zu unterstützen«. In einer Fußnote erklärt er, er meine »die Expedition von Riothamus«, und setzt hinzu: »Entweder war dieser Riothamus Arthur, oder Geoffrey oder die bretonischen Barden bezogen von dieser Expedition die Idee für Arthurs Schlachten in Gallien.« Nach dieser momentanen Eingebung wandte sich Turner von diesem Gedanken wieder ab und verlegte Arthur in eine spätere Zeit. Aber da haben wir die Idee zum ersten Mal.

Sein Entweder-Oder ist sehr berechtigt. Vielleicht war Riothamus wirklich Arthur. Aber vielleicht ist der Zusammenhang auch bloß die Frucht literarischer Phantasie. Um zu zeigen, daß diese beiden ein und derselbe sind, braucht es noch etwas mehr – Belege dafür, daß auch andere Menschen vor Geoffrey oder unabhängig von ihm ebenfalls von Riothamus als Arthur sprachen. Die Voraussetzungen dafür sind jetzt natürlich andere. Es geht nicht länger darum, den Nachweis zu führen, daß ein historischer Arthur existierte. Riothamus, der erlauchte König, *hat* gelebt. Der Brief von Sidonius allein wäre schon Beweis genug dafür. Die Frage ist nunmehr, ob die Überlieferungen und Legenden über Arthur, und sei es auch um noch so viele Ecken herum, *diesen* Mann betreffen.

Die Beweise dafür sind vorhanden. Einige davon habe ich selbst gefunden, andere sind durch die Arbeit eines Freundes und Kollegen ans Licht gekommen.

St. Goeznovius als Kronzeuge

Schon zu einem frühen Stadium meiner Arthursuche wurde ich von dem Verdacht heimgesucht, daß es unter den Bretonen Spuren geben müsse, die übersehen worden waren – sei es ein altes Buch oder sonst etwas. Da war ein Dokument, das E. K. Chambers zitiert hatte und das ich in meine eigenen Erwägungen miteinbezog, das aber von allen übrigen ignoriert oder beiseite geschoben worden war. Es war dies die Legende von *St. Goeznovius.*

Goeznovius ist die lateinische Form von *Goueznou,* der Name eines Heiligen der Bretagne. Der Autor bezeichnet sich selbst als William und nennt als Datum der Entstehung das Jahr 1019. Bevor er zu seiner eigentlichen Geschichte kommt, berichtet er im Vorwort über die Auswanderung der Britannier über den Kanal und verschiedene spätere Ereignisse. Seine einleitenden Absätze sind eine Mischung aus Wahrheit und Legende. Er verrät einige Faktenkenntnis und weicht drastisch von anderen Berichten über dieselben Geschehnisse (etwa bei Geoffrey und walisischen Autoren) ab – was bedeutet, daß er über eigene Informationen verfügt. Was wichtig für unseren Zusammenhang ist: Er erwähnt Arthur und macht Andeutungen, wann dessen Blütezeit war und wer er war.

Die Behandlung von *Goeznovius* durch die Fachwissenschaft ist eine traurige und zur Vorsicht mahnende Geschichte. Chambers veröffentlichte 1927 ein Transkript des Buches. Im Jahr 1939 versuchte ein anderer namhafter Gelehrter, J. S. P. Tatlock, dann das Ganze zu diskreditieren. Er behauptete in einem Artikel, die Datierung sei ein Schwindel, *Goeznovius* sei nicht vor Geoffreys *Geschichte* geschrieben worden, sondern danach, und sein Verfasser habe alles von dort entnommen, so daß nichts, was er schreibe, irgendeinen Wert habe. Tatlock lieferte fast keine schlüssigen Beweise, um seine Thesen zu untermauern, und vieles von dem, was er über Arthur veröffentlicht hat, hat seine Glaubwürdigkeit erschüttert. Aber einige Jahre später veröffentlichte er ein gewichtiges Werk über Geoffrey, das ihm die Aura der Autorität verlieh, und die Annahme der (britischen) Historiker, daß »nichts außerhalb Britanniens zähle«, machte sie geneigt, ihm zuzustimmen oder vielmehr seine Behauptungen zu akzeptieren, ohne sie gründlicher zu untersuchen. Wenn sein Artikel nicht gewesen wäre, dann wäre die Arthurfrage vielleicht längst gelöst worden. Wie die Dinge standen, mußten noch vier Jahrzehnte vergehen, bis diese Annahmen revidiert wurden. Schließlich verteidigte Professor Fleuriot, ein bretonischer Historiker, die Jahreszahl 1019 als authentisch. Etwa zur selben Zeit konnte ich den öffentlichen Nachweis führen, daß das Vorwort nicht von Geoffrey abgeleitet sein könne – wann immer es entstanden sei.

Goeznovius ist in Latein geschrieben, kann also nicht Geoffreys »altes Buch« sein. Sein Autor, William, zitiert eine *Ystoria Britanica* als seine Quelle. Keiner der beiden kopierte den anderen, sondern beide scheinen aus einem gemeinsamen Fundus an Fakten geschöpft zu haben. Williams Bericht über die Britannier während des 5. Jahrhunderts hört sich so an:

> »Im Lauf der Zeit rief der usurpierende König Vortigern kriegerische Männer aus dem Lande der Sachsen zu Hilfe, die ihm bei der Verteidigung des Königreichs Britannien helfen sollten, das er unrechtmäßig besetzt hielt, und machte sie zu seinen Verbündeten im Königreich. Da sie Heiden und von teuflischem Charakter waren und von Natur aus

> danach lechzten, menschliches Blut zu vergießen, brachten sie großes Unheil über die Britannier.
> Ihrem Stolz wurde jedoch alsbald durch den großen Arthur, den König der Britannier, für eine Weile Einhalt geboten. Sie wurden fast völlig von der Insel vertrieben und zur Unterwerfung gezwungen. Aber als dieser selbe Arthur nach vielen Siegen, die er in Britannien und Gallien glorreich errang, zuletzt von menschlichem Wirken abberufen wurde, war der Weg für die Sachsen frei, sich erneut auf die Insel zu begeben, und die Britannier wurden hart unterdrückt, ihre Kirchen zerstört und ihre Heiligen verfolgt. Diese Verfolgung dauerte während der Herrschaft vieler Könige an, und der Kampf zwischen Sachsen und Britanniern wogte hin und her . . .
> Damals wurden viele heilige Männer zu Märtyrern; andere verließen, an der Heiligen Schrift festhaltend, das größere Britannien, das jetzt das Vaterland der Sachsen ist, und segelten hinüber in das kleinere Britannien [das heißt die Bretagne].«

Das erste, was hieran auffällt, ist, daß diese Passage etwas enthält, was für keine walisische Quelle zutrifft: klare, nichtlegendäre Aussagen über Arthur in einem Zusammenhang, in dem sie überprüfbar sind. »Von menschlichem Wirken . . . abberufen« mag von einem Geheimnis zeugen, das das Ende des Königs umgibt; es behauptet aber nicht, er sei unsterblich. Das zweite, was ins Auge springt, ist, daß diese Angaben einer historischen Überprüfung standhalten.

Laut William erfolgten Arthurs Siege in Britannien nach der sächsischen Revolte, aber nicht lange danach. Das mit »alsbald« übersetzte Wort lautet *postmodum*, was einen eher kürzeren als längeren Zeitraum impliziert. Außerdem sagt er nichts über Ambrosius oder Uther, ja überhaupt nichts über einen Abstand zwischen der Herrschaft von Vortigern und von Arthur. Es scheint so, als setze er Arthur nicht viel später als um die Mitte des 5. Jahrhunderts an. Dies wird dadurch bestätigt, daß er

Arthur mit dem Rückzug der einfallenden Sachsen in ihre Enklaven verbindet, was probritisch »fast völlig von der Insel vertrieben« ausgedrückt wird, sowie mit der folgenden Epoche, als die Briten wahrscheinlich glaubten, daß die Sachsen nunmehr abgeschreckt und in Schach gehalten seien. Er spricht hier über das Wiedererstarken der Britannier in den 460er Jahren. Ihre Aufstiegsphase nach der Schlacht von Badon erfolgte viel zu lange danach, um hier relevant zu sein, und hatte sowieso nur eine Waffenruhe, keinen entscheidenden Rückzug der Sachsen zur Folge.

Arthurs Siege in Gallien bestätigen diese Datierung noch weiter. Er scheint hier gegen die Sachsen sowohl im Ausland als auch zu Hause gekämpft zu haben. Andere Feinde, wie beispielsweise Geoffreys Römer, werden hier nicht erwähnt. Es gab nur einen Zeitabschnitt, in dem ein König die Sachsen, nachdem er sie in Britannien bekämpft hatte, nach Gallien verfolgt haben könnte. Die Auseinandersetzung zwischen Britannien und Sachsen nördlich der Loire begann nach der Auswanderung nach Armorica etwa um 460. Sie endete mit der Niederlage der Sachsen in der Nähe von Angers ungefähr um 470. *Goeznovius* datiert deshalb Arthurs gallischen Krieg in die 460er Jahre, wahrscheinlich gegen Ende des Jahrzehnts, als die Loire-Sachsen angegriffen und niedergeworfen wurden.

Nun zu Williams abschließenden Bemerkungen. Nach dem Abgang von Arthur »war der Weg frei für die Sachsen, erneut auf die Insel vorzudringen«. Ob sein Weggang der Grund war oder nicht, jedenfalls geschah es so. In den 470er Jahren, nach ihrer Niederlage in Gallien, begannen sie erneut von anderen Landungspunkten aus in Britannien einzudringen. Die *Angelsächsische Chronik* nennt 477 als Datum ihrer ersten Landung in Sussex, und dieser Prozeß setzte sich dann über zwanzig oder dreißig Jahre lang fort. Dies war auch die Zeit, als das Reich der Britannier zu zerfallen begann. Die hin- und herwogenden Kämpfe, die Gildas verzeichnet, zogen sich bis zur Schlacht von Badon hin. William registriert beide Einzelheiten. Er spricht jetzt von vielen britischen Königen, nicht mehr nur von einem, und von »hin- und herwogenden Kämpfen« – fast ein Echo auf Gildas, der bemerkt: ». . . manchmal hatten unsere Landsleute die Oberhand und manchmal der Feind.«

Worauf all dies hinausläuft, ist, daß seine Version dieser Ereignisse erstaunlich zutreffend ist. Arthur wird glaubhaft in eine Geschichte eingebaut, die abgesehen von ihm acht Ereignisse umfaßt:

1. Vortigern siedelt Sachsen in Britannien als Hilfstruppen an.
2. Sie wenden sich gegen ihre britischen Oberherren und drangsalieren sie.
3. Sie ziehen sich in ein abgegrenztes Gebiet zurück oder werden dahin zurückgedrängt.
4. Die Britannier kämpfen offenbar auch in Gallien gegen die Sachsen.
5. Nach ihrer Niederlage auf dem Kontinent unternehmen die Sachsen neue Vorstöße auf die Insel.
6. Die Britannier sind uneins und durchleben eine Phase mit zahlreichen Königen.
7. Es folgt eine Periode hin- und herwogender Kämpfe zwischen ihnen und den Sachsen.
8. Die Heiligen wandern auf den Kontinent aus.

Im Vorwort von *Goeznovius* sind all diese Dinge zutreffend und in der richtigen Reihenfolge dargestellt. Es ist viel besser als jeder andere bekannte Bericht darüber, der zu Williams Zeit zur Verfügung stand. Tatsächlich ist diese Darstellung auch viel besser als jede andere in den folgenden Jahrhunderten. Der Verfasser könnte beispielsweise Nennius gelesen haben. Er könnte jedoch niemals eine solche Zusammenfassung oder etwas Ähnliches von Nennius erhalten haben. Und selbst wenn Tatlock recht haben sollte und William Geoffreys Geschichte las, hätte er nicht dessen lange und phantastische Erzählung in einen so kompakten und guten Bericht umwandeln können, es sei denn, irgendein älteres und zuverlässigeres Dokument hätte ihm zur Verfügung gestanden.

Mehr als nur eine Quelle

Im Laufe meiner Nachforschungen fragte ich mich, ob ein Problem, das mir auf der Hand zu liegen schien, auch anderen so erschienen war. Wenn ich mich an die walisische Überlieferung hielt, dann würde kein Versuch, Arthur zu datieren, greifen, weil sich sein Leben über einen zu großen Zeitraum erstrecken würde. Das gleiche mußte für Geoffreys *Geschichte* gelten, wenn man die »wilde« Jahreszahl 542 als gegeben hinnahm. Machte ich es mir zu schwer? Oder waren Leser im Mittelalter über dieselben Unvereinbarkeiten gestolpert? Diese Fragestellung führte mich aber wiederum zu Spuren einer Überlieferung, wonach Arthur und Riothamus ein und dieselbe Person gewesen sein müssen.

Ich stieß bald auf mittelalterliche Autoren, die die gleichen Überlegungen angestellt hatten wie ich. Einer davon war ein Mönch von Glastonbury, der Verfasser einer langen Randbemerkung in einer Geschichte seiner Abtei. In dieser Anmerkung ist Geoffreys Geschichte des Verscheidens von Arthur einschließlich der Jahreszahl 542 zusammengefaßt, aber am Ende heißt es, daß der König damals »fast hundert Jahre alt« gewesen sei. Geoffrey enthält keine diesbezügliche Andeutung. Der Mönch hatte die gesamte Arthursaga gelesen und sah keinen anderen Ausweg, um sie plausibel zu machen. Auf einen ähnlichen Gedanken stieß ich in einem französischen Arthurroman aus dem 13. Jahrhundert, in dem der König über neunzig Jahre alt wird und immer noch ein aktiver Krieger ist.

Es war zu erwarten, daß sich die Frage bei den mittelalterlichen Chronisten zuspitzen würde, die sich kaum mit solchen gewaltsamen Lösungen zufriedengegeben hätten. Auf meine Anregung hin begann Frau Professor Barbara Moorman eine

Suche nach derartigen Quellen, die zu einem bemerkenswerten Ergebnis führte.

Die meisten Chronisten, so berichtete sie, meiden Arthur. Sie ziehen es entweder vor, sich nicht festzulegen, oder scheuen vor den Schwierigkeiten zurück. Diejenigen, die sich auf ihn einlassen, zerfallen im wesentlichen in zwei Kategorien. Die größere Gruppe behandelt Geoffreys Werk als Geschichtsschreibung und versucht Arthur anhand der absurden Jahreszahl seines Verscheidens dingfest zu machen, ohne sich einer sorgfältigen Nachforschung zu unterziehen. Sie erwecken selten den Eindruck kritischen Denkens oder unabhängiger Forschung.

Die Chronisten der anderen Gruppe machen diesen Eindruck und sind daher viel interessanter. Selbst wenn sie Geoffrey kennen, scheinen ihnen auch andere Quellen zur Verfügung zu stehen. Manchmal retten sie Arthur, indem sie ihn mit Fakten in Verbindung setzen, die in der *Geschichte* nicht einmal angedeutet sind. Und sie verlegen ihn in einen Zeitraum, der die unmögliche Jahreszahl völlig ausschließt. Falls sie sie kennen, dann wissen sie, daß es sich um einen Irrtum handeln muß.

Zwischen 1227 und 1251 verfaßte ein Zisterziensermönch, Alberic, eine Chronik, die Eintragungen über jedes Jahr enthielt und hauptsächlich auf französischen Quellen basierte. Er versuchte einige von Geoffreys Königen in eine zeitliche Reihenfolge zu bringen. Dies ist sein erster Versuch:

»434: In der Geschichte der Britannier ... [gibt es Berichte über] König Vortigern und den von ihm erbauten Turm und über die Dinge, die sich unter dem Fundament des Turmes befanden, und die Art und Weise, wie diese durch Merlin, den Propheten, interpretiert wurden.

...

440: Aurelius Ambrosius, König der Britannier, für zwei Jahre.

442: Uther Pendragon, König der Britannier, für siebzehn Jahre.

...

459: Arthur, der sehr berühmte König der Britannier, regierte sechzehn Jahre.

. . .

475: Der tödlich verwundete König Arthur zog sich auf die Insel Avalon zurück.«

Vom 6. Jahrhundert ist hier nicht mehr die Rede. Alberic hat entschieden, wo Arthur hingehört. Er oder jemand, an den er sich hielt, verkürzte sogar ohne Rücksicht auf Geoffrey die Regentschaft von Arthur und verlegte seinen Abzug zurück. Es wäre interessant, zu wissen, warum, denn das Ergebnis ist bestrickend. Alberic hat den Beginn der drei aufeinanderfolgenden Regentschaften durch ein Versehen bei der Lektüre Geoffreys falsch angesetzt. Aurelius Ambrosius sollte viel früher nach der Merlinepisode auf Vortigern folgen. Wenn wir eine Korrektur vornehmen und seine Thronfolge mit 435 ansetzen, dann ergeben die drei Regentschaften 454 als Jahr der Machtübernahme von Arthur und 470 als sein Ende. Bei dieser Lesart könnte er niemand anders als Riothamus sein.

Ob da etwas daran ist oder nicht, Alberics Schlußfolgerung ist klar. Bei ihm regiert Arthur in den 460er Jahren plus ein paar Jahre vorher und nachher. Und er steht auch nicht allein. In einer anderen Chronik, den *Salzburger Annalen,* hat ein etwas späterer Verfasser als Alberic eine Bezugnahme auf Arthur eingeflochten. Die Haupteintragung für das Jahr 461 verzeichnet den Tod von Papst Leo dem Großen und den Amtsantritt von Papst Hilarius. Danach folgt ein Zusatz: »Zu dieser Zeit regierte Arthur, über den viele Geschichten erzählt werden, in Britannien.« Geoffrey erwähnt diese Päpste nicht. Der Chronist muß daher über Informationen aus anderer Quelle verfügt haben.

Jean des Preis, der von 1338 bis 1400 lebte, zählt zu denjenigen, die Arthur im 6. Jahrhundert verzeichnen. Doch er kennt eine konkurrierende Meinung, die er widerlegen zu müssen glaubt. In seiner Eintragung über das Jahr 467 (468 nach heutiger Rechnung) und den Tod von Papst Hilarius zitiert er einen anderen Chronisten namens Martinus Polonus, mit der Behauptung, Arthur habe zur Zeit dieses Papstes regiert. Der Grund für Jeans Widerspruch bleibt ziemlich unklar und scheint etwas mit der zweifelhaften Autorität von Merlin zu tun zu haben. Jedenfalls liefert er indirekt weitere Anhaltspunkte für eine Datierung in den 460er Jahren.

Gegen Ende des 14. Jahrhunderts schrieb Jacques de Guise, ein gelehrter Franziskaner, eine Geschichte von Hainaut (heute ein Teil Belgiens). In einem Kapitel spricht er davon, daß Hainaut in der Zeit von »Arthur und den Goten, Hunnen und Vandalen« unterdrückt gewesen sei. Die Hunnen verschwinden als Heimsucher Westeuropas etwa ein Jahr nach Attilas Tod im Jahr 453; wenn es daher stimmt, daß Arthur zu ihrer Zeit an der Macht war, dann kann dies nicht viel später gewesen sein. An späterer Stelle erwähnt Jacques »Geschichtsschreibungen der Britannier«, wonach Arthur in die Mitte des 5. Jahrhunderts und sein gallischer Krieg in die Regentschaft von Kaiser Leo zu verlegen sei. Das hat er von Geoffrey. Aber noch später spricht Jacques davon, daß Arthur während der Herrschaft von General Ägidius in Nordgallien König gewesen sei, das heißt in den Jahren von 461 bis 464. Das stammt nicht von Geoffrey, der ihn nie erwähnt.

Die Anführung von Ägidius in diesem Zusammenhang fällt ins Auge, da er, wie wir gesehen haben, bei der Ansiedlung in Armorica Kontakte mit wichtigen Britanniern gehabt haben dürfte. Das Thema taucht in einer Chronik von Philippe de Vigneulles wieder auf, die 1525 aus verschiedenen älteren Quellen zusammengestellt wurde:

»Childerich, der Sohn von Meroveus, herrschte über das Königreich und begann im Jahr 470 zu regieren. Aber Gauguin zufolge hatte er noch nicht lange regiert, als er durch sein unzüchtiges Betragen die Empörung und den Haß der meisten seiner Fürsten und Edelleute erweckte; er floh zu Bassine, einer Freundin von ihm, der Frau des Königs von Thüringen.

An seiner Stelle wurde Gillon, der Römer, gewählt, der dann in Soissons in sein Amt eingesetzt wurde. Und dieser Gillon, heißt es, hatte häufig mit König Arthur von England zu tun. Aber nach einer Weile kehrte der vorhin erwähnte Childerich auf den Rat und die Hilfe seines Freundes Guinemault hin, der einer der führenden Männer seines Reiches war, nach Hause zurück und wurde wieder in Amt und Würden eingesetzt.«

Das meiste davon findet sich bei Gregory von Tours, dem Historiker des 6. Jahrhunderts, der die Niederlage der Britannier in Berry verzeichnet. Der liederliche König ist Childeric, der, wie man sich erinnern wird, damals auf der Höhe seiner Macht stand. Seine Herrschaft begann in Wirklichkeit 456. Philipps Angabe 470 ist auf einen Schreibfehler zurückzuführen. Er verwendet römische Ziffern, IIIICLXX, wobei das letzte XX richtig VI heißen sollte, ein Fehler, der sich irgendwo eingeschlichen hat – und der, wie jeder weiß, der mit mittelalterlichen Handschriften zu tun hat, leichter vorkommt, als man meinen könnte. Childerics Freundin ist Basina. Er heiratete sie schließlich, und ihr Sohn war Clovis, der faktische Begründer Frankreichs. Und »Gillon, der Römer«, der in seiner Abwesenheit die Regierung übernahm, ist Ägidius selbst. Das ist bewiesen durch Gregorys Darstellung derselben Ereignisse, durch die Erwähnung von Soissons und eine Bezugnahme auf Syagrius als Gillons Sohn. Somit ist dieser Satz, daß Ägidius mit Arthur zu tun gehabt habe, weitgehend in historische Fakten eingebettet, die schon im 6. Jahrhundert schriftlich belegt sind. Er ist als eine sonst nirgends aufbewahrte historische Fußnote durchaus glaubwürdig.

Zusammengenommen lassen diese Mosaiksteine eine ausgeprägte Überlieferung eines frühen Arthur erkennen, die ganz oder nahezu unabhängig von Geoffrey bestand. Das trifft zu, ob wir Alberic nun richtigstellen oder nicht. Aber wenn er sich tatsächlich auf einen älteren Bericht über die drei Regentschaften stützt und sich nur im Hinblick auf deren Beginn irrte, dann ergibt eine Korrektur um fünf Jahre einen Bezugsrahmen, der alles enthält und nirgends in Konflikt mit gesicherten Tatsachen gerät:

1. Arthur beginnt 454 zu regieren (Alberic, korrigiert).
2. Das ist Attila zeitlich nahe genug, um von der Zeit von »Arthur und den Goten, Hunnen und Vandalen« sprechen zu können (Jacques de Guise).
3. Er ist König während der Herrschaft von Ägidius in Gallien, 461 bis 464 (Jacques de Guise), und hat mit ihm zu tun (Philippe de Vigneulles).
4. Er ist König beim Tode von Papst Leo im Jahre 461 und während der Regierungszeit von Papst Hilarius, 461 bis 468 (die Salzburger Quelle und Martinus Polonus).
5. Er führt einen Feldzug in Gallien, als Leo I. Kaiser ist, wie bei Geoffrey, 469 bis 470 (Jacques de Guise).
6. Seine Spuren verlieren sich 470 (Alberic, korrigiert).

In dem als Riothamus bezeichneten Hochkönig haben wir endlich eine dokumentarisch belegte Persönlichkeit als Ausgangspunkt der Legende. Er ist die einzig historisch verzeichnete Persönlichkeit, die sich wie Arthur verhält. Oder, um es genauer zu sagen, er ist der einzige, zu dem ein großer Teil der *Geschichte* in Beziehung gesetzt werden kann. In den unanfechtbaren Beweisen seiner Existenz, dem Brief von Sidonius und der Geschichte von Jordanes, wird er unter seinem Titel oder seiner Ehrenbenennung angesprochen bzw. erwähnt. Aber wir haben jetzt Beweise aus völlig unterschiedlichen Quellen. Jeder dieser Hinweise hat eigene Charakteristiken. Selbst abgesehen von Fragen der Datierung könnte keine der vier Quellen die anderen drei hervorgebracht haben. Hier scheint die Lösung zu liegen.

Ein mittelalterlicher Historiker machte sich über Geoffrey lustig, weil er behauptete, alle britischen Könige zu kennen, aber Riothamus übersah. Aber Geoffrey hat ihn nicht übersehen. Im Gegensatz zu seinem Kritiker wußte er recht genau, wer Riothamus war.

6. Die Ursprünge der Heldenepik

Die Festung des Königs

Verspätet und überraschend stellte sich heraus, daß Cadbury-Camelot die Identifizierung von Arthur mit Riothamus begünstigte. Dem Projekt Alcocks folgten nach Beendigung der Grabungsarbeiten 1970 eine Reihe ähnlicher Vorhaben. In den folgenden Jahren führten Archäologen Grabungen in anderen Hügelfestungen durch und wiesen nach, daß viele von ihnen während derselben Periode erneut in Besitz genommen worden waren. Deshalb vertraten sie die Auffassung, daß Cadbury nicht außergewöhnlich sei und es keinen Grund gebe, es als die Zitadelle einer bestimmten Persönlichkeit zu erküren. Alcock arbeitete inzwischen als Professor für Archäologie an der Universität Glasgow an Ausgrabungsstätten in Schottland. Im Oktober 1982 hielt er einen Vortrag an der Britischen Akademie, bei dem er Cadbury im Lichte aller inzwischen gewonnenen Erkenntnisse einer erneuten Bewertung unterzog. Ohne auf Arthur einzugehen, vertrat er die These, daß das »Arthursche Cadbury«, Cadbury II, wie er es nannte, immer noch etwas Besonderes sei, ja sogar in noch bemerkenswerterer Weise, aber mit anderen Konsequenzen.

Trotz all der Arbeit an anderen Hügelfestungen habe niemand

irgendwo anders in England oder Wales dieselbe militärische Bauweise vorgefunden, bemerkte er. Die übrigen nachrömischen Wallanlagen seien einfacher, nur hier seien Steinquadern mit Holzbalken kombiniert worden. Die einzigen vergleichbaren Anlagen gebe es in Schottland. Von diesen sei Alclud am bedeutendsten, die Felsenfestung von Dumbarton, das die Hauptstadt des von Ceredig gegründeten Königreichs am Clyde gewesen sei. Die nördlichen Forts seien jedoch viel kleiner. Cadbury nehme aufgrund seiner Größe und der Stein- und Holzbauweise eine einzigartige Stellung in Britannien ein.

Einzigartig als was? Wie Alcock hervorhebt, spricht Nennius in seinem Bericht über Vortigerns erwählte Festung in Wales davon, daß die Erbauer »Balken und Quadern« zusammenfügten. Die Worte deuten darauf hin, daß dieses Baumaterial im 5. Jahrhundert als angemessen für das Bollwerk eines Hochkönigs betrachtet wurde. Alcock vertritt die Auffassung, daß Cadbury etwas Besonderes gewesen sei, nicht als Hauptquartier eines Oberkommandierenden, sondern als Kapitale oder Residenz eines Königs. Dies trifft beispielsweise auf das am ehesten damit vergleichbare Alclud zweifellos zu.

Die politische Bedeutung von Cadbury wird nun eher verständlich. Es scheint die Zitadelle eines Königs gewesen zu sein, der über eine Gefolgschaft verfügte, die im Britannien seiner Zeit ohnegleichen war. Es lohnt sich, für einen Augenblick zu Leland zurückzukehren, der 1542 diesen Ort als Camelot bezeichnet hatte. Man hatte ihm vorgeworfen, bloß eine Vermutung auszusprechen oder örtlichen Tratsch wiederzugeben, der kaum fundiert sei. Aber die Anhöhe, von der er sprach, hat sich als der einzige bekanntgewordene Ort in Britannien erwiesen, der die richtigen Merkmale besitzt. Hätte er bloß geraten, dann wäre ein solcher Zufallstreffer höchst unwahrscheinlich. Selbst ein heutiger Archäologe hätte eine solche Vermutung nicht einfach aufgrund bloßen Augenscheins ohne Grabungen aussprechen können. Leland muß Genaueres gewußt haben.

Wenn wir von dem Hochkönig ausgehen, der als Riothamus

bezeichnet wurde, liegt die Schlußfolgerung nahe, er könnte die Festungsanlagen erneuert und verstärkt haben. In seiner ersten Einlassung setzte Alcock den Beginn der Arbeiten etwa um 470 an – etwas knapp, aber schon da war ja ein Spielraum für Zweifel, und der Hochkönig könnte die Arbeiten zumindest begonnen haben. Vor der Britischen Akademie räumte er ein, daß sich der in Frage kommende Zeitraum erweitert habe. Nichts würde die 460er oder gar die 450er Jahre ausschließen. Was die Reserven an Arbeitskräften betrifft, so verfügte der Hochkönig über diese, wie der Bericht von Jordanes über seine Armee beweist. Wir könnten noch weiter gehen und behaupten, daß es außer ihm niemanden gibt, für den so viel spricht; er ist der einzig dokumentarisch belegte Herrscher, der die Festungsanlagen von Cadbury erneuert haben könnte. Und von den verschiedenen Namen, die die britische Antike anzubieten hat, ist der einzige, der mit Cadbury in Verbindung gebracht wird, Arthur. Hier laufen die beiden Spuren wieder zusammen.

Der Glanz des Restitutors

Auf die Frage: »Hat es Arthur wirklich gegeben?«, haben wir jetzt eine Antwort. Der Arthur von Geoffrey und den Romanschreibern ist eine Legende. Aber er hat ein wirkliches Vorbild, den britischen Hochkönig, der in Gallien war. Dies ist der Mann, den Geoffrey und andere meinen, wenn sie von Arthur sprechen, so falsch auch die Vorstellungen sind, die sich manche von ihm machen, und sosehr auch manche Gefahr laufen, ihn ganz aus den Augen zu verlieren. Er war immer vorhanden; diese Erkenntnis kommt verspätet, weil es nur wenige und bruchstückhafte Quellen gibt und die Wissenschaftler aufgrund ungerechtfertigter Annahmen mehrere davon übersehen haben.

Wer die Auseinandersetzungen über den »historischen

Arthur« verfolgt hat, wird eine weitere Frage stellen müssen. Ist der Hochkönig ein radikal neuer Arthur, der ihn dem Vergessen überantwortet?

Der erste Punkt, den es festzuhalten gilt, ist, daß Arthur-Riothamus in Wirklichkeit gar nicht neu ist. Sharon Turner stieß schon vor langer Zeit auf ihn, verfolgte diese Ahnung aber nicht weiter, so daß sie in einer Fußnote begraben blieb. Der zweite Punkt ist, daß der »historische Arthur« der Historiker niemals geschichtliche Wirklichkeit war. Er war ein aus walisischen Spuren und Resten *zusammengebasteltes Konstrukt,* das auf dem Eindruck fußte, dahinter müsse sich eine authentische Figur verbergen. Dieser Eindruck war richtig. Das eigentliche historische Faktum war jedoch nicht das Konstrukt, sondern die im Zusammenhang mit Arthur so entscheidende Tatsache des Wiedererstarkens der Britannier. Arthur war nur der *symbolische Held.* Alles in allem neigten all jene, die das Problem studierten, eher zu der Annahme, er habe existiert. Aber sein ganzer Wert erschöpfte sich in einer Mischung aus Legenden und Halbwahrheiten über seine kriegerischen Leistungen.

Arthur-Riothamus erfüllt die meisten dieser Forderungen. Dank seines Fortlebens in der Legende durch die Taten seiner Mitstreiter finden endlich auch die walisischen Spuren ihre Erklärung. Er ist kein Rivale eines »walisischen Arthur«; er ist eine authentische geschichtliche Figur, deren walisische Ausformung auf Projektionen von Barden beruht. Die walisische Dichtung nahm zur selben Zeit Gestalt an wie die Sprache, im 6. Jahrhundert. Ihre erste bemerkenswerte Schule entstand im barbarischen Norden mehr als hundert Jahre nach Arthur-Riothamus. Als die Barden die im Volke lebendigen Erinnerungen aufgriffen, gestalteten sie ihn nach den Vorstellungen einer Gesellschaft, die zu diesem Zeitpunkt selbst halb barbarisiert war. Der Reichtum des Originals überstieg ihre Vorstellungskraft. Sie dehnten seine Taten auf eine Epoche aus, die ihnen näher lag, und beschränkten ihre Beschreibung des Königs allein auf den heroisch-militärischen Aspekt, der ihnen wesentlich vertrauter war.

Aber der wirkliche Arthur-Riothamus wuchs in einem Britannien auf, in dem die römische Kultur noch lebendig war und noch viele Menschen lebten, die als Kinder des Kaiserreichs zur Welt gekommen waren. Sidonius schrieb an ihn in geschraubtem Latein. Wir können an diesem Punkt nicht viel mehr über ihn hinzufügen, außer diesem: Aufgrund seiner Herkunft und seiner Laufbahn hat er größere Ähnlichkeit mit dem Arthur der Legende und scheint diese Legendenbildung eher zu verdienen und begreiflicher zu machen als jeder andere bisher präsentierte »historische Arthur«. Er war der Hochkönig, unter dessen Herrschaft sich Britannien wieder für eine Zeitlang aus der Schmach erhob. Er war der Britannier, an den sich ein Kaiser als Roms letzte Hoffnung im Westen um Hilfe wandte. Unter seiner Führung stellten sich die Briten erneut in den Dienst des Reiches und hätten dieses in ihrem Teil Europas vielleicht wieder errichtet. Er kam somit der Vorstellung von einem *Restitutor,* einem Wiederhersteller und Erretter, am nächsten.

In seiner *Geschichte* zeichnet Geoffrey nicht nur ein wiedererstarkendes Britannien unter Arthur, sondern auch ein neue Kräfte sammelndes Imperium. Er verknüpft verschiedene Überlieferungen miteinander und läßt das Bild eines Königs hervortreten, um den sich jahrhundertelang Legenden gerankt hatten. Er porträtiert einen jungen, charismatischen Arthur, der die Barbaren niederwirft und das Reich erneut begründet. Er verleiht seiner Herrschaftszeit eine neue, aufwärtsführende, dramatische Form, wobei er nicht nur den frühen Feldzug einbezieht, sondern auch Badon und Camlann, die er aus dramaturgischen Gründen umgestaltet. Badon folgt bei ihm als Bath unmittelbar auf die frühen Schlachten und markiert einen ersten Höhepunkt seiner Regierungszeit in Britannien. Aus den wenigen Worten von Gildas über eine ruhigere Periode nach der Schlacht von Badon macht Geoffrey einen neuen

Anfang und einen glorreichen Frieden mit dem König an der Spitze seiner Ritterschaft. Danach folgen Eroberungen auf dem Kontinent.

Eine zweite Epoche des Friedens begründet den Ruhm seines Hofes und bereitet den Boden für die spätere romantische Verklärung. Danach läßt Geoffrey den König durch den großen gallischen Feldzug – der richtig während der Regierungszeit von Leo angesetzt wird – einen noch höheren Gipfel erklimmen, worauf der tragische Sturz durch ein ausgeschmücktes Camlann einschließlich des schmählichen Verrats folgt. Aus dieser letzten Episode entwickelten sich dann die Geschichten über das Hinscheiden von Arthur, die, sei es in der Fassung von Malory oder Tennyson, auch dann noch im Gedächtnis haften, wenn das übrige längst verblaßt ist.

Die Grundlage und Substanz seiner Arthurerzählung aufgefunden zu haben bedeutet nicht, ihren Wert zu mindern. Seine Darstellung des Königs Arthur ist eine der erstaunlichsten Leistungen in der Literaturgeschichte.

3. Teil:
Der ewig junge Mythos

7. Heilige, Barden und Helden

England auf dem Weg zum Einheitsstaat

Arthur-Riothamus eröffnet neue Perspektiven für die »alternative« Geschichte, wie sie manchmal genannt wird, die Geschichte dessen, was hätte sein *können.* Sein Einfluß auf die reale Geschichte ist eine andere Frage. Um ihn zu beurteilen, müssen wir uns von einzelnen Persönlichkeiten ab- und dem Volk zuwenden. Durch die Beleuchtung der Zusammenhänge können wir die Kluft zwischen dem 5. und 12. Jahrhundert überbrücken und die Entstehung der Legenden bis zu ihrer wuchernden Vermehrung im Mittelalter verfolgen.

Die faktische Leistung von Arthur ist es, die Britannier geeinigt und vorübergehend zum Erfolg geführt zu haben, vor allem auf ihrer eigenen Insel, aber auch auf dem europäischen Kontinent. Ihr Hochkönig spielte dabei eine wichtige Rolle, bis er schließlich unter seinem wirklichen oder angedichteten Namen Arthur zur Symbolfigur wurde. Der Grund dafür mag in seinem Charakter, seinem Ruhm auf dem Kontinent oder seiner genialen Umsetzung durch die Dichter liegen. Dies läßt sich gegenwärtig nicht entscheiden. Vom Standpunkt der Geschichte aus ist es hauptsächlich die Einigung Britanniens, die zählt – das historische Faktum, das Arthur schließlich symbolisierte.

Dieser Zustand der Einheit und des Friedens erreichte einen letzten Höhepunkt nach der Schlacht von Badon, auf die drei oder vier Jahrzehnte relativer Ruhe folgten. Sachsen unternahmen immer noch Vorstöße in Hampshire, in der Nähe von Southampton Water, aber die von Archäologen gefundenen Grabstätten zeigen, daß sie sich auf wenige Überfälle beschränkten. Selbst nach den aufgebauschten Berichten der *Angelsächsischen Chronik* gelangten sie nie weit ins Landesinnere.

Diese Atempause war ein Vermächtnis der »Arthur«-Epoche; sie half einem ganzen Netzwerk britischer Fürstentümer, sich zu stabilisieren und zu überleben. Dazu zählten Dumnonia oder Dyfneint im Südwesten; Gwent, Dyfed, Powys und Gwynedd in Wales; Elmet im Penninischen Gebirge (Nordengland); Rheged in Cumbria (Schottland), Clyde oder Strathclyde, eine Ausweitung von Ceredigs Reich im hohen Norden; und daneben Manau Guotodidin in der Gegend von Edinburgh. Manche dieser Herrscher begründeten ihren Machtanspruch mit ihrer tatsächlichen oder vermeintlichen Abstammung von Regenten zur Zeit der Auflösung des Römischen Reiches.

Mehrere dieser Herrscher in der Zeit der 540er Jahre sind uns namentlich bekannt. Gildas wirft den britischen Königen generell vor, sich ständig untereinander zu streiten, und greift fünf von ihnen heraus, um ihre Sünden in allen Einzelheiten zu verurteilen. Einer davon ist Constantine, der König von Dumnonia, den Geoffrey zum Nachfolger von Arthur aufbläht. Drei andere werden von Geoffrey ebenfalls zu Königen über ganz Britannien erhöht und nach Constantine der Reihe nach angeführt, um eine zeitliche Lücke zu überbrücken, von der er nicht weiß, wie er sie füllen soll. Der bedeutendste von ihnen in der realen Geschichte ist Maelgwn, König von Gwynneth in Nordwales. Grabinschriften, die etwas über seine Untertanen verraten, zeigen, daß in seinem Königreich mehr *Romanitas* bewahrt wurde als in den meisten übrigen Teilbereichen. Er war ein hochgewachsener und mutiger, großzügiger Mann, energiegeladen, aber unberechenbar und ohne Prinzipien. Er hielt hof auf der Insel von Anglesey – Gildas bezeichnet ihn als den »Drachen der Insel« – und versuchte, eine Hegemonie über andere Könige zu errichten, jedoch ohne großen Erfolg. Die Machtfülle des Hochkönigs, die damals schon fast ein Lebensalter zurücklag, ließ sich nicht wiederbeleben.

Die Sicherheit des Königreichs ermutigte neue Entwicklungen. Die Kirche begann zu erstarken, insbesondere in Wales. Ihre Ausweitung verdankte sie weitgehend einem einzigen Apostel, St. Illtud, der in einer Zeit aufgewachsen war, als noch Kämpfe gegen die Sachsen ausgetragen wurden. Angeblich kam er als Sohn von Auswanderern in Armorica zur Welt und folgte ihren Spuren nach Britannien zurück. Dort soll er als Soldat in die Dienste von Arthur getreten sein, der sein Vetter war. Er verließ dann die Armee und gründete das Kloster Llantwit Major im südlichen Wales.

Dies war nicht das erste Kloster in Britannien. Niemand weiß genau, wo oder wie sich die klösterliche Lebensweise eingebürgert hat. Der erste Britannier, von dem man weiß, daß er Mönch war, ist Constans, der Sohn des Thronprätendenten, der 407 zum König proklamiert wurde. Viel später wurden in Armorica Klostergemeinschaften gebildet, und zwar von Auswanderern des 5. Jahrhunderts, die zweifellos ein System kopierten, das sie bereits kennengelernt hatten. Die ersten Klöster waren bescheiden. Die Mönche bewohnten Zellen, die sich um ein kleines Gebäude gruppierten, das Gemeinschaftszwecken, hauptsächlich der Andacht, diente. Glastonbury in Summerset, wo sich christliche Eremiten an einer heiligen Stätte aus vorchristlicher Zeit niedergelassen hatten, erhebt den Anspruch, die älteste Klostergründung zu sein. Selbst wenn dies nicht der Fall war, so war sie doch die erste, die Bestand hatte, die erste Institution, in der das Christentum der Britannier Fuß faßte und sich halten konnte.

Illtud jedoch orientierte sich nicht an diesem Beispiel, sondern ging eigene Wege. Die Basis seiner Gründung in Llantwit war die Landwirtschaft. Nach zeitgenössischen Quellen verfügte er sowohl über große Gelehrsamkeit als auch über praktische Talente. Gildas nennt ihn »den gelehrten Lehrer fast ganz Britanniens«. Etwa um 500 wurde seine Gemeinschaft zu einer Schule der Elite, zu deren ausersehenen Absolventen Gildas selbst, Maelgwn und ein weiterer Klostergründer, St. Samson, zählten. Dank Illtuds Schülern entwickelte die britische Kirche einen neuen Stil, der einer Gesellschaft entsprach, deren urbane Zentren keine große Rolle mehr spielten. Mit dem Niedergang der römischen Städte oder ihrer Zerstörung durch die Sachsen hatte auch die Bedeutung der Bischöfe abgenommen. An die Stelle der Bischöfe traten allmählich die Äbte als beherrschende Gestalten der Kirche.

Die Mitglieder der Klostergemeinschaften genossen beträchtliche Freiheit. Viele von ihnen machten weite Reisen von den piktischen Grenzgebieten bis in die Bretagne. Was sie antrieb, war der missionarische Impuls, den die britische Christenheit von Ninian und Patrick empfangen hatte. Sie machten sich als Lehrer, Ärzte und Berater nützlich; sie hoben die Landwirtschaft auf eine höhere Stufe und nahmen Gemeinschaftsaufgaben wie die Befestigung von Deichen in Angriff, ja planten sogar die Verteidigung gegen Piraten. Ihre Schulen standen auch Schülern aus Irland offen, und diese irischen Schüler übertrafen sie schließlich und machten Irland für eine Weile zum zivilisiertesten Land Westeuropas. Eine Folge des hohen Ansehens der Mönche war eine entsprechend hohe Stellung auch der Nonnen. In den klösterlichen Gemeinschaften konnten die Frauen ihre längst vergangene druidische Bedeutung wiedererlangen.

Die auf einer breiteren Basis beruhende keltische Kirche, die sich von Westbritannien aus entwickelte, erfreute sich einer jahrhundertelangen Blüte in großen Teilen der Britischen Inseln. Ihre Kraft und Energie wurde weder durch einen allzu großen Reichtum noch eine allzu strenge Hierarchie beschwert. Das keltische Christentum war katholisch, aber mit einem Unterschied zur offiziellen Lehre Roms, der sich am auffallendsten in seiner Haltung gegenüber den alten Göttern und Mythologien zeigte. Diese Haltung war von großer Bedeutung für die Entstehung von Legenden einschließlich der um König Arthur.

In den Randgebieten Europas hatten die Kelten mehr von ihrem ursprünglichen Charakter bewahrt. Auch waren sie nicht denselben Sanktionen ausgesetzt wie die Christen auf dem Kontinent. In allen Mittelmeerländern blickt die Kirche auf ein langes Martyrium durch heidnische Verfolger zurück, die von heidnischen Priesterkasten aufgehetzt wurden. Die Christen sahen deshalb das Heidentum als Teufelswerk und seine Götter als Dämonen und Betrüger der Menschheit an. In Britannien war das anders, da dort kaum Verfolgungen stattgefunden hatten. Jenseits der römischen Grenze hatte es gar keine gegeben, und die wenigen Christen unter den Iren und Pikten wurden, soviel wir wissen, in Frieden gelassen. So laut die keltischen Kleriker auch gegen das Heidentum wettern mochten, sie stießen nie auf dasselbe Gefühl von Feindseligkeit, das sie sich hätten zunutze machen können. In einem solchen Milieu konnte es nicht ausbleiben, daß die keltische Christenheit von einem etwas anderen Geist geprägt war. Zwar glaubte man nicht länger an die heidnische Mythologie, aber man konnte sie den eigenen Vorstellungen anpassen. Alte Gottheiten konnten (ihrer Macht entsprechend entkleidet) mit freundlicher Toleranz akzeptiert werden und haben als Könige und Königinnen, gute Zauberer und weise Feen in den Erzählungen und der Dichtung einer christlichen Kultur überlegt.

Das waren einige der Resultate des hartnäckigen Widerstands der Briten. Er wirkte sich auch auf die Sachsen aus. Obwohl sie schließlich ihre Eroberungen fortsetzten, erfolgten diese nur sporadisch und schrittweise. Die Lage nahm eine für sie günstige Wendung, als sich in den 540er Jahren eine Epidemie, die sogenannte Beulenpest, durch importierte Waren vom Kontinent her ausbreitete. Sie erreichte den britischen Teil der Insel, aber nicht den sächsischen; die Sachsen führten nicht dieselben Güter ein, und von den Britanniern wurden sie nicht infiziert, da Vorurteile und Fremdenhaß kaum einen Kontakt zuließen.

König Maelgwn von Gwynedd wurde das prominenteste Opfer dieser Seuche, der viele andere noch erlagen.

Doch selbst als die Sachsen erneut vorzudringen begannen, geschah dies nicht in Form eines konzentrierten Angriffs. Auf dem Territorium der Angeln und Sachsen hatten sich in den Jahren des Friedens kleine Königreiche herausgebildet. Inzwischen waren sie scharf voneinander abgegrenzt und hatten ihre eigenen Dynastien. Die nominelle Oberherrschaft ging von einem König zum anderen über. Ceawlien von Wessex, Aethelbert von Kent, Raedwald von Ostanglia trugen nacheinander den Titel »Bretwalda«, »Herrscher über Britannien«, aber in dieser Epoche war dies eher ein Ehrentitel. Kein Bretwalda konnte die regionalen Herrscher koordinieren, diese verfolgten mit wechselndem Glück ihre eigene Politik. Während der zweiten Hälfte des 6. Jahrhunderts überwanden die siegreichen Westsachsen den River Severn unweit von walisischem Gebiet. Die nördlichen Angeln wurden andererseits jahrzehntelang von den Königen von Rheged in Cumbria und deren Bundesgenossen aus Strathclyde in Schach gehalten.

Im 7. Jahrhundert stellte sich endlich der durchschlagende Erfolg ein, und die Besatzung erstreckte sich über den größten Teil des heutigen England. Inzwischen hatten sich jedoch die Besatzer selbst verändert. Sie hatten einen Großteil ihrer vormaligen heidnischen Zerstörungslust abgelegt. Römische Missionen im Süden und keltische Missionen im Norden hatten die Angeln und Sachsen christianisiert, so daß das nunmehr entstehende England keine barbarische Wüstenei war. Es brachte bald bedeutende Persönlichkeiten hervor: Bede, der große Gelehrte, den wir bereits kennen; Caedmon, der als erster englischer Dichter gilt; Bonifatius, selbst ein Missionar, der die Kirche in Deutschland aufbaute; Alcuin, der führende politische Denker seiner Zeit.

Dieses England war auch keinesfalls mehr durch ein intolerantes Beharren auf rassischer »Reinheit« gekennzeichnet. Die Barrieren bröckelten, doch keltische Einschüsse blieben immer in der Bevölkerung erhalten. Die erste eindeutige Partnerschaft zwischen Sachsen und Britanniern, der erste entschiedene Schritt zum »Vereinigten Königreich«, ereignete sich in Glastonbury. Als die Westsachsen etwa 658 dort eintrafen, war ihr König Cenwalh bereits zum neuen Glauben bekehrt. Stieß er auf ein britisches Kloster, so behandelte er es mit Respekt, ließ dessen Abt im Amt und stattete es mit Landbesitz aus. Glastonbury wurde schließlich zu einem Hort der Versöhnung, an der auch Iren beteiligt waren. Aufgrund seiner Wurzeln im Britannien König Arthurs zählte es zu den Orten, wo an der Arthurlegende gewoben wurde.

Zusammenfassend kann man also sagen, daß sich in der Epoche nach Badon verschiedene historische Prozesse auf der Insel vollzogen, die dem totalen Niedergang entgegenwirkten, neue Möglichkeiten eröffneten und zur Hebung des kuturellen Niveaus beitrugen. Diese Entwicklungen nahmen den beschriebenen Verlauf, weil es gelungen war, dem Expansionsdrang der »Barbaren« Einhalt zu gebieten, und zwar aufgrund des Wiedererstarkens, das mit Arthur in Verbindung gebracht wird. Es wäre abwegig, das Verdienst daran einem einzelnen Briten zuzuschreiben. Es ist aber weniger abwegig, diese Fakten als Konsequenzen der historischen Realität von Arthur anzusehen.

Legendenbildung

Vom River Clyde bis zur Loire war die Saat der Arthurlegende gesät. In diesem ganzen, Hunderte von Meilen messenden Gebiet bewahrten die Nachkommen seiner Britannier ihre Identität. Diese hörte jedoch auf, eine einzige Identität zu sein. Die Sprache, die im 5. Jahrhundert alle gesprochen hatten, zerfiel im 6., und daraus entwickelte sich das Walisische, Kornische und Bretonische. Nach einer Weile fingen die Waliser an, das Wort »Cymry«, »Landsleute«, auf sich und ihre nördlichen Stammesbrüder anzuwenden. Sie enthielten es jedoch ihrer südlichen

Verwandtschaft vor, zu denen die Landverbindung durch die Sachsen abgeschnitten war, als diese den Bristol Channel erreichten. Ein unabhängiges Cornwall hielt sich zwar tapfer bis ins 9. Jahrhundert, doch in den Augen der Waliser zählten die Bewohner von Cornwall nicht mehr zu ihren Landsleuten. Solcherart abgeschrieben, richteten diese ihre Blicke über das Meer und erhielten dauerhafte Verbindungen mit der Bretagne aufrecht.

Die kymrischen (walisischen) Königreiche hatten keine Städte von Bedeutung und, soweit wir wissen, kein Münzsystem. Der größte Teil der Bevölkerung lebte von der Landwirtschaft. Es gab Freie und Leibeigene, aber wenige der Freien waren reich genug, um sich drastisch von den Armen zu unterscheiden. Die Edelleute wohnten in bescheidenen Häusern aus Holz oder unverputzten Steinen. Eine ziemlich große Zahl richtete sich in den Hügelfestungen der Eisenzeit ein, wobei sie manchmal die Wehranlagen restaurierten, wenn auch keinesfalls im selben Ausmaß wie in Cadbury. Sie jagten und fischten, sie beschäftigten Handwerker, und sie importierten Luxusgüter wie Wein, die sie gegen Erzeugnisse ihres Landes eintauschten.

Die Könige lebten ganz ähnlich wie die Adeligen, wenn auch auf weit größerem Fuß. Ihre Gefolgsleute waren gut und farbenprächtig gekleidet; ihre Gelage bei Hof fanden bei musikalischer Begleitung statt. Die Nachfolge war kaum geregelt, und die Position eines Königs war selten völlig stabil, was manchen dazu verleitete, seine Macht durch Kriege zu festigen. Dies war ein Motiv hinter den internen Zwistigkeiten, über die Gildas so empört ist. In Friedenszeiten genossen die Könige die moralische Unterstützung durch ihre Hofbarden. Diese Barden waren herausragende Gestalten. Sicherlich dienten sie in erster Linie zur Unterhaltung des Hofes, doch hatten manche durchaus Funktionen der Druiden übernommen. Sie waren *die* Autoritäten in bezug auf Sitten und Gebräuche, Protokollfragen und Probleme der Abstammung. Ihre Dichtungen, die zu Musik gesungen wurden, verherrlichten ihre königlichen Herren und erfüllten damit eine Aufgabe, die man heute als »Öffentlichkeitsarbeit« bezeichnen würde, das heißt, sie pflegten das Image des Königs als eines Mannes edelster Abstammung, erfahren in den Kriegskünsten, großzügig und so weiter.

Gildas erwähnt Hofbarden in Maelgwns Gwynedd. Ihre erste bedeutende Schule befand sich jedoch in Rheged, dem kumbrischen Königreich. Ihr gehörten zwei Dichter von dauerhaftem Ruhm an, Taliesin und Aneirin, deren Werke zum Teil noch erhalten sind. Man hat sie als die ältesten Dichtungen in einer noch lebendigen europäischen Sprache bezeichnet, obwohl sich ihr Walisisch von dem heutigen doch stark unterscheidet.

Durch die Dichtungen der Barden, ihre mündlichen Erzählungen und die dadurch bewirkte Popularisierung nahm der »Arthur der Waliser« Gestalt an. Sein geschichtlicher Kern bestand aus den überlieferten Namen von Schlachten, deshalb machten ihn die Barden in erster Linie auch zu einem Krieger. Abgesehen davon war sein Status ungewiß, und die auf ihn angewandten Bezeichnungen konnten »Kaiser«, »Oberbefehlshaber« oder »König« bedeuten. In manchen Abschriften von Nennius heißt es: ». . . es gab viele von edlerem Geblüt als er«, eine Anspielung auf eine bescheidene Herkunft (dasselbe hätte man von manchen der größten römischen Kaiser behaupten können). Die Erzählungen über die Herrschaftszeit von Arthur bezog auch andere Helden ein, welche die Barden ebenfalls besangen und zu seinen Gefährten machten, was für manche auch zugetroffen haben mag. Dank der genealogischen Kenntnisse der Barden blieben Namen und Verwandtschaftsbeziehungen erhalten, die Geoffrey später höchst einfallsreich zu nutzen verstand.

Die älteste der längeren Dichtungen enthält die früheste namentliche Erwähnung Arthurs: Die entsprechende Passage ist kurz, aber bedeutsam: Um 598 sammelte ein Fürst von Manau Guotodin in Schottland eine Streitmacht aus verschiedenen Teilen Britanniens. Nach einer Vorbereitungszeit zog die Armee südwärts, um die Angeln bei Catraeth anzugreifen, der ehemaligen römischen Festung von Cataractonium, heute Catterick in

Yorkshire. Die zahlenmäßig unterlegenen Britannier kämpften tapfer und wurden fast alle getötet. Der Barde Aneirin war Zeuge und verfaßte eine Reihe von Klageliedern für die Gefallenen, die unter dem Titel *Gododdin* zusammengefaßt wurden. Spätere Dichter fügten weitere Verse hinzu, so daß nicht bewiesen werden kann, ob die Zeile, in der Arthur genannt ist, schon im Original enthalten war, aber es gibt keinen zwingenden Grund, dies zu bezweifeln.

Aneirin sagt, ein Krieger namens Gwawrddur habe »auf der Festungsmauer schwarze Raben gefressen, obwohl er nicht Arthur war«. »Raben fressen« war eine der üblichen Floskeln für das Töten von Feinden. Die Worte scheinen zu bedeuten, daß Gwawrddur, obwohl er nicht Arthur war, ein ebenso guter »Rabenfresser« gewesen sei. Der Name Arthur war sprichwörtlich für Heldenhaftigkeit im Kampf geworden. Das ist übrigens das einzige, was daraus hervorgeht. Obwohl das Gedicht nördlichen Ursprungs ist, bedeutet die Erwähnung von Arthur nicht, daß er aus dem Norden stammte, da darin auch andere Krieger genannt sind, die nicht von daher kamen, darunter einer aus dem West Country.

Gododdin läßt uns einen Blick auf die Edelleute werfen, die um offene Feuer tafelten, in Sälen, die von Binsenlichtern und Kienspänen (Fackeln aus besonders harzreichem Kiefernholz) erleuchtet wurden. Sie trinken Wein und Met aus Kelchen von Gold und Silber, Glas und Horn. Sie gehen zur Kirche, und sie nehmen – ungewöhnlich für jene Zeit – regelmäßige Bäder. Ihre farbenfrohen Kleider werden von Broschen zusammengehalten und sind mit Perlen aus Bernstein geschmückt. Im Krieg tragen sie einen ledernen Brustharnisch und wahrscheinlich ein einfaches Kettenhemd; sie haben Schwerter, weiße Schilde und Speere; sie reiten in die Schlacht und kämpfen offenbar zu Pferde.

»Männer zogen nach Catraeth, sie waren berühmt,
Wein und Met aus goldenen Bechern tranken sie
Ein Jahr in edler Zeremonie . . .

Männer zogen nach Catraeth mit Feldgeschrei,
Feurigen Rössern und dunkler Rüstung und Schilden,
Hocherhobenen Speerschaften und scharfen Speerspitzen
Und funkelndem Harnisch und Schwertern.
Er führte sie an, er stieß durch Armeen,
Fünf Kompanien fielen vor seinen Klingen.
Rhufawn Hir gab Gold für den Altar
Und eine reiche Belohnung dem Barden . . .

Krieger erhoben sich gemeinsam, schlossen ihre Reihen,
Eines Sinnes griffen sie an.
Kurz war ihr Leben, lang vermißt sie ihre Sippe.
Das Siebenfache ihrer Zahl an Engländern schlugen sie:
Ihr Kämpfen machte Frauen zu Witwen;
Manch eine Mutter hatte Tränen in den Augen . . .

Elend bin ich, meine Kraft ist geschwunden,
Ich leide Todesqualen in Angst,
Und was noch schlimmer ist, der tiefe Schmerz,
Unsere Krieger fallen zu sehen.
Lang dauert das Klagen und Trauern
Um die tapferen Soldaten des Landes . . .

Mag ihre Seele nach der Schlacht
Im himmlischen Land des Überflusses willkommen sein.«

Dies ist der letzte Akt der Tragödie von Arthurs heroischer Welt. Eine Tragödie über Arthur selbst, eine *Morte d'Arthur* ist das naheliegende literarische Resultat.

Nach Aneirin sind die Gedichte, in denen Arthur vorkommt, überwiegend von anonymen Verfassern oder wurden fälschlicherweise Taliesin zugeschrieben. Eines davon ist das Gedicht von Llongborth, in dem er als »Kaiser« bezeichnet wird und

»Arthurs Mannen« zum ersten Mal auftreten. Verstreute Anspielungen auf das Pferd und auf Verwandte Arthurs (einschließlich eines Sohnes, Llacheu) und seine Größe in jeder Hinsicht zeugen von seinem wachsenden Ruf.

Zwei Dichtungen verdienen eine ganz besondere Beachtung. Die erste ist in Dialogform und zeigt, wie man sich ihn als Anführer an der Spitze einer Schar von Paladinen vorstellte. Er trifft am Eingangstor einer Festung ein und sucht Einlaß:

»Wer ist der Pförtner?«
»Glewlwyd mit der Starken Hand.
Wer fragt?«
»Arthur und Cai, der Blonde.«
»Welche Gefolgschaft habt Ihr?«
»Die besten Männer sind mein.«
»Mein Haus sollt Ihr nicht betreten,
Es sei denn, Ihr bürgt für sie.«
»Ich bürge für sie,
Und Ihr sollt sie sehen.«

Arthur scheint demnach keine Macht über Glewlwyd zu haben. Diese Zeilen könnten Erzählungen über den Beginn seiner Laufbahn widerspiegeln. Auf Glewlwyds Frage nennt Arthur zehn Gefolgsleute. Einen davon bezeichnet er als »Uthr Pendragons Mann«, aber ohne anzudeuten, daß der Pendragon sein eigener Vater ist. Er spricht rühmend von Bedwyr, dem ursprünglichen Bedevere, und dessen kriegerischen Leistungen »an den Ufern des Tryvrwyd«. Dies ist der unbekannte Fluß, den Nennius in seinem Schlachtenverzeichnis als Tribruit anführt. Das höchste Lob spendet er Cai, dem ursprünglichen Kay, der dafür bekannt sei, soviel wie vier Männer zu trinken und Hexen und Ungeheuer zu erschlagen.

Ein weiteres Gedicht ist wegen einer einzigen Zeile bemerkenswert, weil es sich um die früheste walisische Andeutung eines rätselhaften Endes von Arthur handelt. *The Song of the*

Graves ist eine Aufzählung von Kriegern und deren tatsächlichen oder vermeintlichen Grabstätten. Ein paar lakonische Worte weisen auf eine Ausnahme hin: *»Anoeth bid bet y Arthur.«* Die genaue Bedeutung von *anoeth* ist strittig, aber der unbezweifelte Sinn des Satzes ist »ein Geheimnis, das Grab von Arthur«.

Neben der walisischen Verdichtung gab es auch walisische Erzählungen. Sie waren meist nostalgisch und schwelgten in Erinnerungen an ein heroisches Zeitalter auf der »Insel Britannien«, der »Insel der Mächtigen«. Dieses Zeitalter stellt in Wirklichkeit eine Verschmelzung zweier Epochen dar, die erste etwa vor der Eroberung durch die Römer, die zweite erstreckte sich vom Ende des 4. bis zum 7. Jahrhundert. In der Phantasie der Barden vermischten sich beide, da über die römische Epoche dazwischen hinweggegangen wurde. Gestalten aus einem großen Zeitraum wurden so in die Arthurlegende einbezogen und seinem Kreis zugerechnet.

Nur wenige Geschichten sind vollständig überliefert, und von diesen sind einige zu späten Datums, um erkennen zu lassen, was vor Geoffrey gesagt wurde. Die als *Mabinogion* bekannte Sammlung enthält jedoch einige dieser Geschichten aus der Frühzeit.

Es stellt sich die Frage, ob die Dichtungen historische Fakten über Arthur enthalten. Abgesehen von einzelnen bedeutsamen Formulierungen wahrscheinlich kaum. Einige der Charaktere, die sie mit Arthur in Verbindung bringen, könnten jedoch tatsächlich gelebt haben. Bei seinen Waffenbrüdern Cai und Bedwyr ist dies recht wahrscheinlich; Cais Name ist ebenfalls römischen Ursprungs, Caius. Auch sein Gegenspieler Modred könnte durchaus authentisch sein. Ein Krieger namens Gwalchmai hat eine Spur mehr Substanz als die meisten anderen; er wird zu Gawain. Die Frauen sind zweifelhafter, aber die Gattin Arthurs ist bereits Gwenhwyvaer, was »weißes Phantom« bedeutet und woraus später natürlich Guinevere wird. Zumindest ist es wahrscheinlich, daß Arthur-Riothamus verheiratet war.

Bereits im 9. Jahrhundert vermischen sich kornische Traditionen mit walisischen. Die Bewohner von Cornwall mochten nicht als Landsleute zählen, aber sie hatten Überlieferungen, welche die Geschichtenerzähler nicht ignorieren konnten, einschließlich der Überzeugung, daß Cornwall die Heimat Arthurs gewesen sei. Die Ansprüche, die auf einen anderen Helden erhoben wurden, hatten eine solide Grundlage in Gestalt eines Grabsteines. Dieser ist in der Nähe des kleinen Hafens von Fowey noch zu sehen und stellt das einzige bekannte Objekt aus der Zeit von Arthur dar, das den Namen einer der handelnden Personen trägt. Die Inschrift lautet: *DRUSTANUS HIC IACIT CUNUMORI FILIUS,* »Drustanus liegt hier, der Sohn von Cunumorus«. Drustanus ist die Latinisierung eines Namens, der später Tristan geschrieben wurde. Von dem Vater ist verbürgt, daß er in Cornwall regierte, und tatsächlich befindet sich Castle Dore, wo Radford Fundamente antiker Bauten entdeckte, ganz in der Nähe. Die Geschichtenerzähler behaupteten, daß Cunumorus mit einem König namens Mark – das heißt Marcus – identisch sei, der in den Überlieferungen von Wales eine Rolle spielt. Hier ist der Ursprung der legendären Dreiecksbeziehung zwischen Tristan, Isolde und ihrem Gatten Mark, dem in der romanischen Dichtung und auf der Opernbühne eine so lange Karriere beschieden sein sollte. Obwohl Marcus Cunumorus ein glaubwürdiger Name wäre, ist es wahrscheinlich, daß Marcus nicht identisch mit Cunumorus ist und im König Mark der Legende verschiedene Persönlichkeiten zusammengeflossen sind. Die Liebesgeschichte von Tristan (dessen Name verschiedene Schreibungen, darunter auch Tristram, hat) stammt nicht aus dem Arthurkreis und speist sich aus verschiedenen Quellen, die sich nicht auf Cornwall beschränken. Sie wurde jedoch zu einem Lieblingsbestandteil des Arthurzyklus und in einer Weise in die Gegend von Cornwall eingebettet, die vage ihrem historischen Kern entsprechen mag.

Tristan ist ein Prinz aus Lyonesse, angeblich eine Landzunge im Westen von Cornwall, die sich heute unter Wasser befindet. Er ist sowohl ein tapferer Kämpfer als auch kultivierter Musiker und Schachspieler. Als der irische König Tribut von Tristans Onkel, König Mark von Cornwall, fordert, weigert sich Mark, und der Streit muß durch einen Zweikampf geschlichtet werden. Der Bruder der irischen Königin, Marhaus, trifft als Kämpe ein, und Tristan, der Kämpe von Cornwall, tötet ihn.

Bei einem Besuch Irlands begegnet Tristan Iseult-Isolde, der Tochter des Königs. Sie ist kundig in Medizin und heilt eine Wunde, die ihm zu schaffen machte. Er muß sie verlassen, als er als Bezwinger von Marhaus erkannt wird. Mark schickt ihn erneut nach Irland, um Isolde als Braut für ihn selbst zu werben. Tristan stellt wieder freundliche Beziehungen her, aber als er mit Isolde auf dem Heimweg ist, trinken sie unwissentlich Wein, der einen Liebestrank enthält. Sie heiratet Mark wie vorgesehen, sucht aber bei jeder Gelegenheit zwanghaft die Nähe von Tristan. Ihre Liebe überlebt sogar eine Ehe, die Tristan in Cornwall eingeht.

Es gibt verschiedene Versionen des tragischen Endes. Manchmal heißt es, daß Mark Tristan mit einem Speer tötete, als dieser Harfe spielte, in anderen Fassungen, daß Tristan durch die Eifersucht seiner bretonischen Frau zu Tode gekommen sei.

Falls der ursprüngliche Tristan der Sohn des Königs war, wie es auf der Grabinschrift heißt, dann war die ursprüngliche Isolde seine junge Stiefmutter. In der Legende ist Tristan der Neffe des Königs. Vielleicht haben die Erzähler die Beziehung verändert, um die Liebesgeschichte weniger anstößig zu machen.

Außerhalb Cornwalls vollzogen sich ähnliche Entwicklungen in der Bretagne. Geschichten und Balladen der Bretonen sollten ebenfalls in die Arthurliteratur einfließen. Dies war jedoch eine spätere Entwicklung. Während die walisische Legende Gestalt annahm, war außerhalb der Bretagne selbst sehr wenig über diese Dinge bekannt, und es wurde wenig erzählt, mit Ausnahme von ein oder zwei Geschichten darüber, wie die Britannier das Land kolonisiert hatten.

Arthur wurde auch in walisischen Erzählungen aufgegriffen, die nicht von Barden, sondern von Klerikern verbreitet wurden. Es handelte sich dabei um die Darstellung von Heiligenleben. Walisische Klöster hegten ihre Überlieferungen über ihre Gründer und andere bedeutende Mitglieder der jeweiligen Gemeinschaft. Im Laufe der Jahrhunderte wurden die Fakten gewöhnlich von Legenden überwuchert, nicht nur über den Lebensweg und die Leistungen eines Heiligen, sondern auch hinsichtlich der Wunder, die er vollbrachte. Wenn schließlich offizielle Lebensgeschichten von Heiligen verfaßt wurden, so enthielten diese meist weitaus mehr Fiktion als historische Tatsachen und dienten überwiegend der Glorifizierung des Heiligen und der Erbauung der Leser.

Ein in diesen Werken wiederkehrendes Klischee ist eine Art von Anekdote, in der es darum geht, daß einem stolzen, der Kirche fernstehenden Fürsten dieser Welt durch den Heiligen oder durch göttliche Intervention in dessen Namen eine Lektion erteilt wird. Arthur figuriert in mehreren solchen Anekdoten in dieser Rolle, so daß ihn diese Lebensgeschichten im großen und ganzen in einem ungünstigen Licht zeigen. Ihre Verfasser werfen dieselben Fragen hinsichtlich seines Status auf wie die Dichter und Geschichtenerzähler, jedoch in einem Geist, der bestenfalls ohne Sympathie, aber manchmal geradezu feindselig ist. Sie machen ihn zu einem herrschsüchtigen Anführer von Soldaten; sie machen ihn zu einem *tyrannus;* sie machen ihn zu einem König, aber mit einigen Zweifeln, ob es sich dabei um einen unbestrittenen und legitimen Titelträger handelt. Es gibt wenig Hinweise auf seine Treue gegenüber der Kirche, die bei Nennius und in den *Annales* vorausgesetzt wird, weil er christliche Embleme trägt und mit himmlischer Unterstützung Schlachten gewinnt.

Alle walisischen Heiligenleben, in denen er vorkommt, wurden am gleichen Ort verfaßt, dem Kloster von Llancarfan in der

Nähe der walisischen Südküste. Es war dies ein Zentrum, wo alte Überlieferungen gesammelt, aufgezeichnet und – »verbessert« wurden. Die Llancarfan-Texte, in denen Arthur vorkommt, dehnen seinen Lebensweg von der Mitte des 5. Jahrhunderts bis weit in das 6. hinein, um ihn in das Leben ihrer Hauptpersonen einflechten zu können, denn ohne diese Dehnung würde sich sein Leben nicht mit dem der von ihnen beschriebenen Heiligen überschneiden. In zwei Fällen verrät sich diese künstliche Dehnung, weil ihm ein Rang zugeschrieben wird, den er nur viel früher innegehabt haben könnte und den es längst nicht mehr gab, als die Heiligen lebten.

Der Bericht von Llancarfan über seinen eigenen Begründer, St. Cadoc, beginnt mit der Darstellung von Cadocs Geburt. Seine Mutter Gwladys brannte mit Gwynnlyw, einem regionalen Herrscher von Südwales, durch. Als das Paar auf der Flucht vor dem Vater der Braut, Brychan, eine Anhöhe überquerte, stießen sie auf Arthur, der mit seinen Rittern Cai und Bedwyr würfeln spielte. Arthur hielt sie an und warf lüsterne Blicke auf Gwladys. Die Ritter erinnerten ihn an ihre Pflicht, in Not Befindliche zu schützen (die früheste Anspielung auf einen ritterlichen Kodex von Arthur). Als ihr Vater sie einholte, bedeutete ihm Arthur, daß sie sich nicht auf dem Boden von Gwynnlyw befänden und er daher seine Tochter nicht zurückfordern könne. Das Paar heiratete schleunigst, und Cadoc war ihr Erstgeborener.

Arthur tritt in derselben Lebensgeschichte viele Jahre später nochmals auf. Als Cadoc Abt von Llancarfan war, gewährte er einem Mann Asyl, der drei Soldaten Arthurs getötet hatte. Der Flüchtling hielt sich sieben Jahre lang in dem Kloster auf. Arthur machte ihn schließlich ausfindig und wandte ein, daß Asyl nicht so lange gewährt werden dürfe. Als am River Usk darüber verhandelt wurde, wobei sich Arthur auf der einen Seite und Cadoc auf der anderen gegenüberstanden, bestätigten Schiedsrichter Cadocs Recht, sprachen aber Arthur hundert Kühe als Entschädigung zu. Arthur forderte, daß alle diese Kühe vorne rot und hinten weiß sein müßten. Mit übernatürlicher Hilfe brachten Cadoc und seine Mönche die gewünschte Herde zusammen und trieben sie bis in die Mitte einer Furt. Als Arthurs Soldaten in das Wasser wateten, um sie in Empfang zu nehmen, verwandelten sich die Kühe in Farnbüschel. Entwaffnet gestand Arthur Cadoc das Recht zu, sieben Jahre, sieben Monate und sieben Tage lang Asyl zu gewähren.

In einer anderen Geschichte, der von St. Carannog, wird berichtet, daß dieser sehr früh lebende Heilige einen schwimmenden Altar hatte. Er ließ ihn von Wales aus vom Stapel, in den Bristol Channel, und gelobte, zu predigen, wo immer er an Land treibe. Schließlich strandete er an der entfernten Küste von Dunster in Somerset. Dort herrschte Arthur als regionaler Fürst zusammen mit einem älteren Fürsten namens Cato. Als Carannog eintraf, versuchte Arthur gerade vergeblich, eine riesige Schlange zu erlegen, die die Umgebung in Furcht und Schrecken versetzte. Er sagte zu Carannog, er wisse, wo der inzwischen verschwundene Altar sei, und werde ihn zurückgeben, wenn der heilige Mann seinen Wert erweise, indem er die Schlange bezwinge. Carannog fand und vertrieb sie, worauf Arthur den Altar herbeischaffte, den er selbst versteckt hatte. Er hatte versucht, ihn als Tisch zu benutzen, aber die Platte hatte alles abgeworfen, was er daraufstellte.

Die Lebensgeschichte von St. Padarn geht ebenfalls nicht gerade respektvoll mit Arthur um: Als Padarn in seiner Zelle saß, drang »ein gewisser Tyrann namens Arthur« von weither kommend bei ihm ein und begehrte einen schönen Waffenrock. Als ihm dieser verweigert wurde, versuchte er, ihn sich gewaltsam zu nehmen. Padarn rief: »Möge die Erde ihn verschlingen!«, und so geschah es. Arthur versank bis zum Kinn und mußte um Verzeihung bitten, bevor er wieder freigegeben wurde.

Die Lebensgeschichte von Gildas, dem Historiker, wurde ebenfalls in Llancarfan von einem Mönch namens Caradoc kurz vor Geoffreys *Geschichte* verfaßt; Geoffrey erwähnt ihn. Hier ist Arthur »König von ganz Britannien«, wenn auch wieder ohne historische Fakten und mit unsicher klingender Begründung –

Oben: Das Idealbild, das mittelalterliche Künstler von König Arthur zeichneten, stellte ihn stets als Monarchen ihrer eigenen Epoche dar. Dies hier ist ein Detail aus dem christlichen Heldengobelin von 1385.
(The Metropolitan Museum of Art)

Unten: Durch den 3. Kreuzzug unter Führung von Richard Löwenherz verbreitete sich Arthurs Ruhm bis nach Asien. Dies könnte auch seine Darstellung auf einem Kamel reitend erklären, die ein aus dem 16. Jahrhundert stammendes flämisches Medaillon aus bemaltem Glas schmückt. *(The Metropolitan Museum of Art)*

Auf diesem Pariser Gobelin (um 1385) blickt Arthur besorgt auf Guinevere, deren Lied sich an den Ritter zur ihrer Rechten zu wenden scheint.
(The Metropolitan Museum of Art)

Auf dem Deckel einer französischen Elfenbeinschatulle aus dem 13. Jahrhundert tragen Ritter ein Turnier um die Gunst ihrer Damen aus und stürmen ein »Schloß der Liebe«. Beide Seiten benutzen dabei Blumen als Waffen. *(The Metropolitan Museum of Art)*

Die Ritter der Tafelrunde zeigt diese französische Handschrift aus dem 14. Jahrhundert. Vor ihnen steht der verhüllte Gral. *(Mansell Collection)*

Rechte Seite, oben: Der berühmte »Runde Tisch« in der Schloßhalle von Winchester stammt aus der Epoche zwischen Heinrich III. und Eduard III. Die Rose in der Mitte ist die Tudor-Rose, die später eingefügt wurde und den Anspruch der Tudors auf eine direkte Abstammung von Arthur bezeugen sollte. *(The Hampshire Chronicle)*

Unten: Eduard III. plante, die Ritterschaft der Tafelrunde neu zu beleben. Sein Sohn, der diesem Ideal ebenfalls anhing, wurde als »Schwarzer Prinz« bekannt. Das Foto zeigt sein Abbild über seiner Gruft in Canterbury. *(Edwin Smith)*

Oben: Hier in Schloß Leeds verliebt sich die junge Witwe Heinrich V. in Owen Tudor, einen walisischen Prinzen, der behauptete, von Arthur abzustammen. Ihr Enkel war der spätere Heinrich VII. Leeds ist auch als »Neues Camelot« bezeichnet worden. *(British Tourist Authority)*

Unten: Heinrich VII. hält selbstzufrieden die Tudor-Rose in der Hand, die die Einheit symbolisierte, die er dem Land nach langen Bürgerkriegen brachte. Er nannte seinen ältesten Sohn Arthur. *(National Portrait Gallery, London)*

Sir Galahad von G. F. Watts. Die Vorliebe der Präraphaeliten für Arthur-Themen spiegelte die Popularität des Stoffes zur Zeit der Königin Victoria wider.
(Mansell Collection)

Der Tod König Arthurs von dem Präraphaeliten James Archer zeigt den einstigen und künftigen König, der im Begriff ist, von den geheimnisvollen Frauen in seinem Leben über das Wasser zu der Zauberinsel Avalon entführt zu werden.
(Mansell Collection)

ebenso wie bei Cadoc soll sich dies im fortgeschrittenen 6. Jahrhundert abspielen, zu einer Zeit, da dies unmöglich erscheint. Er hat einen Zusammenstoß mit Gildas wegen des älteren Bruders des frommen Mannes, Hueil, einem seeräuberischen Häuptling des Nordens. Arthur nahm ihn gefangen und richtete ihn hin, ein Akt, der Gildas zu seinem Feind machte, aber schließlich versöhnten sich die beiden doch. Jahre später entführte Melwas, der König von Summer Land (Somerset) Guinevere und hielt sie in Glastonbury fest. Arthur hob Truppen in Devon und Cornwall aus, um sie zu befreien, es gelang ihm aber nicht, Glastonbury zu erreichen, da dieses von Sümpfen und Gewässern umgeben war. Der Abt und Gildas, der damals dort lebte, handelten ein Abkommen zwischen Arthur und Melwas aus. Die zwei feindlichen Könige schlossen in der Klosterkirche Frieden, und die Dame wurde zurückgegeben. Dies ist die erste bekannte Version einer Geschichte, die in die romantische Dichtung einging, wobei Lancelot zum Retter Guineveres wurde. Hier wird auch die erste sichere Verbindung Arthurs mit Glastonbury hergestellt. Der älteste Komplex von Bauten, der durch die Ausgrabungen von Rahtz auf dem Hügel über der Stadt, Glastonbury Tor, freigelegt wurde, könnte – vielleicht – die Zitadelle von Melwas gewesen sein.

Auch die Bretonen hatten ihre Hagiographie. Wir haben das Vorwort zur *Legende von St. Goeznovius* kennengelernt, ein in der Tat sehr wichtiges Dokument. In der Bretagne gibt es eine Lebensgeschichte von St. Efflam, ähnlich wie die von St. Carannog, in der es Arthur nicht gelingt, mit einem Drachen fertig zu werden, und der Heilige diesen bezwingen muß. Es gibt jedoch keine Anzeichen, daß die Waliser diese Quellen kannten.

Die walisischen Heiligenlegenden enthalten keine vertrauenswürdigen historischen Fakten über Arthur, dafür aber andere interessante Details. Drei davon (von Cadoc, Carannog und Padarn) stellen Arthur als habgierig dar. Dies könnte eine Reminiszenz an Kriegsherren sein, die Klosterschätze beschlagnahmten, um ihre Truppen zu erhalten. Die Lebensgeschichten gleichen der nichtkirchlichen Überlieferung hinsichtlich der Zweifel, die sie auf seinen Status aufwerfen. Doch ihre verschiedenen Darstellungen von ihm könnten Echos älterer Erzählungen über verschiedene Phasen einer tatsächlichen Karriere sein, falls diese Karriere früh genug stattfand. Im 5. Jahrhundert könnte derselbe Mann als Duodezfürst ohne besonders vornehme Herkunft begonnen haben, er könnte eine Guerillatruppe oder Privatarmee gebildet haben und durch seine Fähigkeiten oder Heirat oder irgendeinen Umsturz bis zur keineswegs absoluten Herrschaft eines Hochkönigs aufgestiegen sein. Diese These ist durchaus plausibel für Arthur-Riothamus, nicht aber für jemanden, der wesentlich später, nach dem politischen Zusammenbruch, lebte.

Local Hero

Inzwischen hatten sich um den Namen Arthur örtliche Legenden zu ranken begonnen, sein Name wurde zu dem eines »Local Hero«. Am Ende des Buches von Nennius befindet sich ein Anhang über »die Sehenswürdigkeiten Britanniens«, vermutlich von ihm selbst zusammengestellt. Zwei aufeinanderfolgende Punkte betreffen Arthur:

> »In dieser Gegend befindet sich eine weitere Sehenswürdigkeit, die als Buelt bezeichnet wird. Es ist eine Ansammlung von Felsen, deren oberster den Fußabdruck eines Hundes trägt. Als sie den Eber Trwyth jagten, stellte Cabal, der Hund von Arthur, dem Soldaten, seinen Fuß auf diesen Fels und hinterließ seinen Abdruck; und Arthur häufte danach Felsbrocken aufeinander und legte diesen Stein zuoberst, auf dem sich der Fußabdruck des Hundes befand, und nannte das Ganze Carn Cabal. Menschen kommen und tragen den Stein einen Tag und eine Nacht lang fort, und am nächsten Morgen liegt der Stein wieder zuoberst auf dem Haufen.«

»Es gibt noch ein weiteres Wunder in dieser Gegend, das Ercing heißt. Da ist ein Grabhügel in der Nähe einer Quelle, der Licat Amr heißt, und der Name des Mannes, der in dem Hügel begraben liegt, ist Amr. Er war der Sohn von Arthur, dem Soldaten, und Arthur selbst tötete ihn da und begrub ihn. Und Menschen kommen, um die Länge des Hügels zu messen, und dieser ist manchmal sechs Fuß, manchmal neun, manchmal zwölf und manchmal fünfzehn Fuß lang. Welche Länge man auch das eine Mal vorfindet, es wird das nächste Mal eine andere sein, und ich selbst habe das bewiesen gesehen.«

Buelt lag in Süd-Mittel-Wales, wo der Name Builth Wells bis zum heutigen Tage erhalten ist. Die Jagd auf den Eber Trwyth ist eine alte Geschichte, die in *Mabinogion* enthalten ist. Der Name von Arthurs Hund, der ebenfalls andernorts vorkommt, stammt vom lateinischen *caballus,* »Pferd«. Das ist merkwürdig, und es könnte sich um ein Mißverständnis handeln. Der Folklore zufolge befindet sich das »Wunder« auf einem Hügel namens Corngafallt, was soviel wie Steinhaufen bedeutet, und auf dem Hügel befinden sich tatsächlich Felsbrocken.

Ercing liegt in der heutigen englischen Grafschaft Herefordshire an der walisischen Grenze. Licat Amr ist Gamber Head, eine Quelle, die der Ursprung des Flusses Gamber ist. Niemand weiß dort irgend etwas Näheres über Arthurs böse Tat. Aber möglicherweise meint er einen Grabhügel namens Wormelow Tump unweit von Gamber Head, der aber leider dem Erdboden gleichgemacht wurde und nicht mehr nachgemessen werden kann.

Später, aber immer noch vor Geoffrey, sind zwei weitere Arthurstätten dokumentiert. Ein Geistlicher, Hermann von Tournai, beschreibt eine Reise durch England, die 1113 von neun Chorherren dieser französischen Stadt unternommen wurde. Ihre Kathedrale war abgebrannt, und sie sammelten Geld, um sie wiederaufzubauen. Zu diesem Zweck führten sie heilige Reliquien mit sich und forderten die Kranken auf, Geld zu spenden und um ihre Heilung zu beten. Auf ihrem Weg von Exeter in Devon nach Bodmin in Cornwall teilten ihnen die Einheimischen mit, daß sie nunmehr das Land von Arthur beträten, und zeigten ihnen den »Sessel« und den »Ofen« von Arthur. Dabei handelte es sich vermutlich um Felsformationen oder prähistorische Steinhütten. Arthurs Sessel ist heute nicht mehr identifizierbar, aber Arthurs Ofen könnte King's Oven gewesen sein, ein Steingebilde auf Dartmoor.

Seit 1113 ist dieser Prozeß der lokalen Legendenbildung unaufhaltsam weitergegangen. Weit über einhundert Plätze, die sich von den Isles of Scilly vor Cornwall bis weit nach Schottland hinein erstrecken, verewigen den Namen und den Ruhm Arthurs. Es gibt vier Hügel mit dem Namen Arthur's Seat (der bekannteste dürfte der in Edinburgh sein), sechs Felsen namens Arthur's Stone, elf weitere namens Arthur's Quoit (*quoit* = eiserne Wurfscheibe, Wurfring). Es gibt Erdformationen, die als »Tafelrunde« bezeichnet werden, und vermeintliche Schlachtfelder.

Manches davon ist ein Produkt mittelalterlicher oder neuzeitlicher Phantasie, eine Schöpfung der Romantik, doch vieles scheint tatsächlich auf älteren Überlieferungen zu fußen. Zwei Fakten sprechen für diese Annahme. Erstens sind diese Schauplätze und Legenden nicht gleichmäßig über ganz Britannien verteilt. Die allergrößte Mehrzahl befindet sich in den Gebieten, die am längsten eine keltische Identität bewahrten oder noch bewahren – das West Country, Wales, Cumbria, Northumberland und das südliche Schottland: Regionen, in denen der historische Arthur gelebt und gehandelt haben könnte oder wo jedenfalls Nachkommen seiner Britannier Geschichten über ihn lebendig erhalten haben. Obwohl es in sehr vielen Grafschaften Geschichten über Arthur gibt, wird ihm, wie bereits bemerkt, nur im West Country ein Geburtsort oder eine Residenz zugeschrieben – und, so könnte man hinzufügen, auch ein Grab.

Der zweite Grund liegt in der Natur dieser Geschichten. Die meisten klingen einfach nicht sehr romantisch. Die Vorstellung von König Arthur und den Rittern seiner Tafelrunde ist seit langem vorhanden und akzeptiert, aber sie hat nur einen geringen geographischen Niederschlag hinterlassen. Trotz aller Phantasien gibt es keinen Ort auf der Landkarte, der damit in Verbindung stünde. Der Arthur der örtlichen Legenden ist selten der erhabene Gebieter eines galanten Hofes und spielt in großen Städten und an historischen Stätten der neueren Zeit kaum eine Rolle. Er taucht an abgeschiedenen Orten und an so uralten Schauplätzen auf, daß die Jahrhunderte verschwimmen. Oft erscheint er weniger als ein Monarch denn als ein Titan oder Halbgott undatierbaren Alters.

Als Arthur eines Tages durch Carmarthen ging, spürte er einen Stein in seinem Schuh und warf ihn weg; er flog sieben Meilen und landete auf der Halbinsel Gower in der Nähe des Bristol Channel, wo er noch heute als Deckstein einer megalithischen Ruine zu sehen ist. Dieses »Steinchen« wiegt immerhin 25 Tonnen.

Arthur unter den Göttern

Was sich mit Arthur im Laufe der Jahrhunderte vollzog, ist ein Prozeß, der am treffendsten als Mythologisierung zu bezeichnen ist. Die Toleranz der keltischen Christen gegenüber der alten Religion gestattete es Teilen des niedergehenden Götterkosmos, in neuen Legenden zu überleben. Um zu verstehen, wie sich das auf Arthur auswirkte, müssen wir einige davon betrachten und eine Unterscheidung treffen.

Einer der alten Götter ist Beli. Ursprünglich handelte es sich um den Gott Belinus, der nicht nur in Britannien, sondern auch in Gallien, ja sogar in Italien verehrt wurde. In walisischen Legenden macht er die seltsamsten Verwandlungen durch. Er bleibt heidnisch im Gewand eines Königs, der von Kaiser Maximus unterworfen wurde, doch er wird quasi christlich zu einem früheren Zeitpunkt als Schwager der Jungfrau Maria. Seine Zeitlosigkeit gestattet es ihm, auch der Großvater eines anderen Gottes, Bran, zu sein, der ebenfalls weit zurückverfolgt werden kann. Im *Mabinogion* ist diese Sagengestalt ein Riese, Bran der Gesegnete, der in so grauer Vorzeit über Britannien herrscht, daß dies Land nur durch einen schmalen Kanal von Irland getrennt ist. Dennoch ist diese Geschichte mit Personen aus historischen Zeiten bevölkert.

Der dritte Gott, der die Rollen wechselt, ist Nodons. In Wales wird er zu Nudd und Lludd »mit der Silberhand«. Als Nudd hat er einen Sohn Gwyn, der über Annwn, die Unterwelt, herrscht und ein Schloß im Berg von Glastonbury hat. Er ist jedoch auch ein britischer König Lud, der, so heißt es, die Hauptstadt des Brutus, das »Neue Troja«, ausgestaltete. Sie erhielt daraufhin den neuen Namen Kaer-Lud (Luds Stadt), wovon sich London ableitet. Angeblich wurde eines der Tore dieser Stadt nach ihm benannt, Ludgate, und bis zum heutigen Tag heißt der vordere Zugang zu St. Paul's Cathedral Ludgate Hill.

Wenn man sich mit Beli und den übrigen Göttern beiderlei Geschlechts befaßt, erscheint einem die These, daß Arthur selbst ursprünglich ein Gott gewesen sein könnte, um so zweifelhafter. Während Inschriften und andere Belege von deren Göttlichkeit zeugen, weist nichts auf einen britischen Gott namens Artorius hin. In Gallien gibt es Spuren eines Gottes, dessen Name mit *»Art«* begann, in England dagegen nicht, außerdem entspricht keiner der überlieferten Namen dem englischen Arthur. Einige Verfechter der These, daß es sich bei Arthur um einen Gott handle, haben die Auffassung vertreten, daß er ein verspätetes Mitglied des Pantheons sei, das erst bei einem Wiederaufleben der heidnischen Religion verehrt wurde und aus diesem Grund früher unbekannt gewesen sei. Das Problem ist nur, daß es kein Wiederaufleben des Heidentums gab, das hinreichend spät anzusetzen ist. Schließlich wird auch kein Gott zu einer Figur wie Arthur. Keinem wird eine richtige Geschichte zugeschrieben, und keiner wird derartig in die reale

Geschichte eingeflochten. Sie kommen da und dort allenthalben flüchtig und widersprüchlich damit in Berührung – das ist alles.

Spielwiesen der Phantasie

Mit dem Namen Arthurs verbanden sich zahllose alte, auch nichtkeltische Mythen, wie die walisischen Legenden und romantischen Dichtungen des Mittelalters zeigen. So wurde die Auffassung vertreten, daß es sich bei dem gesamten Arthurzyklus, oder jedenfalls einem großen Teil davon, um neu eingekleidete, aus anderen Zeiten und von anderen Orten stammende mythologische Stoffe handle. Mit anderen Worten, Mythologisierung sei der Schlüssel, nicht bloß zu einigen Themen, sondern praktisch zu allem. Sie erkläre alles, was sich zwischen dem 5. und dem 12. Jahrhundert entwickelt habe.

Im Jahr 1891 vertrat Sir John Rhys die Auffassung, alle Hauptpersonen des Arthurkreises seien keltische Gottheiten und mythologische Figuren. Selbst die Themen der Liebesgeschichten seien vorchristlich. Zwar gestand er einen realen Arthur zu, einen Heerführer des 5. Jahrhunderts, aber dieser habe lediglich einen pseudohistorischen Rahmen geliefert. Die Verbindung habe sich vielleicht daraus ergeben, daß sein Name Ähnlichkeit mit dem eines Gottes hatte. Auf diese Weise vermeidet er die Schwierigkeiten, die entstehen, wenn man in Arthur *ausschließlich* einen Gott sieht. Aber das keltische System von Rhys basiert auf veralteten Theorien über die Entstehung von Mythen, vagen Vermutungen hinsichtlich der Bedeutungen von Namen und »Beweisen«, welche er Ritterromanen entnimmt, die teilweise so spät wie der von Malory entstanden sind, also erst im 15. Jahrhundert. Seine These hat heute nur noch wenige Anhänger.

Eine verwandte, aber neuere Theorie konzentriert sich auf den Alpenraum. In Savoyen und um den Genfer See existieren Ortsnamen und örtliche Legenden, die mit Arthur zu tun haben. Etwa um 1260 berichtet ein gewisser Etienne de Bourbon von einem savoyischen Holzfäller, der nachts in der Nähe des Mont du Chat einer Jagdgesellschaft begegnete. Die Leute sagten, sie gehörten zum Hofe Arthurs, und er folgte ihnen in ein Schloß voll Tänzerinnen und Tänzer, in dem ein Bankett stattfand. Nachdem man ihm ein Bett mit einer schönen Dame angewiesen hatte, vergnügte er sich mit dieser und schlief dann ein, aber als er aufwachte, lag er auf einem Reisigbündel. In einer anderen dieser Geschichten ist dieser Mont du Chat der Schauplatz eines Kampfes zwischen Arthur und einer riesigen Katze, nach der der Berg benannt ist. Es gab die Ansicht, das Gebiet des Genfer Sees sei das Ursprungsland der Kelten, und daher seien die Arthurlegenden hier entstanden. Von hier aus seien sie in die Bretagne und von dort wiederum nach Britannien gelangt.

Es funktioniert wirklich nicht: Die Sage von der schrecklichen Katze beispielsweise nahm ihren Ausgang in Anglesey an der Nordküste von Wales. Ihre walisische Bezeichnung, »Palugs-Katze«, ist die ursprüngliche, und die französische Version, »Chapalu«, ist eine Verballhornung davon. Nichts weist darauf hin, daß die Legenden in dieser Gegend sehr alt sind. Dennoch ist es sehr interessant, sie hier überhaupt anzutreffen, nicht sonderlich weit vom letzten bekannten Aufenthaltsort von Arthur-Riothamus entfernt.

John Darrah, der Autor von *The Real Camelot,* ist radikal – nicht im Hinblick auf den Ort, sondern auf die Zeit. Er geht davon aus, daß die Geschichten nach Britannien gehören, aber verlegt sie um Jahrtausende zurück. Obwohl Arthur wirklich lebte, habe sich eine Mythologie um ihn zusammengebraut, die im Bronzenen Zeitalter, zwei Jahrtausende vor Christus, Gestalt annahm. In deren Mittelpunkt stand ein *Ur-Arthur,* der eher ein göttliches Symbol als ein Mensch war. Darrah verfolgt einen Gedankengang, der sich weitgehend auf die Anthropologie von Frazers berühmtem *Goldenen Bogen* stützt. Darrahs Hauptthema ist das »Heilige Königtum«, obwohl es auch mehrere andere gibt. Der Angelpunkt seines Werkes ist Geoffreys Schilderung, wie Merlin Stonehenge vom Westen her über das Meer brachte. Geologen haben behauptet, daß einige kleinere der aufrechtstehenden Steine dieses Monuments, die Bluestones, auf dem Seewege von den Prescelly Mountains in Wales herangeschafft wurden. Wenn dem so ist, dann scheint Geoffrey eine volle dreitausend Jahre alte lebendige Überlieferung gekannt zu haben. Professor Stewart Piggott vertrat die Auffassung, daß diese von einer Priesterschaft überliefert worden sei, die sie in dem »einzigen Fragment« niederlegte, das von einer einheimischen Literatur des Bronzenen Zeitalters auf uns überkommen ist. Darrah glaubt, daß noch mehr von dieser Literatur erhalten geblieben sei. Sein wahres Camelot ist also Stonehenge, das ja das rituelle Zentrum des frühen Britannien war. Zur Untermauerung seiner Auffassung zitiert er den Bericht eines Griechen, Hecataeus von Abdera, über einen »runden Tempel« auf der Insel. Die Arthurlegende ist demnach eine religiöse Saga des Bronzezeitalters, die einerseits von den walisischen Geschichtenerzählern und andererseits von den Verfassern der Ritterromane für ihre eigene Zwecke umgestaltet wurde. Vielleicht sind in diesem Zusammenhang zwei Bemerkungen angebracht. Das eine ist, daß Geologen heute die Notwendigkeit leugnen, daß die Bluestones aus Prescelly gekommen seien, obwohl dies zutreffen *könnte.* Das andere ist, daß der Tempel von Hecateaus nicht Stonehenge sein kann, da das griechische Wort, welches mit »rund« übersetzt wurde, niemals »kreisförmig« bedeutet. Es bedeutet »kugelförmig«, und kein britischer Tempel hat jemals diese Form gehabt.

Eine vierte, noch exotischere Theorie fand mehr Unterstützung. Dies ist die Theorie von der »Sarmatischen Beziehung«, die von Helmut Nickel, C. Scot Littleton und Ann C. Thomas präsentiert wurde. (Sarmatien ist eine Landschaft in Nordosteuropa zwischen Weichsel und Wolga.) Sie machen auf einen Stamm, die Osseten, aufmerksam, die in einem Tal des Kaukasus leben und eine Reihe von Sagen über Helden, die sogenannten Narten, haben. Mehrere dieser Sagen erinnern an den Arthurstoff. In einer Sage muß das Schwert eines sterbenden Kriegers in das Wasser geworfen werden – wie Excalibur. In anderen spielt ein magisches Gefäß eine große Rolle, das an den Gral erinnert. Die Osseten stammen von den Sarmatiern ab, einem Volk, das einst über ganz Osteuropa verbreitet war. Es wird die Auffassung vertreten, daß die Geschichten über die Narten alte sarmatische Mythologie seien. Dieselben Geschichten wurden von Sarmatiern nach Britannien gebracht, die im 2. Jahrhundert als römische Hilfstruppen ins Land geholt wurden. Ihr Kommandant war Lucius Artorius Castus. Der Name Artorius, so wird behauptet, könnte dieselbe Entwicklung durchgemacht haben wie Cäsar und von aufeinanderfolgenden Herrschern der sarmatischen Volksgemeinschaft in Britannien als eine Art Titel übernommen worden sein. Eine solche Volksgemeinschaft hätte ihre ethnische Identität beibehalten können, und einer ihrer Anführer hätte ein Artorius sein können, der gegen die Sachsen kämpfte. Die bereits vorhandene Ahnenmythologie von den Narten wäre dann in seine Saga eingeflossen.

So vorgetragen, weist jede Theorie Lücken und unbeantwortete Fragen auf. Wenn die gesamte Legende in die Gegend des Genfer Sees gehört, dann war ihre Transferierung nach Britannien ein riesiger, komplizierter und mysteriöser Betrug. Warum ließen sich die französischen Romanschriftsteller diese Verlegung ohne Protest gefallen? Wenn die ganze Legende eine religiöse Saga der Bronzezeit ist, dann hatte sie, wie Darrah selbst sagt, »nichts mit der Geschichte des 5. und 6. Jahrhunderts zu tun«. Warum wurde sie dann jemals mit einem Mann in Verbindung gebracht, der damals lebte und fast sicher ein Christ war? Wenn die ganze Legende importiert war und sich auf eine Kolonie von Barbaren beschränkte, dann muß sie der britischen Bevölkerung völlig fremd gewesen sein. Wie konnte sie dann deren eigene Traditionen verdrängen und, in britische Begriffe übersetzt, zu einem nationalen Mythos werden?

Wenn Auffassungen wie diese unnachgiebig verfochten werden, dann widersprechen sie einander natürlich auch, und die Argumente zugunsten jeder einzelnen machen den übrigen den

Garaus. Insgesamt bekräftigen sie ein Argument, das ich bereits vorgebracht habe: daß nämlich diejenigen, die Arthur als Mythos oder vorwiegend als Mythos begreifen wollen, nie erklärt haben, *wie* dieser Mythos entstand. Wir könnten jetzt hinzufügen, daß es an Versuchen dazu freilich nicht gefehlt hat. Mehrere haben diesen Versuch unternommen, und jeder hat eine andere Begründung vorgebracht, von denen keine zufriedenstellend war und die sich alle wechselseitig ausschlossen.

Dennoch ist es kurzsichtig, solche Vorstellungen völlig von der Hand zu weisen. Betrachtet man mehrere gemeinsam, so entsteht der Eindruck, daß die Legende reicher und komplexer ist, als irgendeiner der Theoretiker eingeräumt hat. Die Lektüre der Ritterromane bestätigt diese Auffassung. Aber auch schon vor den Romanen entsteht derselbe Eindruck durch die einzige walisische Erzählung über Arthur, die aus der Zeit *vor* Geoffrey in ihrer gesamten Länge erhalten ist, *Culhwch Olwen.* Die Geschichte ist im *Mabinogion* enthalten. In ihrer gegenwärtigen, aus dem 11. Jahrhundert stammenden Form stellt sie ein Sammelsurium dar, das im Laufe vieler Jahre durch ständig neue Hinzufügungen entstanden ist. Ihre buntgemischten Elemente können nicht aus einer einzigen, eng umschriebenen Quelle stammen. Keine bekannten Spuren keltischer Mythen in Britannien oder Savoyen geben eine auch nur annähernd ausreichende Grundlage dafür ab. Außerdem werden alle solche Spekulationen von der Geschichte selbst beiseite gefegt – durch ihre Spannung, ihre Farbigkeit und Wildheit, ihren saftigen Humor und ihre gelegentliche Romantik. *Culhwch Olwen* zeigt, wie sich der walisische Arthur in der Phantasie des Volkes entwickelt hatte. Es zeigt auch erneut, daß Geoffrey diese Version nicht weiterentwickelte, sondern mit Hilfe anderer Materialien einen Arthur neu erschuf, der der Geschichte näherstand.

Culhwch wird von seiner Stiefmutter mit einem Fluch belegt. Die einzige Frau, die er heiraten darf, ist Olwen, die Tochter von Ysbaddaden, dem Häuptling der Riesen. Er glaubt zwar, daß sie ihn erhören werde, sieht aber Hindernisse voraus und wendet sich deshalb an Arthur, der sein Vetter ist, um Hilfe:

»Der Junge machte sich auf den Weg, auf einer Stute mit hellgrauem Kopf, vier Winter alt, mit perlmutterfarbenen Hufen und einer goldenen, rohrförmigen Kandare im Maul. Und unter ihm ein kostbarer goldener Sattel, und in seiner Hand zwei scharfe Speere aus Silber. Dazu eine Streitaxt, deren Schaft vom Wulst bis zur Schneide die Länge eines erwachsenen Mannes hatte. An ihr schnitt sich der Wind blutig; sie war schneller, als der schnellste Tautropfen vom Stengel auf den Boden fällt, wenn der Tau im Monat Juni am schwersten ist ... Und vor ihm zwei scheckige Windhunde mit weißer Brust und einem Halsband aus rotem Gold vom Schulteransatz bis zum Ohr. Der zu seiner Linken schoß nach rechts, und der zu seiner Rechten schoß nach links, wie zwei Seeschwalben, die ihn umschwirren ... Kein Härchen kräuselte sich an ihm, so unerhört leicht galoppierte seine Stute auf seinem Weg zu den Toren von Arthurs Hof.«

Der Torwächter ist Glewlwyd mit der mächtigen Pranke, derselbe, dem Arthur in dem Dialoggedicht gegenübersteht und der sich jetzt selbst im Dienste Arthurs befindet. Er ist nicht bereit, zu öffnen. »Messer ist in Fleisch gefahren und Getränk ins Horn und ein Gedränge in Arthurs Halle. Außer dem Sohn eines Königs, der zu Recht herrscht, oder einem Handwerksmann, der sein Handwerk mitbringt, darf niemand eintreten.« Culhwch droht ihm jedoch: »Ich werde am Eingang dieses Tores drei Schreie ausstoßen, die auf dem Gipfel des Pengwaedd in Cornwall ebenso vernehmbar sein werden wie in den Tiefen von Dinsel im Norden und in Esgeir Oerfel in Irland. Und jede schwangere Frau in diesem Hof wird eine Fehlgeburt haben.« Glewlwyd tritt ab, um Arthur Bescheid zu sagen, dem er gesteht, noch nie einen so edlen Jüngling gesehen zu haben wie jenen am Tore; in all den Jahren nicht, in denen er Indien,

Afrika, Korsika und andere Orte bereiste, auch nicht als Arthurs Gefährte, als dieser »Griechenland im Osten eroberte« (ein aufschlußreicher Nebensatz – es gibt viele dieser Art). Arthur antwortet, Culhwch solle nicht in Regen und Wind draußen stehenbleiben müssen. Der Freier darf also eintreten.

Wie so oft bleibt Arthurs Position im ungewissen. Culhwch begrüßt ihn als »souveränen Fürst dieser Insel«, doch ein Grund, warum seine Aussichten zweifelhaft sind, ist, daß Arthur keine Herrschaft über Ysbaddaden hat. Vielmehr beansprucht der Riese, über Arthur zu gebieten. Der Geschichtenerzähler führt nun eine lange Liste der Angehörigen des Hofes an.

Es ist schwer, sie genau zu zählen, aber es dürfte sich um etwa 227 Männer und 29 namentlich erwähnte Frauen handeln. Darunter befinden sich mehrere so vertraute Figuren wie Cai und Bedwyr sowie Guinevere, »die erste der Frauen dieser Insel«. Darunter befindet sich weiter Gildas, der Historiker; Taliesin, der Dichter; Gwyn, der Sohn von Nudd, »den Gott mit dem Geist der Dämonen von Annwn erfüllte, damit diese Welt nicht vernichtet wird«. Darunter befindet sich auch Sgilti, der über die Baumwipfel laufen kann; Sugyn, der ein Meer aussaufen kann, bis 300 Schiffe gestrandet daliegen; Uchdryd, der seinen roten Bart über die Dachbalken der Halle werfen kann; und Clust, der eine fünfzig Meilen entfernte Ameise krabbeln hören kann. Ebenfalls anwesend sind drei »Könige von Frankreich« – wir sind weit von historischen Fakten entfernt. In der Aufzählung fehlen Tristan, Lancelot, Galahad und Perceval. Und eher beiläufig hören wir von Arthurs Residenz in Cornwall, Kellwic, und von der künftigen Schlacht von Camlann.

Arthur verspricht seine Hilfe. Einige der Krieger begleiten Culhwch zu der Festung des Riesen, und die Frau eines Hirten überredet Olwen, herauszukommen.

> »Sie erschien in einem Kleid aus flammendroter Seide und einem Halsreifen aus rotem Gold, besetzt mit kostbaren Perlen und Rubinen. Gelber war ihr Haar als Ginsterblüte,

> weißer war ihre Haut als der Schaum der Welle . . . Wer immer sie sah, wurde mit Liebe zu ihr erfüllt. Weißer Klee sproß hinter ihr aus dem Boden, wo immer sie hinging.«

Culhwch erklärt ihr seine Liebe, und sie ist bereit, ihm zu folgen. Ihr Vater erlaubt es aber nicht. Der Riese steht ebenfalls unter einem Bann; er ist dazu verdammt, zu sterben, sobald seine Tochter einen Ehemann findet. Mehrere Freier sind bereits abgewiesen. Culhwch besucht ihn dreimal, und jedesmal kommt es zu einem Streit. Ysbaddaden schleudert einen vergifteten Speer auf ihn, aber ohne Wirkung.

> »Culhwch fing ihn und schleuderte ihn zurück, genau wie er es wollte, und durchbohrte damit seinen Augapfel, so daß er im Nacken wieder austrat. ›Du verfluchter wilder Schwiegersohn! Solange ich noch am Leben bin, werde ich schlecht sehen. Wenn ich dem Wind entgegengehe, werden meine Augen tränen, ich werde Kopfschmerzen haben, und bei jedem Neumond wird mich der Schwindel packen.‹«

Culhwch versucht es noch ein viertes Mal. Der Riese stimmt der Ehe jetzt im Prinzip zu, stellt aber unverschämte Bedingungen, in der Hoffnung, sie dadurch zu verhindern. Um das Brot für die Hochzeit zu backen, muß Culhwch einen Wald roden, den Boden pflügen, säen und ernten, und das alles an einem Tag. Um das Fleisch zu kochen, muß er den Kessel von Diwrnach, dem Iren, beschaffen. Für die Milch muß er die Flaschen von Rhynnon Steißbart besorgen, in denen keine Flüssigkeit jemals sauer wird. Um Ysbaddadens Haar für diesen Anlaß zu kämmen, muß er Kamm und Schere zwischen den Ohren von Twrch Trwyth hervorholen, einem König, der wegen seiner Sünden in einen Eber verwandelt wurde. Die Liste der Dinge, die für diese Hochzeit benötigt werden, ist endlos, und zu den Hauptaufgaben kommen noch kleinere, so daß er insgesamt vierzig Pflichten zu erfüllen hat.

Culhwch kehrt an den Hof zurück, und Arthur und seine Gefolgsleute machen sich an die Arbeit. In der Erzählung ihrer Mühen und Plagen werden weitere Charaktere eingeführt, darunter ein anderer Riese, eine Hexe, sprechende Tiere und ein unbezweifelbarer Gott, Mabon, der die keltische Gottheit Maponus ist. Der Höhepunkt ist die Jagd des Ebers Twrch Trwyth, das Abenteuer, das in *The Marvels of Britain* von Nennius erwähnt ist. Twrch Trwyth ist riesig und fügt den Jägern schwere Verletzungen zu. Nach einer langen Verfolgungsjagd schwimmt er schließlich von der Küste Cornwalls ins Meer hinaus, aber nicht bevor ihm Kamm und Schere entrissen wurden. Culhwch erhebt nach Erledigung aller Aufgaben mit Arthurs Hilfe Anspruch auf die Braut, und dem Riesen wird von einem Feind der Kopf abgeschlagen.

8. Der geborgte Glanz

Die Neuentdeckung Arthurs

England entwickelte sich aus dem alten Königreich von Wessex, dem Reich der Westsachsen, zu einem Einheitsstaat. Der Begründer der Wessex-Dynastie war Cerdic, der über einige sächsische Ansiedlungen nahe der Küste von Hamsphire herrschte. Seine Nachfolger drangen allmählich über Salisbury in das Landesinnere vor. Der größte Teil der westsächsischen Bevölkerung war jedoch im Themsetal und deren Umgebung angesiedelt. Aufgrund eines nicht näher bekannten Abkommens vereinigte sich die kleinere Ansiedlung mit der größeren, und die Nachkommen Cerdics herrschten über das gesamte Gebiet. Ihr Königreich dehnte sich allmählich aus, bis es sich von Cornwall nach Kent erstreckte. Unter Alfred dem Großen überstand es im 9. Jahrhundert nur mit Mühe einen Angriff der Norweger. Danach expandierte es über die Midlands und noch weiter, aber eher aufgrund von Übereinkünften als durch Eroberung. Alfreds Enkel Athelstan herrschte über das gesamte Territorium, das sich die Angelsachsen angeeignet hatten. Dies wurde nun zutreffend als »England« (Land der Angeln) bezeichnet.

Im Jahr 1066 übernahm William, Herzog der Normandie, die Macht über das Königreich, und die Normannen drangen aus ihrem Heimatland über den Kanal als neue Herrscher- und Landbesitzerkaste in England ein. Nach einigen Jahrzehnten unterschieden sie sich nicht mehr so deutlich von den einheimischen Engländern. Dennoch sollte England drei Jahrhunderte lang einen Französisch sprechenden Adel und Könige mit Hausmacht auf dem Kontinent haben. Die normannische Eroberung bewirkte eine Rückwanderung der Bretonen auf die Insel ihrer Vorfahren. Sie kamen mit den Normannen herüber und teilten sich mit ihnen die Beute. Unter ihnen waren Minnesänger, die Geschichten über Arthur mitbrachten und ihre Überlieferungen mit denen von Cornwall und Wales verglichen. Möglicherweise verbreiteten sie auch die Prophezeiung von seiner Wiederkehr, und ihre Anwesenheit trug sicherlich dazu bei, den Boden für seine Wiederentdeckung zu bereiten. Die Angelsachsen hatten nie ein Interesse an ihm gehabt, da er von ihrem Standpunkt aus ein Feind war. Wo immer sie die Macht hatten, also mit Ausnahme von Teilen des West Country, waren die Erinnerungen an ihn praktisch erloschen. Jetzt begannen sie aus dem keltischen Randbereich wieder hereinzuströmen.

Etwa um 1125 schrieb der Historiker William von Malmesbury ein gut recherchiertes Buch, *The Acts of the Kings of the English*. Er revidierte Teile davon nach einem Besuch in Glastonbury, wo die Klostergemeinschaft, die ohne Unterbrechung seit vorsächsischen Zeiten existiert hatte, Traditionen bewahrte, die überall sonst wenig bekannt waren. William erwähnt das Rätsel um Arthurs Grab und seine vorausgesagte Wiederkehr. Seinem Buch hat er auch einen Absatz über die Geschichte Arthurs beigefügt. Er ist sich der entscheidenden Tatsache bewußt, die die Autoren nach ihm in Vergessenheit geraten lassen: daß Ambrosius und Arthur zur selben Zeit handelten, unmittelbar nach Vortigern. Damit erschöpfen sich jedoch seine weiteren Detailkenntnisse, aufgrund weniger Worte von Nennius wagt er eine Vermutung, wobei er den Königstitel jedoch dem Falschen zuschreibt. »Ambrosius, der nach Vortigern Monarch des Reiches war, drängte die anmaßenden Barbaren durch die hervorragenden Leistungen des kriegerischen Arthur zurück.« Er akzeptiert auch Arthurs persönliche Rolle bei Badon trotz des Zeitproblems. Er ist sich zwar der Ungereimtheiten bewußt, äußert aber die Hoffnung, irgendein anderer Gelehrter werde die Dinge aufklären.

Williams Anregung wurde halbherzig von Caradoc von Llancarfan und Henry von Huntingdon aufgegriffen. Caradoc schrieb die Lebensgeschichte von Gildas, in der Arthur als entmachteter Hochkönig des 5. Jahrhunderts vorkommt. Henry fügte eine Erwähnung von Arthurs Schlachten in einen Bericht über die sächsische Invasion ein, die er nur durch eine vage Rückbesinnung auf »jene Zeiten« datierte und recht willkürlich zwischen 527 und 530 ansetzte. Der Chronist nennt ihn »den Anführer der Soldaten und Könige Britanniens«, was, sei es Zufall oder Absicht, eine recht gute Charakterisierung ist. Aber der Autor, bei dem er die größte Resonanz fand, war natürlich Geoffrey von Monmouth. In einem Postskriptum zu seiner *Geschichte* führt er die obengenannten drei – William, Caradoc, Henry – an und gibt ihnen den Rat, »diese Könige ihm zu überlassen«, da er allein im Besitz des »alten Buches in der britischen Sprache« sei.

Über Geoffreys Absichten und Leistungen ist nicht mehr viel zu sagen, nur noch einiges zu rekapitulieren und zusammenzufassen. Er wollte den herrschenden Normannen (oder einigen von ihnen) schmeicheln, indem er sie zu Erben eines fabelhaften Königreiches mit über England hinausgehenden Ansprüchen machte. In bezug auf Arthur selbst kannte er die kontinentalen Überlieferungen, wie es scheint, durch bretonische Kanäle, und auf diese pfropfte er walisisches Material – hauptsächlich Schlachten und Charaktere, die bereits mit Arthur in Verbindung gesetzt waren wie Cai und Bedevere. Ebenso wie William von Malmesbury kannte er die richtige Datierung, brachte sie aber in seinen Reflexionen durcheinander. Im allgemeinen vermied er die mythologischen und märchenhaften Themen.

Geoffrey wandte sich später dem Übersinnlichen in seinem

Versepos *Das Leben des Merlin* zu, in das er Legenden einflocht, die er noch nicht gekannt hatte, als er sein größeres Werk schrieb.

Einige der nach ihm kommenden Romanautoren erzählten Teile der *Geschichte* nach, aber im großen und ganzen lieferte Geoffrey eher den Bezugsrahmen als den Hauptimpuls für die Romane. Er verlieh Arthur und dem Hof Substanz. Von dem runden Tisch heißt es bei seiner ersten Erwähnung durch den französischen Bearbeiter Wace, diese Form sei ihm verliehen worden, damit alle Plätze an der Tafel gleichwertig seien und es unter den Rittern zu keinen Streitigkeiten über die Rangordnung komme.

Nach Wace wird die Geschichte noch stärker ausgeschmückt. In dem anonymen Roman *The Quest of the Holy Grail* wird behauptet, Merlin habe den Tisch so entworfen, um das runde Universum zu symbolisieren.

Es gibt auch eine Symbolik, die bis zur Tafel des »letzten Abendmahls« zurückreicht. So wie diese einen Platz für den berüchtigten Judas hatte, so hat die Tafel Arthurs den »gefährlichen Sitz«, einen Stuhl, auf den sich niemand gefahrlos setzen kann, außer dem Ritter, der dazu bestimmt ist, die Suche nach dem Gral zu leiten. Merlin ließ die Tafel für Uther, Arthurs Vater, anfertigen. Sie ging dann in den Besitz von Guineveres Vater und dann auf Arthur selbst über, als er sie heiratete. Manchmal wird behauptet, 150 Ritter hätten an ihr Platz gefunden – eine Zahl, die hinsichtlich der Größe und der daraus resultierenden Unzugänglichkeit des größten Teils der Tischfläche problematisch erscheint. Ein Maler löste das Problem, indem er den Tisch ringförmig darstellte, mit Lücken, durch die die Bediensteten hindurchgehen konnten.

Wace erklärt in seiner Bearbeitung von Geoffrey auch, wie man sich die ritterlichen Abenteuer vorzustellen hatte. Diese Abenteuer waren jedoch auf Autoren mit anderen Quellen zurückzuführen.

Es könnte allerdings eine bemerkenswerte Ausnahme geben.

Einige der Romane wurden in Latein verfaßt. Dazu zählt auch *De Ortu Walwanii* über den Aufstieg Gawains. Als Autor wird Robert von Torigini angenommen, der Abt von Mont Saint-Michel von 1154 bis 1186. Robert ist der erste, von dem bekannt ist, daß er eine Kopie von Geoffreys Arbeit hatte, die er Henry von Huntingdon 1139 zeigte. Daß Robert der Autor von *De Ortu Walwanii* ist, ist bestritten worden, aber Dr. Mildred Day, die Herausgeberin und Übersetzerin des Werkes, tritt für seine Autorenschaft ein. Falls sie recht hat, ist das Buch eine einzigartige Mischung: ein Roman, der unmittelbar von Geoffrey inspiriert und von einem Historiker geschrieben wurde.

Der Grund, weshalb ich speziell darauf eingehe, liegt in den Andeutungen über die Zeit der Handlung. Der Autor berichtet in *De Ortu Walwanii*, wie Gawain seine Jugend in Rom verbrachte. Er schreibt, der Junge sei bald nach einer Plünderung der Stadt durch Barbaren dahin gebracht worden. Nach zahlreichen Abenteuern kehrt er nach Britannien zurück und wird ein angesehenes Mitglied von Arthurs Hof.

Das auffallende Detail in dieser Geschichte ist die Plünderung Roms, das den Historiker verrät. Es könnte sich um den Überfall durch die Goten im Jahr 410 oder den Vandalenangriff im Jahr 455 handeln, woraus in beiden Fällen hervorgeht, daß der Autor das 5. Jahrhundert als den Zeitraum ansah, in den Geoffrey die Handlung verlegt. Wenn jedoch Robert der Verfasser war, dann hätte ein so belesener Mann wie er die Geschichte nicht ins Jahr 410 zurückverlegt, da dies mit keinem brauchbaren Datum für Arthur in Einklang steht. Bei der Plünderung Roms muß es sich also um den Überfall durch die Vandalen im Jahr 455 handeln. Tatsächlich sind manche Vorfälle leicht zu erklären, da sie auf realen Geschehnissen in den Jahren 455 bis 470 zu basieren scheinen. *De Ortu Walwanii* könnte uns einen weiteren Einblick in die Chroniktradition geben, die von Professor Moorman erläutert wurde und die Arthur in genau diesen Zeitraum verlegte. Es deutet darauf hin, daß ein Gelehrter, der Geoffreys Werk und vielleicht ihn persönlich kannte, zu dem Schluß kam, daß dies die richtige Lesart der *Geschichte* und die richtige Datierung von Arthur sei.

Im 12. Jahrhundert verbreiteten sich an den verschiedensten Orten Geschichten über Arthur und gewöhnlich aus anderen Quellen als Geoffrey. Davon zeugt beispielsweise eine Skulptur in der Kathedrale von Modena in Italien, die Charaktere des Arthurkreises darstellt und nicht später als 1120, *vor* der Entstehung der *Geschichte,* geschnitzt wurde. Viel war auf Minnesänger und Geschichtenerzähler aus der Bretagne zurückzuführen, die aus berufsbedingter Notwendigkeit Französisch sprachen. Wace berichtet, daß er von Bretonen über die Tafelrunde hörte und auch über den bretonischen Wald von Brocéliande als einem Schauplatz der Legende. Er begab sich selbst dahin, war aber enttäuscht davon: »So tumb, wie ich zurückkehrte, ging ich hin; so tumb, wie ich hinging, kehrte ich zurück.«

So begann, was man schließlich als den bretonischen Sagenkreis bezeichnet hat. Die mittelalterlichen Geschichtenerzähler erblickten darin eine der drei großen Stoffsammlungen, deren andere die Sagen des klassischen Altertums und der Sagenkreis um Karl den Großen waren. Die Sagen des klassischen Altertums umfaßten sowohl Legenden als auch historische Fakten über die Griechen wie die Römer – die Belagerung Trojas, die Wanderungen von Äneas und die Gründung und Schicksale Roms. Der französische Sagenkreis handelte von den Taten Karls des Großen und seinen Gefolgsleuten, angeführt von Roland, und deren Kriege gegen die Sarazener um das Jahr 800. Der bretonische Sagenkreis betraf in erster Linie Arthur und alles, wofür er stand. Dies war eine komplexe und fruchtbare Mischung, die sich aus der keltischen Neuentdeckung, dem Wiederaufleben von Traditionen nach langer Abkehr davon und deren Verbreitung im ganzen Christentum entwickelte. Aber diese wurden mit zeitgenössischen Themen wie Ritterlichkeit, Liebe und Religion vermengt. Sie wurden transformiert und aktualisiert und in Geschichten unterschiedlicher Herkunft eingeflochten. Mittlerweile verlieh Geoffreys *Geschichte* sowohl unmittelbar als auch durch Wace einem Stoff Struktur und Überzeugungskraft, der sonst vielleicht in einem Durcheinander von Motiven untergegangen wäre.

Der größte Teil der frühen Romanepik wurde in Französisch geschrieben, das die Sprache der Gebildeten in England, der Besitzungen der englischen Könige in Frankreich und des daran angrenzenden französischen Königsreichs war. Die Geschichten über Arthur wurden jedoch auf englisch und deutsch erzählt. Im Laufe der Zeit lieferten auch Italien, Spanien, Portugal, Holland und Skandinavien ihre Beiträge dazu. Die Waliser gingen noch weiter, als es bereits geschehen war, und produzierten nicht nur Imitationen französischer Geschichten, sondern auch eine weitere, auf ihrem einheimischen Material basierende, *The Dream of Rhonabwy,* sowie Chroniken, die auf Geoffrey fußten. Kreuzfahrer und Pilger verbreiteten die Literatur ostwärts. In den Worten eines Kommentators über Geoffrey, verfaßt etwa 1170, noch bevor die meisten der bedeutenderen Werke geschrieben worden waren, hieß es:

> »Welchen Ort gibt es innerhalb der Grenzen des Reiches der Christenheit, an den die geflügelte Lobpreisung Arthurs, des Britanniers, noch nicht gedrungen ist? Wer ist da, frage ich, der nicht von Arthur, dem Britannier, spricht, nachdem er den Völkern Asiens kaum weniger bekannt ist als den Bretonen, wie wir von unseren Wallfahrern hören, die aus den Ländern des Ostens zurückkehren? Die östlichen Völker sprechen genauso von ihm wie die westlichen, obwohl sie durch die Breite der ganzen Erde voneinander getrennt sind. Ägypten spricht von ihm, und auch der Bosporus schweigt nicht. Rom, die Königin der Städte, besingt seine Taten, und seine Kriege sind auch ihrer ehemaligen Rivalin Karthago nicht unbekannt. Antiochia, Armenien und Palästina feiern seine Handlungen.«

Königliche Protektion spielte bei alldem eine wesentliche Rolle. Wace widmete eine Abschrift seines Gedichtes Eleanor von Aquitanien, der Frau Ludwigs VII. von Frankreich, und dann Heinrich II. von England, der Begründer des Königshauses von Anjou. Heinrich hatte bereits eine Vorliebe für das Thema signalisiert, und er beauftragte Wace, ein weiteres Werk zu verfassen, eine Chronik der Herzöge der Normandie. Eleanor hatte einen privaten Hof in Poitou im westlichen Frankreich, an dem Dichter und Romanschreiber gefördert wurden. Es ist durchaus denkbar, daß durch sie Stoffe des 5. Jahrhunderts aus einer weiteren Quelle hinzukamen – nämlich aus Gemeinden ihres eigenen Besitztums Aquitanien im Süden. Dort lebten Nachfahren von Britanniern, die nach der Katastrophe von 470 als Gefangene verschleppt worden waren.

Eine noch aktivere Mäzenin war Eleanors Tochter aus ihrer ersten Ehe, die Gräfin Marie de Champagne. Unter ihrem Schutz und mit ihrer Förderung schrieb der Dichter Chrétien de Troyes eine Reihe von Versromanen. Diese wurden dann die ersten bekannten umfangreicheren Darstellungen mancher der Charaktere und Themen: beispielsweise von Lancelot und dem Gral. Im Vorwort zu einem dieser Romane schreibt Chrétien:

> »Es ist mein Vergnügen, eine durchaus hörenswerte Geschichte über den König erzählen zu können, dessen Ruhm so groß war, daß die Menschen in aller Welt immer noch von ihm sprechen; und ich stimme der Meinung der Bretonen zu, daß sein Name für alle Zeiten fortleben wird.«

Warum das königliche Interesse? Ein Motiv war politischer Natur. Als Heinrich II. 1154 König wurde, fiel der englischen Krone durch seine Heirat mit Eleanor ein riesiges kontinentales Reich zu. Nur ein Bruchteil Frankreichs wurde vom König von Frankreich regiert. Doch trotz ihrer massiven Überlegenheit haftete der Monarchie Heinrichs der Ruch des Emporkömmlings an. Hinter dem französischen König stand dagegen ein Mythos, da er der Erbe des mächtigen Karls des Großen war, dessen Taten im französischen Sagenkreis als lebendige Tradition fortlebten. Für Heinrich und seine Nachfolger stellte daher der bretonische Sagenkreis ein willkommenes Gegengewicht dar. Es machte sie zu Erben eines noch größeren Herrschers – wenn auch nicht genealogisch, so doch spirituell. Das Reich, über das sie herrschten, war einst das mächtigste und zivilisierteste gewesen. König Arthur hatte den Vorsitz über eine ritterliche Utopie geführt, und die Romanciers folgten Geoffrey (und entfernt auch den historischen Tatsachen), indem sie ihn auf dem Kontinent Feldzüge unternehmen und Macht ausüben ließen.

Im Jahr 1187 wurde Heinrichs Enkel auf den Namen Arthur getauft, von dem zu erwarten war, daß er eines Tages als Arthur II. den Thron besteigen würde. Doch sein Onkel, der spätere König Johann ohne Land, verhinderte das, und der größte Teil des kontinentalen Reiches ging verloren. Doch die Faszination des bretonischen Sagenkreises war ungebrochen.

Eine Folge der reichen literarischen Produktivität klingt wie ein Paradox: Sie reduzierte Arthur selbst. Wenn wir das Gesamtbild jener Zeit betrachten, erkennen wir auch, warum. Mit der Abkehr des Interesses von Krieg und Eroberung rückte der Feldherr und Eroberer in den Hintergrund. Der Arthur der Ritterepik ist immer noch etwas ganz Besonderes, eine magische Figur, mehr noch als bei Geoffrey. Merlin ist verantwortlich nicht nur für seine Existenz, er arrangiert auch die Probe mit dem Schwert im Stein, durch die er auf den Thron gelangt, die Tafelrunde, und er schenkt ihm Excalibur. Aber der Glorienschein umgibt jetzt eine Gruppe, nicht mehr nur einen einzelnen, umgibt den Hof von Camelot, das seine persönliche Hauptstadt ist und nach seinem Hingang zerstört wird. Arthur tendiert dazu, den Vorsitz zu führen, während seine Ritter die Abenteuer bestehen. Manchmal wird er selbst als nicht gerade vorbildlich und tugendhaft geschildert. Eine neue Version der Geburt von

Modred besagt, daß der Verräter nicht sein Neffe, sondern sein insgeheim im Inzest gezeugter Sohn ist, der als solcher unerkannt bleibt, aber dennoch einen Schandfleck darstellt. Dieser Arthur ist nicht so sehr ein Monarch mit edlen Eigenschaften als jemand, der diese bei anderen zutage fördert.

Insgesamt entsprach die Arthurepik dem Geschmack der Oberschicht. (Die Balladen von Robin Hood und seinen fröhlichen Kumpanen waren gewissermaßen ein Spiegelbild aus den unteren sozialen Schichten.) Was den Inhalt der Geschichten betrifft, so war ein Thema, das im bretonischen Sagenkreis in den Vordergrund trat, die Liebe. Höfische Liebe war im Mittelalter als Thema in Mode. Sie war ein Kult mit festgelegten Regeln, die der Legende zufolge an »Liebeshöfen« unter Vorsitz von Eleanor von Aquitanien ausgearbeitet wurden. Ihre Betonung der Außerehelichkeit spiegelt sich in den berühmten Arthurschen Liebesgeschichten, den Affären zwischen Lancelot und Guinevere und Tristan und Isolde wider. In beiden Fällen ist es die Frau, die ihrem Ehepartner untreu ist. Beide Frauen sind Königinnen – Guinevere von Britannien und Isolde von dem untergeordneten Königreich Cornwall.

Guineveres Untreue ist ein festes Element der Arthurlegende, aber sie wird unterschiedlich dargestellt. In Geoffreys *Geschichte* wird sie Modreds Geliebte, während Arthur im Ausland kämpft, so daß sie an dem Verrat beteiligt ist. In späteren Fassungen wird sie von dieser Schuld freigesprochen: Sie gibt zwar vor, sich den Wünschen des Verräters zu fügen, entflieht ihm aber. In den meisten Romanen verbindet sie eine große und echte Liebe mit Lancelot. Zunächst sind ihre Gefühle unschuldig, entwickeln sich aber dann zu einem leidenschaftlichen und tragischen Ehebruch. Lancelot wagt es nicht, sich zu oft mit ihr blicken zu lassen, er versucht, Distanz zu halten, wofür sie ihm Vorwürfe macht. Sie kommen aber immer wieder zusammen. Schließlich deckt Modred den Skandal auf. Da die Untreue der Königin als Hochverrat betrachtet wird, muß Arthur sie zum Tod auf dem Scheiterhaufen verurteilen. Lancelot trifft mit einem Trupp

Bewaffneter ein und rettet sie, aber die Kämpfe zwischen seinen Anhängern und denen des Königs sind der Anfang vom Ende der Tafelrunde. Nach dem Tode Arthurs zieht sich Guinevere in das Kloster von Amesbury zurück, und Lancelot nimmt kummervollen Abschied von ihr und läßt sich in der Nähe von Glastonbury als Einsiedler nieder.

Professor Jean Markale glaubt, daß dies mehr als eine mittelalterliche Erfindung sei. Die Geschichten basieren auf echten Überlieferungen der keltischen Gesellschaft, mit denen das mittelalterliche Bewußtsein jedoch nichts anzufangen wußte. Eine keltische Königin konnte sich frei und gleichberechtigt Liebhaber nehmen. Im 12. Jahrhundert war eine solche Person keine begreifliche Figur. Ein männlicher Romanschreiber konnte eine freie und gleichberechtigte Frau nur als eine ungetreue, sich nicht unterordnende Frau verstehen. Sobald die Affäre zwischen Lancelot und Guinevere das Stadium der höfischen Bewunderung hinter sich läßt und sich zu einer ernsten Beziehung entwickelt, wird daher über die Königin der Stab gebrochen, und das Bekanntwerden des Skandals zwingt Arthur, sie hinzurichten oder es wenigstens zu versuchen.

Ob die keltische Vergangenheit in den Liebesgeschichten durchschimmert, bleibt offen, zweifelsfrei trifft dies aber für die Suche nach dem heiligen Gral zu. Sie enthält vorchristliche Elemente – Arthurs Reise zum Kessel von Annwn, die Figur des Bran und viele andere Motive des *Mabinogion.* Der Gral fand mit seltsamen Begleiterscheinungen Eingang in die Ritterepik, bevor irgend jemand erklärt hatte, um was es sich dabei handelte. Erst gegen Ende des 12. Jahrhunderts behauptete der Dichter Robert de Boron, der Gral sei ein Gefäß, das Christus beim letzten Abendmahl benutzt habe. Auf diese Weise war der Gral mit dem Altarsakrament und dem katholischen Glauben an die reale Gegenwart Christi, wenn Brot und Wein geweiht werden, verbunden. Der Gral war damals angeblich in die Hände von Joseph von Arimathea übergegangen, der reiche Mann, der den Leichnam Christi in die Gruft legte, und war schließlich nach Britannien gebracht worden. Er war mit übernatürlichen Kräften ausgestattet, hatte eine heilende Wirkung und bewirkte Eingebungen und Visionen. Seine Auffindung oder Erlangung bedeutete eine transzendente mystische Erfahrung. Dies war zumindest so nach den Aussagen der französischen Romanciers, die seine Geschichte erzählten. In den Einzelheiten gab es jedoch große Unterschiede. Manchmal handelte es sich um einen Kelch, in anderen Fällen um eine Schüssel oder Schale. Anfangs war Perceval der wichtigste den Gral suchende Ritter. Auch Gawain beteiligte sich an der Suche. Dann wurde Lancelot ein Sohn namens Galahad zugeschrieben, dessen Reinheit an Körper und Seele ihn befähigte, den Gral ganz zu erlangen. Aber der deutsche Dichter Wolfram von Eschenbach, der die Percevalgeschichte in seinem Werk *Parzival* aufgriff, stellte den Gral ganz anders dar und machte daraus einen wunderwirkenden Stein himmlischen Ursprungs. Alle wichtigen Versionen durchzieht eine seltsame, esoterische Christlichkeit, die die heidnische Vorstellungswelt in eine Art von Initiation miteinbezieht. Hinter dem Bild vom Gral stehen immer auch vorchristliche Geschichten aus keltischen und anderen Quellen über heilige oder wunderwirkende Gefäße. Und selbst in seiner christlichen Erscheinungsform wird der Gral zugleich als Quelle der Fruchtbarkeit und körperlichen Nahrung angesehen. Aber er wird darüber hinaus zu etwas Höherem, ein Medium göttlicher Offenbarung.

Die Geschichten sind mystisch und symbolisch und stellen den Gral nicht so dar, als handle es sich einfach um eine heilige Reliquie wie viele andere, die in Kirchen verwahrt sind. Tatsächlich scheint im Mittelalter niemand ernsthaft behauptet zu haben, den Kelch des letzten Abendmahls zu besitzen. In einer Zeit, da Reliquien ungeheuer populär waren und häufig höchst unglaubwürdige Ansprüche auf Echtheit erhoben wurden, ist dieses Schweigen merkwürdig. Es läßt vermuten, daß es da tatsächlich etwas Unerklärliches gegeben hat.

In irgendeiner Weise war das Thema immer mit Glastonbury verknüpft. Robert de Boron spricht davon, daß der Gral in die

»Täler von Avalon« gebracht worden sei, womit kein mythologischer Apfelgarten, sondern das Zentrum von Somerset gemeint war. In einem anderen Roman, *Perlesvaus,* behauptet der Verfasser, »die ganze Geschichte« in der Abtei von Glastonbury gehört zu haben. Ihm sei dort erzählt worden, der Gralswächter, Joseph von Arimathea, sei der Erbauer der ersten Kirche an diesem Ort gewesen.

Glastonbury war schon vor dem Christentum eine geheiligte Stätte gewesen. Der »Tor«, der legendenumwobene Hügel, der sich über diesen Ort erhebt, ist mit einem Netz von Wegen oder Terrassen überzogen, die als die Überreste eines prähistorischen Labyrinths gedeutet wurden. Geoffrey Russell, der erste, der diese Idee vertrat, argumentierte, daß die Gralssuche als ein zeremonieller Gang durch einen Irrgarten begonnen habe, ein vorchristliches Ritual, das in einen christlichen Mythos verwandelt worden sei. Archäologen, die den Tor studierten, sind bereit, sein Labyrinth in Betracht zu ziehen; wenige ernsthafte Erforscher des Gralsthemas sind ihm allerdings bei seinem zweiten Schritt gefolgt. Was Glastonburys christliche Gemeinde betrifft, ist es nur natürlich, daß sich angesichts ihrer zweifellos frühen Entstehung Legenden um ihre Anfänge rankten, um so mehr, als die ursprüngliche Kirche an diesem Ort tatsächlich so alt war, daß niemand wußte, wer sie erbaut hatte. Joseph aber kommt in den frühesten Berichten der Abtei über ihre eigene Geschichte nicht vor.

Im Jahre 1191 hatten die Mönche Glastonbury noch auf anderem Wege mit Arthur verknüpft. Sie verkündeten, daß sie auf ihrem Friedhof sein Grab gefunden hätten. Ihrem Bericht zufolge hatte ein walisischer oder bretonischer Barde das lange gehütete Geheimnis Heinrich II. verraten. Einige Jahre später befahl der Abt eine Exhumierung. In einer Tiefe von mehr als zwei Metern stießen die Grabenden auf eine Steinplatte, unter der sich ein Kreuz aus Blei befand. Die Inschrift auf dem Kreuz lautete: *HIC IACET SEPULTUS INCLITUS REX ARTURIUS IN INSULA AVALONIA* (Hier liegt der berühmte König Arthur auf der Insel von Avalon begraben). Damit wurde das mythologische Avalon zugunsten eines konkreten Ortes aufgegeben, wie es Robert de Boron in seiner Gralsgeschichte tat. Glastonbury könnte zu Beginn der christlichen Ära, als der Wasserstand ein anderer war, durchaus eine Insel gewesen sein.

Drei Meter tiefer stießen die Mönche auf einen klobigen Sarg, der aus einem ausgehöhlten Baumstamm in der Art eines Einbaumkanus hergestellt war. Darin befand sich das Skelett eines hochgewachsenen Mannes, der anscheinend durch einen Schlag auf den Kopf getötet worden war, da der Schädel eine Verletzung aufwies. Es wurden auch einige kleinere Knochen und eine blonde Locke gefunden, von der man annahm, daß sie von Guinevere stamme. Der walisische Historiker Gerald de Barri, auch als Giraldus Cambrensis bekannt, besuchte die Abtei und schrieb zwei umfassende Berichte über den Fund, in denen er die Inschrift etwas fehlerhaft aus dem Gedächtnis zitierte.

Die meisten, aber nicht alle heutigen Forscher, lehnen die Entdeckung als Fälschung ab. Sie weisen darauf hin, daß die Abtei einige Jahre zuvor großenteils abgebrannt war. Für den Wiederaufbau wurde Geld benötigt, und das angebliche Grab Arthurs könne als Versuch, Spenden reichlicher fließen zu lassen, gewertet werden. Ein weiteres Motiv war vielleicht, sich durch den Beweis, daß Arthur tot sei, beim regierenden Herrscher einzuschmeicheln – zugleich eine Brüskierung der Waliser, die hartnäckig an ihrem Glauben festhielten, daß Arthur zurückkehren werde, um sie anzuführen.

Die Theorie einer bloßen Fälschung wurde jedoch 1963 widerlegt, als Ralegh Redford das Grab von neuem aushob. Er wies nicht nur nach, daß die Mönche dort gegraben hatten, wo sie es behaupteten, sondern auch, daß sie bis zu einer sehr alten Bestattungsschicht hinuntergelangt waren. Über das Grab gab es nun keine Zweifel mehr. Die Frage ist nur, *wer* da bestattet war. Des Rätsels Lösung könnte das bleierne Kreuz, das allerdings im 18. Jahrhundert verlorenging, sein. Aber eine Abschrift einer

Seite des Kreuzes, die der Antiquar William Camden anfertigte, wurde 1607 veröffentlicht. Gerald hatte behauptet, daß nicht nur Arthur, sondern auch Guinevere darauf verzeichnet sei. Falls dem so war, so muß dies auf der Rückseite gewesen sein. Die unbeholfene Beschriftung entspricht nicht dem Stil des 12. Jahrhunderts, und die lateinische Schreibung Arturius ist eine archaische Form, die 500 Jahre zuvor benutzt worden war, aber niemals – soweit bekannt ist – zwischen damals und dem Zeitpunkt der Exhumierung. Das Problem ist komplex und sicher noch nicht restlos geklärt. Man könnte meinen, die Gleichung Arthur = Riothamus widerspreche dem Grabfund, da er nicht in Glastonbury begraben wäre, falls er in Europa sein Ende gefunden hätte. Doch er hätte zurückgelangt sein können, oder man hätte seine Gebeine später zur Neubestattung mit jenen seiner Frau an einer heiligen Stätte seines eigenen Landes nach Hause schaffen können.

Die Skrupellosigkeit der Mönche, so real sie gewesen sein mochte, hatte auch ihre Grenzen. So erhoben sie niemals den Anspruch, etwa das Grab des Joseph von Arimathea gefunden zu haben. Ein Phantast namens John Blome suchte tatsächlich danach, aber ohne Erfolg. Dieses zweite, negative Resultat macht die Echtheit des ersten Fundes eine Spur wahrscheinlicher. Falls sich die Mönche dazu verstanden, Arthurs Grab zu fälschen, hätte sie ja nichts daran gehindert, der staunenden Öffentlichkeit auch Josephs Grab als dauernde Attraktion für die Wallfahrer zu präsentieren; das taten sie jedoch nicht. Und obwohl sich die Abtei rühmte, über viele heilige Reliquien zu verfügen, erhob sie niemals den Anspruch, den heiligen Gral zu besitzen oder je besessen zu haben.

Glastonburys Ablehnung des Grals ist signifikant. Sie zeigt eine Einstellung gegenüber dem bretonischen Sagenkreis, der nicht nur auf klösterliche Chroniken, sondern nach und nach auch auf die Ritterepik selbst abfärbte. Vom Standpunkt des christlichen Mittelalters waren mehrere der darin enthaltenen Themen suspekt. Die Suche nach dem Gral entsprang zu eindeutig einer heidnischen Vorstellungswelt, und die Suche war ein persönliches Abenteuer, das dem Geist der kirchenfrommen Christenheit fremd war. Im Milieu der Zeit konnten sich die bizarren Aspekte des Grals nicht mehr sehr lange halten. Die Schriftsteller tendierten dazu, das Motiv als reine Allegorie abzutun.

Auch das Element der Zauberei verwandelte sich. Geoffrey hatte beide magischen Hauptcharaktere eingeführt. Merlin war in seinem gesamten Werk vorhanden, und die Zauberin Morgen, später Morgan le Fay genannt, kam in seinem *Das Leben des Merlin* vor. Den Hintergrund dazu bildete die keltische Unvoreingenommenheit gegenüber der vorchristlichen Sichtweise der Dinge, und beide waren durchaus gutartige Figuren. Aber dem Christentum des Mittelalters fiel die Zustimmung dazu schwerer, und seine Haltung verhärtete sich im Laufe der Zeit eher noch. Die Dinge hatten christlich zu sein oder heidnisch, weiß oder schwarz. Zauberei war von Hause aus heidnisch; deshalb war sie grundsätzlich abzulehnen.

Merlin in der Darstellung Geoffreys war der vaterlose Prophet in der Legende von Vortigern und seinen Wahrsagern. Geoffrey verarbeitete jedoch auch Überlieferungen eines Barden namens Myrddin, der gegen Ende des 6. Jahrhunderts im Norden lebte. Auf jeden Fall stand sein Merlin zwischen Heidentum und Christentum und war seltsam, ohne unheilvoll zu sein. In den Ritterromanen wurde Merlin jedoch zwiespältiger. Von dem übersinnlichen Gefährten seiner Mutter hieß es, es sei der Teufel gewesen, der der Menschheit schaden wollte, indem er einen bösen Propheten zeugte. Ihre Frömmigkeit, so wurde erklärt, habe das Böse neutralisiert, so daß Merlin seine zweifelhafte Rolle spielen konnte. Dennoch nahm er aufgrund seiner eigenen verliebten Narrheit ein böses Ende, als eine Frau seine Zauberkraft gegen ihn anwandte und ihn lebendigen Leibes in einer Gruft einschloß.

Was Morgen betrifft, so zählt sie zu den Charakteren eindeutig göttlichen Ursprungs, wie man schon im Mittelalter erkannte.

Sie begann ihre »Karriere« als die keltische Göttin Matrona, aus der im Walisischen Modron wurde, erhielt aber auch Züge einer irischen Göttin. Geoffrey machte sie zu einer Heilerin, die einer wohltätigen Schwesternschaft vorstand und Arthur nach seiner letzten Schlacht pflegte. In der Ritterepik schlug jedoch die Verhärtung der christlichen Ethik allmählich durch. Als Zauberin konnte sie einfach nicht gut sein. So wurde sie zu einer heimtückischen Hexe, die Ritter in die Falle lockte und an Arthurs Hof Unheil stiftete, verfremdet.

Das Königsthema

Sobald die »zweifelhaften Elemente« getilgt oder umgedeutet waren, fiel es den Monarchen leicht, den bretonischen Sagenkreis ernst zu nehmen und zugunsten ihres eigenen Ansehens auszubeuten. Eduard I. von England las die Ritterromane und stattete Glastonbury einen Staatsbesuch ab, wo er und seine Königin die angeblichen Gebeine Arthurs und Guineveres in einer neuen Gruft aus schwarzem Marmor vor dem Hochaltar bestatteten. Eduard könnte auch den runden Tisch gestiftet haben, der in Winchester noch zu sehen ist. Er ließ ihn vermutlich zu Unterhaltungszwecken herstellen, für eine Art von aristokratischem Vergnügen, in dessen Mittelpunkt die Tafelrunde stand und bei dem Mitglieder des Adels Arthursche Rollen spielten und Turniere abhielten. Am bekanntesten wurde eine sehr prächtige Feier anläßlich seiner zweiten Heirat im Jahr 1299. Er hatte durchaus auch politische Aspekte dabei im Auge. Als er 1301 in einem Brief an den Papst seinen Anspruch auf Schottland geltend machte, zitierte er Geoffrey von Monmouth. Arthur hatte angeblich Schottland regiert, deshalb habe auch er ein Anrecht darauf.

Eduard III. besuchte Glastonbury im Jahre 1331 und bezeugte später Interesse an der Suche nach Josephs Grab. Obwohl Joseph unauffindbar blieb, förderte die Abtei einen Stammbaum zutage, aus dem hervorging, daß Arthur von ihm abstammte, wodurch die Monarchie mit Christus verknüpft wurde. Verrenkungen dieser Art waren nichts Neues: In den Gralsromanen war Lancelot bereits mit derselben Abstammung ausgestattet worden. Eduard III. spielte mit dem Gedanken, die Tafelrunde als Orden der Ritterlichkeit wiederzubeleben. Aber am Ende gründete er statt dessen den Hosenbandorden. Nur zu wahrscheinlich ermutigte ihn Geoffreys Bericht über das Imperium Arthurs zu dem Versuch, Frankreich zu erobern. Dieser Vorstoß löste den Hundertjährigen Krieg aus und führte beinahe zum Erfolg. Erst im Jahre 1453 verloren die englischen Könige ihre französischen Besitzungen endgültig.

Um diese Zeit war England bereits ein fest umrissener Nationalstaat mit einem englischsprechenden Oberhaupt, einem Adelsstand und einer Bevölkerung, in der sich keltische, angelsächsische und normannische Elemente vermischten. Die Nationalität war jetzt auch für die Kirche von Bedeutung. Auf Kirchenkonzilen machten die Bischöfe der verschiedenen Länder einander den Vorrang streitig, und die Engländer beanspruchten ihn mit der Begründung, daß die Kirche ihres Landes die älteste sei. Joseph von Arimathea, so argumentierten sie, habe sich in Glastonbury niedergelassen, bevor Christen nach Frankreich oder Spanien gelangt seien.

Das schönste Gedicht in englischer Sprache, *Sir Gawain and the Green Knight,* stammt aus dem 14. Jahrhundert. Sein unbekannter Verfasser verwendet den alliterativen Vers der alten angelsächsischen Dichtung, bei dem in jeder Zeile zwei oder drei Worte mit demselben Laut beginnen. Reime kommen nur am Ende längerer, etwa zwanzig Zeilen umfassender Abschnitte vor. Die Geschichte beginnt damit, daß Arthur in Camelot hofhält. Ein riesiger Mann tritt auf, der grün gekleidet ist und eine große Axt trägt. Er fordert Arthurs Ritter heraus, mit der Axt einen Streich gegen ihn zu führen, unter der Voraussetzung, daß ihm der betreffende Ritter gestatte, ihm nach Ablauf eines Jahres einen ähnlichen Schlag zu versetzen. Gawain erklärt sich dazu bereit und schlägt ihm den Kopf ab, in der verständlichen Erwartung, seinen Gegner erledigt zu haben. Aber der »Grüne Ritter« hebt seinen Kopf auf und verläßt sichtlich lebendig den Schauplatz. Gawain hat die Ehrenhaftigkeit, die Verabredung einzuhalten, und muß sich von verschiedenen geheimnisvollen Personen allerlei Mutproben unterziehen lassen, die so sehr zu seinen Gunsten ausgehen, daß der »Grüne Ritter« sein Leben schont. Die Verzauberung ist hier als ein Test der christlichen Tugend Gawains dargestellt.

Die englische Standardversion der Arthurlegende geht auf Sir Thomas Malory zurück, der seinen Prosazyklus etwa 1469 vollendete. Er sammelte, übersetzte und adaptierte ältere Romane, aber er war weit mehr als ein Sammler, Übersetzer oder Bearbeiter. Er gab der Legende eine neue Gestalt und einen inneren Zusammenhang, und er verfügte nicht nur über Frische und Gestaltungskraft, sondern verfolgte auch eine ernsthafte Absicht: den betrüblichen Kontrast zwischen dem Goldenen Zeitalter Arthurs und der Realität Englands in der Zeit der Rosenkriege herauszuarbeiten, in denen rivalisierende Könige gegeneinander intrigierten und kämpften. Dieser Gegensatz beschränkte sich nicht auf staatliche Angelegenheiten. Er wirkte sich auch auf der gesellschaftlichen Ebene aus. In eigenem Namen sprechend, trifft Malory einige Feststellungen über das Thema der Liebe, dem die Romanciers vor ihm Vorrang eingeräumt hatten:

> »So wie der Monat Mai in vielen Gärten sprießet und blühet, so möge jeder Mann, der sein Salz wert ist, sein Herz in dieser Welt einsetzen und es zuerst Gott widmen und als nächstes der Freude derjenigen, denen er seine Treue gelobte; denn es hat nie einen ehrenhaften Mann oder eine ehrenhafte Frau gegeben, die nicht den einen oder die eine mehr geliebt hätten als den anderen oder die andere; und Ehre, die sich bewaffnet, ist unüberwindlich; die höchste Ehre gebührt jedoch Gott, an zweiter Stelle mußt du um deine Dame kämpfen: Und diese Liebe nenne ich tugendhafte Liebe.

> Aber heutzutage können die Menschen nicht sieben Nächte lieben, sondern müssen sich alle ihre Wünsche erfüllen: Eine solche Liebe kann mit Recht nicht dauern; denn wo sie bald gewährt und eilig, kühlt die Hitze auch bald wieder. Genauso gehet es heute der Liebe, bald heiß, bald kalt: Es gibt keine Stabilität. Aber die frühere Liebe war nicht so; Männer und Frauen konnten einander sieben Jahre lieben, und keine Geilheit und Wollust herrschte zwischen ihnen, sondern da war Liebe, Wahrheit und Treue: Genauso hielt man es mit der Liebe in König Arthurs Zeiten.«

Er fügt hinzu, daß Guinevere »eine treue Geliebte [war] und deshalb ein gutes Ende nahm«.

Im Jahr 1485 veröffentlichte der Pionier unter den englischen Druckern, Caxton, Malorys Werk in einer stark überarbeiteten Form. Er pries es als ein »edles und freudenreiches Buch«, sicher eine der vollmundigsten Phrasen, die je den »Waschzettel« eines Verlegers zierte. Caxton hatte den Zeitpunkt sehr gut gewählt. Im gleichen Jahr gewann das Thema durch den Thronwechsel frische Aktualität. Heinrich Tudor besiegte Richard III. und bestieg als Heinrich VII. den Thron. Er hatte walisisches Blut und leitete seine Abstammung von Cadwallader, einem sehr verehrten König von Gwynedd, ab, der Geoffrey zufolge der letzte Herrscher in der britischen Linie war. Heinrich marschierte unter der Standarte des roten Drachens von Wales in die Schlacht, die ihre Entstehung Geoffreys Bericht über Merlin und den Teich mit den Drachen verdankt. Sein unmittelbarer Anspruch auf den Thron basierte auf seiner Zugehörigkeit zum Haus Lancaster, und durch seine Verheiratung mit der Erbin des rivalisierenden Hauses von York vereinigte er die beiden Rosen-Dynastien. Tudor-Propagandisten priesen ihn nicht nur als den Beendiger eines langen Bürgerkrieges, sondern wegen seiner Abstammung als den *Restitutor* einer »britischen« Monarchie, deren Wurzeln in die Arthursche Vergangenheit zurückreichten. Für viele erfüllte er den Traum der Wiederkehr jener Zustände.

Diesen Anspruch unterstrich er, indem er seinen erstgeborenen Sohn Arthur nannte und ihn in Winchester taufen ließ, wo Malory Camelot vermutete. Unglücklicherweise starb der Prinz sehr jung, und wie schon einmal zuvor, löste sich die Aussicht auf einen Arthur II. wieder in nichts auf.

Dennoch wurde unter Elisabeth I. der Tudor-Mythos wiederbelebt und verfeinert. In seinem endlosen allegorischen Gedicht *The Faerie Queene* übertrug Edmund Spencer Geoffrey in Verse, in denen er Arthur als einen fast messianischen Heros porträtierte und das England Elisabeths als sein neu erstandenes Königreich pries. Das war der Gipfelpunkt dieser Art von Literatur. Danach kollidierte der Mythos mit den Vorstellungen der Stuart-Könige von ihren göttlichen Privilegien.

Ihre Gegner revanchierten sich, indem sie Geoffrey als Historiker lächerlich machten und zu beweisen suchten, daß es niemals eine alte britische Monarchie gegeben hätte, die der Himmel sanktionierte. Mit der Diskreditierung Geoffreys schien auch Arthur selbst diskreditiert zu sein. Das Thema hörte auf, bedeutende Autoren anzuregen, bis es im 18. Jahrhundert praktisch völlig erlosch.

Es belebte sich erneut mit den Dichtern der Romantik. Blake, Wordsworth und Scott entdeckten es aufs neue, gefolgt von einer Reihe von Viktorianern – Matthew Arnold, William Morris, Swinburne und vor allem Tennyson. In seinen *Idylls of the King* lieferte Tennyson eine ziemlich vollständige Neufassung. Sobald Arthur in seiner ganzen Fülle wiederauftauchte, nahm er jedoch erneut eine zeitgenössische royalistische Färbung an. Tennyson war »Poeta laureatus«, Hofdichter der Königin Viktoria. Er widmete sein Werk der Erinnerung an Prinz Albert, den verstorbenen Prinzgemahl, dem der »untadelige« Arthur seiner Dichtung zu gleichen begann.

Tennyson war ein wirklich populärer Dichter, ein Bestsellerautor großen Stils, und sein Tagtraum von Arthur hat möglicherweise größeren Einfluß gehabt, als irgend jemandem bewußt war. Es traf sich, daß er während der letzten ernsthaften Aufwallung republikanischer Gefühle schrieb, die durch Viktorias Vernachlässigung ihrer Pflichten in ihrer Trauer um Albert ausgelöst wurde. Die Bewegung zerfiel 1872, erschlagen durch die öffentlichen Feiern, als der Prinz von Wales vom Typhus genas. Tennyson erwähnt sie im Epilog zu den *Idylls*, die bald danach erstmals in einer Gesamtausgabe herauskamen. Die Veröffentlichung erfolgte zu einem ebenso günstigen Zeitpunkt wie Caxtons Herausgabe von Malory: Der Glanz der Krone wurde erneuert und durch den »Poeta laureatus« spielte Arthur seine Rolle dabei.

9. Arthur heute

Der Stoff, aus dem Bestseller gemacht werden

Arthurs wachsender Ruhm in unserer heutigen Zeit geht auf das Jahr 1927 zurück. In diesem Jahr kam E. K. Chambers' Buch *Arthur of Britain* heraus, mit dem die akademische Suche nach dem »historischen Arthur« begann. In diesem Jahr erschien auch ein Versepos, John Masefields *Midsummer Night,* das den ersten Versuch eines bedeutenden englischen Dichters darstellt, die mittelalterliche Heldenepik beiseite zu schieben und in vollem Umfang auf die ältere walisische Traditon zurückzugreifen.

All jene, die Chambers in unterschiedlicher Weise folgten – Collingwood, Jackson, Alcock, Morris und andere –, zeigten, daß die Realität, wenn es eine solche gab, im nachrömischen Britannien zu suchen war, wo Geoffrey sie zu Recht angesiedelt hatte. Inzwischen sammelten die Archäologen Erkenntnisse über dieses Britannien. Sie suchten nicht nach Arthur, und es ist höchst unwahrscheinlich, daß ein Archäologe dies je tun wird. Irgend etwas zu finden, was seinen Namen trägt, wäre ein fast unglaublicher Glücksfall, aber keine Möglichkeit, die die kostspieligen Arbeiten rechtfertigen würden. Die Ausgrabungen brachten jedoch Licht in das historische Umfeld der Legende und den Kontext des angenommenen Helden. In Cadbury leisteten sie allerdings noch etwas mehr. Auch dort wurde wesentlich mehr vorrömisches Material gefunden als nachrömisches, aber Cadbury war zwangsläufig mit dem großen Namen verbunden. Eine Zeitlang bewirkte es eine willkommene Annäherung der Arthurforscher, als die Spezialisten auf verschiedenen Gebieten allmählich miteinander ins Gespräch kamen.

Eine Klage, die vor und während der Ausgrabungen in Cadbury zu hören war, wurde durch die Ereignisse in spektakulärer Weise widerlegt. Man könnte dies als den literarischen Einwand bezeichnen. Er lautete etwa so: »Wir haben die Geschichten über Arthur, die unsterbliche Literatur sind. Dahinter nach den historischen Tatsachen zu suchen ist ein Fehler. Bestenfalls ist es steril und irrelevant, und schlimmstenfalls verdirbt es die Geschichten, indem es sie mit einer kleineren und banaleren Realität kontrastiert.«

In den Worten T. H. Whites, des Verfassers von *The Once and Future King* und des letzten hundertprozentigen Konservativen, war Arthur »kein in die Enge getriebener Britannier, der im 5. Jahrhundert im härenen Gewand herumzog«. Aber selbst nach literarischen Kriterien war Whites Spott fehl am Platze. Auch John Steinbeck, der mit einer Neufassung von Malory experimentierte, bekundete ein Interesse an Cadbury und plante noch kurz vor seinem Tod einen Besuch der Ausgrabungsstätten. Es war ganz einfach so, daß die Trends, die im gleichen Jahr von Chambers und Masefield in Gang gesetzt worden waren, sich schließlich ergänzten. Die ernsthafte Suche erweiterte und bereicherte zugleich den Mythos. Sie inspirierte eine ganze Reihe kreativer Schriftsteller, die dem von Masefield eröffneten Wege folgten, sich aber dabei auf neue Erkenntnisse der Wissenschaft stützen konnten.

Diese Schriftsteller verknüpften die Themen der Heldenepik mit unseren Erkenntnissen oder Vermutungen über Arthurs Zeit, berücksichtigten nichts, was in den Ritterromanen stand, versuchten aber dafür, das Zeitalter Arthurs zu rekonstruieren. Neben Romanen, Theaterstücken und Filmen, die den alten bretonischen Sagenkreis auswerten, nahm sich auch das Musical des Stoffes an.

In den Jahren 1938 und 1944 veröffentlichte Charles Williams *Taliessin trough Logres* und *The Region of the Summer Stars*, die zusammen einen Zyklus komplexer Dichtungen bilden, der nicht nur auf dem Gral und anderen mittelalterlichen Motiven basiert, sondern auf den neuzeitlichen Versuchen, die Geschichte zu rekonstruieren. Im Jahre 1955 porträtierte R. C. Sherriff einen im 5. Jahrhundert angesiedelten Arthur in dem Stück *The Long Sunset*. Einen weiteren Versuch der Dramatisierung stellt John Ardens *The Island of the Mighty* dar, ein Stück, das 1972 uraufgeführt wurde und eine erstaunliche Mischung aus Fakten und Legenden verfaßt, von einem hervorragenden Dramatiker dargestellt. Das darin geschilderte Britannien Arthurs hat Ähnlichkeit mit einem postkolonialen Land in Asien oder Afrika, wobei Arthur die Ordnung im alten imperialen Sinn verkörpert und dem erstarkenden Keltizismus und den Unabhängigkeitsbestrebungen der Stämme unterliegt.

Rosemary Sutcliff, Gillian Bradshaw, Mary Stewart und Marion Zimmer Bradley sind begabte und populäre Romanciers in einer Reihe von Autoren, die mehr als ein Dutzend Namen umfaßt. Vor allem die zuletzt genannte Autorin schrieb aus der Sicht der Morgan, der Frau und Priesterin, Heidin und Zauberin, einen Weltbestseller: *The Mists of Avalon* (deutsch: Die Nebel von Avalon). All diesen Autorinnen gelingt eine überzeugende Verknüpfung von Geschichte, Legende und Imagination.

Besonders interessant ist Mary Stewarts Interpretation des Schwertes, das Arthur ergreifen muß, um zu beweisen, daß er der richtige König ist. Es wird zum Schwert von Maximus, des Kaisers, der in Britannien proklamiert wurde, dessen Tochter Vortigern vermutlich heiratete und der in die walisische Genealogie und Heldenepik als eine Art von »Ehrenbritannier« eingeht. Das Schwert des Kaisers in einer geheimen Kapelle ist ein Zeichen des Rechts, über die Insel zu herrschen. In Merlins Augen ist die Szene, in der Arthur es vor einer Versammlung von

Edelleuten ergreift und sich so als Hochkönig ausweist, eine seltsame Mischung aus übernatürlichen Erscheinungen und lebensnaher Realität:

»Die Kapelle war erfüllt von leuchtenden Farben und dem Funkeln von Juwelen und Gold. Die Luft roch kalt und duftete nach Pinien und Wasser und Weihrauch. Das Geraschel und Gemurmel der Menge klang wie das Knistern von Flammen, die angefangen haben, einen Scheiterhaufen zu verzehren . . .
Die Flammen der neuen Lampen flackerten auf und erstarben; Flammen züngelten an den Steinplatten des Altars empor; Flammen umspielten die Schneide des Schwerts, bis es weiß glühte. Ich streckte meine Hände darüber aus. Das Feuer züngelte an meinem Gewand hoch, es flackerte weiß um Ärmel und Finger, aber die Flammen versengten mich nicht einmal. Es war das eiskalte Feuer, herbeigerufen durch ein Wort aus der Dunkelheit, nur in der Mitte heiß, wo das Schwert lag. Es lag in seinen Flammen wie ein Juwel in weiße Wolle gebettet. *Wer dieses Schwert ergreift* . . . Die Runen tanzten am Metall entlang: Die Smaragde funkelten. Die Kapelle war eine dunkle Höhle, in deren Mitte das Feuer lohte. Die Flammen auf dem Altar warfen meinen Schatten riesig an die gewölbte Decke. Ich hörte meine eigene Stimme, die hohl durch das Gewölbe klang, wie die Stimme in einem Traum.
›Wer es wagt, der ergreife das Schwert . . .‹
Arthur schritt langsam nach vorn. Hinter ihm war es finster, die Menge hob sich kaum ab von der Dunkelheit, das Rascheln und Murmeln ihrer Anwesenheit war nicht mehr als die Brise in den Waldbäumen draußen . . . Er wartete, nicht zweifelnd, nicht blind vertrauend; nur wartend.
›Komm‹, sagte ich sanft. ›Es ist dein.‹
Er streckte seine Hand durch die weiß lodernden Flammen, und das Heft glitt kühl in den Griff, für den es einhundert und einhundert Jahre zuvor gemacht worden war.«

Zukünftige Aufgaben der Riothamus-Forschung

Auf Arthur-Riothamus gestoßen zu sein heißt nicht, die ganze Lösung gefunden zu haben. Was dieser Fund zunächst bewirkt, ist eine Verlagerung der Debatte. Unergiebige Versuche, zu beweisen, daß Arthur existierte, können nun unterbleiben. Der Mann, der Riothamus genannt wurde, existierte zweifellos. Die Frage ist, ob er der Ursprung der Legende, ob er der »wahre Arthur« war (soweit dies auf irgend jemand zutrifft), welche späteren Helden auch immer in die Figur des Königs hineinprojiziert wurden. Obwohl viele Fakten bereits auf eine Bestätigung dieser Ansicht hinauslaufen, ist auf weitere Fortschritte zu hoffen.

Ein vielversprechendes Resultat dieser Erkenntnisse ist die Auswertung der Forschungen auf den Kontinent. Von Chambers bis Morris war die Suche nach den Ursprüngen Arthurs durch die Annahme gelähmt, daß seine Anwesenheit in Gallien ein reines Phantasieprodukt sei. Dieses Dogma lenkte die Aufmerksamkeit von Indizien ab, die schon immer vorhanden gewesen waren, bei Sidonius und Jordanes und Gregory von Tours und auch im Vorwort zu *Goeznovius* mit seinem Arthur, dessen Identität klar zutage tritt, sobald andere Zeugnisse nur richtig gelesen werden. Wie wir so eindrucksvoll gesehen haben, ist das Fallenlassen des alten Dogmas ein großer Schritt vorwärts. Es bedeutet aber auch, daß jetzt Geoffreys Geschichte über den gallischen Krieg wert ist, neu »durchgesiebt« zu werden, nicht nach Tatsachen, die er nicht liefert, aber nach Anhaltspunkten, die durchaus vorhanden sind. Seine dreifache Bezugnahme auf Kaiser Leo springt als der einzige chronologische Fixpunkt für Arthur sofort ins Auge. Dies führt zu den vernachlässigten Texten, zu der Identität, die sie für ihn offenbaren, und von dort zu den Chroniken, die auf den gleichen Zeitraum hindeuten.

Die Nachforschungen müssen jedoch nicht da stehenbleiben. Die kontinentalen Spuren könnten noch weiter führen. Dazu muß es nicht einmal unbedingt notwendig sein, neue Aufzeichnungen zu finden, sondern es würde bereits viel bringen, die schon bekannten Aufzeichnungen mit neuen Augen anzuschauen. In bretonischen Genealogien beispielsweise kommen Formen von Riothamus vor, die vielleicht als Titel, vielleicht aber auch als Name zu verstehen sind. Wer waren die Männer, die so genannt wurden? Hatten sie irgendwelche Bedeutung?

Auch das Studium von Ortsnamen und örtlichen Legenden könnte sich noch als ergiebig erweisen. Verraten beispielsweise die französischen Orte, die in den Ritterromanen erwähnt werden, ein geographisches Muster, wie das bei den »Arthur«-Orten in England der Fall ist? Gibt es Geschichten, die man sich in Berry oder Burgund erzählte? Und weiter, ist es möglich, geographisch nicht fixierte Schlachten Arthurs auf dem Kontinent namentlich zu identifizieren, wie das vielleicht bei Agned möglich ist? Und was ist mit der Archäologie? Frühe Spuren der Britannier in Armorica verlegen die früheste Kolonisierung in das 4. Jahrhundert zurück, wo sie die Maximuslegende und Geoffrey immer ansetzten. Diese Ansiedlungen müssen damals noch klein gewesen sein und keinen eigentlichen Beginn der Bretagne dargestellt haben, aber sie existierten. Gibt es Spuren von Britanniern entlang der Loire oder in Mittelgallien?

Auch auf der Britischen Insel sind die Möglichkeiten mittlerweile alles andere als erschöpft. Beispielsweise erscheint das Schlachtenverzeichnis von Nennius nunmehr plausibler. Die zwei einigermaßen gesicherten Orte, Celidon und Chester, passen von der Datierung her ins Bild. Die Verknüpfung der eindeutig identifizierten Schlachtorte mit einem eindeutig bezeugten Feldherrn könnten ein neues Verständnis der Aufzählung eröffnen. Und der Titel oder die Ehrenbenennung des Heerführers legt einen weiteren Ansatz nahe. Das britische Hochkönigtum, das sich darin ausdrückt, war eine kurzlebige Institution, die nur von etwa 425 bis 470 dauerte. In diesem Zeitraum hatten die Britannier zwei verbürgte Hochkönige, Vortigern und Arthur-Riothamus, sowie vielleicht einen Prätendenten, Vortimer. Dennoch wurden sie eine Zeitlang etwa so regiert wie die Iren, und das Hochkönigtum in Irland, das weitaus besser dokumentiert ist, könnte ein indirektes Licht auf sein britisches Gegenstück werfen.

Was die Archäologie in Britannien betrifft, so ist abgesehen von Zufallsfunden eine indirekte Erhellung das Beste, worauf man hoffen kann. Die großen, legendären Stätten wurden bereits erschlossen. Sie könnten noch mehr bergen, als bis jetzt bekannt ist. Aber die Vorstellung, daß Fortschritte nur zu erzielen seien, indem man an den »Arthur«-Stätten weitergräbt, ist abwegig. Alcocks Neubewertung von Cadbury im Jahre 1982 erfolgte fast ausschließlich aufgrund von Vergleichen mit anderen Hügelfestungen, die danach ausgegraben worden waren. Die Erforschung der Neubesetzung dieser Bollwerke im 5. und 6. Jahrhundert hat noch einen weiten Weg vor sich. Vielleicht kommt dabei nichts weiter über Arthur-Riothamus ans Licht, aber wenn ein detailliertes Bild der Epoche entsteht, könnte sein Platz in dieser Zeit sehr viel deutlicher werden.

Der Traum vom »Goldenen« Zeitalter

Woher kommt diese Faszination, die das Arthurthema auch heute noch ausübt? Wie ist diese Renaissance vier- oder fünfmal im Laufe der Jahrhunderte zu erklären?

Ein auffallendes Merkmal der gegenwärtigen Arthurrenaissance ist das Interesse an britischer Geschichte in den Vereinigten Staaten. Arthurromane sind amerikanische Bestseller; amerikanische Universitäten veranstalten Bildungsreisen zu »Arthur«-Stätten. Die »International Arthurian Society«, die auf diesem Gebiet tätige akademische Gesellschaft, hat Hunderte von amerikanischen Mitgliedern, und Amerika unterstützt ein Mitteilungsblatt über die Arthurforschung sowie eine vierteljährliche Zeitschrift. Das zeitgenössische Interesse ist also mehr als nur eine »postimperiale britische Nostalgie«.

Amerikaner sprechen von historischen »Wurzeln«. Ich bezweifle, ob dies die ganze Antwort ist, da die meisten Amerikaner nicht britischer Abstammung sind. Doch ist da ein, wenn auch erst halb durchdachter, Ansatzpunkt. Denkt man ihn zu Ende, dann hilft er einem, die gegenwärtige Renaissance und auch die früheren zu verstehen. (Merkwürdigerweise wurde das in der Vergangenheit am besten von dem nicht besonders sympathischen Heinrich Tudor erkannt, der als Heinrich VIII. bekannt wurde.)

Während der Ausgrabungen in Cadbury, für die ein Teil des Geldes durch Appelle an die Öffentlichkeit aufgebracht wurde, geriet das Projekt mit der Begründung unter Beschuß, daß die Bevölkerung getäuscht werde. Für die Öffentlichkeit, so wurde argumentiert, bedeute Camelot nur das Camelot der Ritterromantik, das offensichtlich nicht vorhanden sei. Wenn den Leuten das erst einmal klarwerde, dann würden sie sich getäuscht fühlen, und es werde dann schwieriger werden, die Mittel für andere Ausgrabungen aufzutreiben. Dies war plausibel, doch es erwies sich als völlig falsch. Die Appelle an die Öffentlichkeit brachten Jahr für Jahr immer höhere Summen ein. Bei Führungen von Besuchergruppen war ich oft über den Grad ihres Verständnisses überrascht. Sie erblickten nur Gräben und Pfostenlöcher, Tonscherben, verrostete Messer und Brocken von Mauerwerk. Doch im allgemeinen genügte das, um sie in Bann zu schlagen. Zumindest für eine sehr große Zahl von ihnen wurden diese profanen Delikte ganz einfach zu einem Teil des Mythos.

Arthur ist natürlich eine Gestalt, deren Bild sich ständig wandelt. Um den Zauber zu begreifen, der von seiner Legende ausgeht, müssen wir uns fragen, was das allen Versionen letztlich Gemeinsame ist. Ich würde sagen, es ist der *längst verlorene Glanz oder die Hoffnung, die mit seinem Namen verbunden sind – die aber nicht wirklich verloren sind.* Arthurs Königreich verkörpert die Vorstellung eines weit entfernten »Goldenen Zeitalters«. Damit sind nicht materieller Wohlstand oder ein stilles Glück im Winkel gemeint. Vielmehr bedeutet dies eine Zeit, in der Persönlichkeiten im Mittelpunkt standen, die Bewunderung verdienten; eine Zeit der Größe, selbst wenn es die Größe einer Minderheit war; eine Zeit der Hoffnung, selbst wenn es eine nur geringe Hoffnung war. Ein wesentliches Fragment unserer eigenen Vergangenheit also.

Das Goldene Zeitalter – und das ist der zweite Aspekt der Geschichte, den wir nie vergessen dürfen – ist jedoch zum Untergang verdammt. Historisch gesehen erlitt das Hochkönigtum durch den Verrat in Gallien Schiffbruch. Die Waliser ließen Arthur in der Heimat bei Camlann scheitern und führten seinen Vernichter Modred in den Mythos ein. Die mittelalterlichen Autoren kehrten zum Motiv des Verrats zurück und machten Modred zu einer Art Nemesis. Caxtons Version von Malory resümierte den tragischen Aspekt in ihrem Titel *Morte d'Arthur*, der Tod Arthurs. Und ich kenne keinen zeitgenössischen Autor, so experimentierfreudig er auch sein mag, der es gewagt hätte, Arthurs Laufbahn ein »Happy-End« zu geben.

Sein Ende ist jedoch nicht endgültig. Der einstige »Erretter« des Landes lebt weiter und verfügt über die Kräfte, dem Land erneut zu Hilfe zu kommen und das Goldene Zeitalter wieder zu errichten. Arthur-Riothamus verschwand in Burgund, und es gibt keine Gewißheit, was aus ihm wurde. Die Waliser lernten von den Bretonen, darauf zu beharren, daß Arthur in seiner Höhle oder auf seiner verzauberten Insel noch am Leben sei. Der Glaube pflanzte sich fort, und Malory gibt davon Zeugnis: »In vielen Teilen Englands sagen die Menschen, daß König Arthur nicht tot sei, sondern nach dem Willen unseres Herrn Jesus an einem anderen Ort weile; und die Menschen sagen, daß er wiederkommen werde.« Obwohl Malory die Gruft in Glastonbury und ihre angebliche Widerlegung erwähnte, zitierte er doch die Inschrift darauf: *HIC IACET ARTHURUS, REX QUONDAM REXQUE FUTURUS* (Hier liegt Arthur, der König war und König sein wird). Selbst wenn nicht mehr zu erwarten ist, daß Arthur in Fleisch und Blut wiederkehrt, könnte er symbolisch durch einen spirituellen Erben und eine Erneuerung der Werte zurückkehren, für die er eintrat. Heinrich Tudor erhob den Anspruch, dies bewirkt zu haben, und obwohl sein Sohn, der künftige Arthur II., starb, hielt sich dieser Anspruch noch mehr als ein Jahrhundert.

Durch Einsicht oder Zufall schlug Heinrich eine tiefe Saite in der menschlichen Natur an. Er beutete einen britischen Mythos aus, um sich einen universellen Impuls nutzbar zu machen. Größere Umwälzungen als die seine wurden davon angetrieben. In dieser immer wiederkehrenden Vision wird längst verblaßte Glorie oder Hoffnung zu einem neuen Ausgangspunkt, und die Korruption, die sich inzwischen breitmachte, wird hinweggefegt. Es gibt eine »Wiederkehr«.

Wir sehen diesen Impuls wirksam bei den christlichen Reformatoren des 16. Jahrhunderts, die sich dazu bekannten, die verlorengegangene Reinheit der Kirche, so wie sie die Apostel überliefert hatten, wiederherzustellen; bei den französischen Revolutionären, die es unternahmen, den naturgegebenem Guten im Menschen wieder zum Sieg zu verhelfen, indem sie die Institutionen zerschlugen, die es korrumpiert hatten; im 20. Jahrhundert bei den von Gandhi angeführten indischen Freiheitskämpfern, die die Massen mit ihrer Rhetorik von einem versunkenen Indien der Weisen und Dorfgemeinschaften und Baumwollspinnereien aufwiegelten.

Diese und zahlreiche andere historische Bewegungen zeigen, daß durch eine Denkweise, die von der »Rückkehr Arthurs« symbolisiert wird, ungeheuerliche Energien freigesetzt werden können. Ich sehe es nicht als meine Aufgabe an, hier zu erörtern, warum solche Visionen die Macht haben, Menschen zu mobilisieren, oder ob die Anführer dieser Bewegungen recht hatten oder sich täuschten. Ich versuche, nur Tatsachen festzustellen.

Arthurs Unsterblichkeit bedeutet, daß das Goldene Zeitalter seines Königtums irgendwie immer noch »da« und wiederherstellbar ist – ebenso wie das Urchristentum, wie die unverdorbene Menschlichkeit, wie Gandhis ideales Indien. Dies ist zumindest ein Grund, warum der Zauber in den unbewußten

Schichten unseres Denkens und Hoffens so wirksam ist. Arthur kann durch die Forschung und durch die Werke der Dichtkunst wieder zurückkehren.

Bibliographie

ALCOCK, LESLIE: *Arthur's Britain.* London: Allen Lane the Penguin Press, 1971.

DERS.: *»By South Cadbury is That Camelot ...«* (Kurztitel: *Cadbury-Camelot).* London: Thames, 1972.

DERS.: »Cadbury-Camelot: A Fifteen-Year Perspective«, *Proceedings of the British Academy* 68 (1982): 355–388.

Anglo-Saxon Chronicle: Herausgegeben und übersetzt von G. N. GARMONSWAY. London: Dent, 1953; New York: Dutton, 1953.

Annales Cambriae: Siehe NENNIUS.

ASHE, GEOFFREY: *Avalonian Quest.* London: Methuen, 1982; London: Collins, Fontana, 1984.

DERS.: *Camelot and the Vision of Albion.* London: Heinemann, 1971. New York: St. Martin's, 1971.

DERS.: »A Certain Very Ancient Book«, *Speculum.* April 1981, 301–323.

DERS.: *From Caesar to Arthur.* London: Collins, 1960.

DERS.: *A Guidebook to Arthurian Britain.* London: Longmans, 1980; London: Aquarian Press, 1983.

DERS.: *Kings and Queens of Early Britain.*

DERS. (Hrsg.): *The Quest for Arthur's Britain.* London: Pall Mall, 1968; Paladin Press, 1971 und 1982.

BARING-GOULD, S., und FISHER, JOHN: *The Lives of the British Saints.* 4 Bde. London: Cymmrodorion Society, 1907–1913.

BARKER, ERNEST: *From Alexander to Constantine.* London: Oxford, Clarendon Press, 1956.

BEDE: *A History of the English Church and People.* Übersetzt von Leo Sherley-Price. London: Penguin, 1955.
BLAIR, PETER HUNTER: *An Introduction to Anglo-Saxon England.* 2. Ausg. London: Cambridge, 1977.
BRINKLEY, ROBERTA F.: *Arthurian Legend in the Seventeenth Century.* Baltimore und London: Johns Hopkins Press, 1932; Neue Ausgabe: New York: Octagon Press, 1966.
BROMWICH, RACHEL: *Trioedd Ynys Prydein.* Die walisischen Triaden mit Übersetzung und Anmerkungen. Cardiff: University of Wales Press, 1961.
BROWN, PETER: *The World of Late Antiquity.* London: Thames, 1971.
CAMPBELL, JAMES (Hrsg.): *The Anglo-Saxons,* Ithaca, New York: Cornell University Press, 1982.
CAVENDISH, RICHARD: *King Arthur and the Grail.* London: Weidenfeld, 1978.
CHADWICK, H. M., und CHADWICK, N. K.: *The Growth of Literature.* Bd. 1, *The Ancient Literature of Europe.* London: Cambridge, 1932; New York: Macmillan, 1932.
CHADWICK, N. K.: »The Colonization of Brittany from Celtic Britain«, *Proceedings of the British Academy* 51 (1966): 235–299.
DERS.: *Early Brittany.* Cardiff: University of Wales Press, 1969.
DERS. (Hrsg.): *Studies in Early British History.* London: Cambridge, 1954.
CHAMBERS, E. K.: *Arthur of Britain.* London: Sidgwick, 1927; New York: Barnes & Noble, 1964; Wiederauflage der britischen Ausgabe: 1966.
CHRÉTIEN DE TROYES: *Arthurian Romances.* Übersetzt von W. W. Comfort. London: Dent, 1955; New York: Dutton, 1955.
CLANCY, JOSEPH P.: *The Earliest Welsh Poetry.* London: Macmillan, 1970.
COLLINGWOOD, R. G., und MYRES, J. N. L.: *Roman Britain and the English Settlements.* 2. Ausg. London und New York: Oxford, 1937.
DARRAH, JOHN: *The Real Camelot.* London: Thames, 1981.
DITMAS, E. M. R.: *Breton Settlers in Cornwall After the Norman Conquest.* Cymmrodorion Society, 1978.
DERS.: »A Reappraisal of Geoffrey of Monmouth's Allusions to Cornwall«, *Speculum,* Juli 1973, 510–524.
DERS.: *Tristan and Iseult in Cornwall.* Gloucester: Forrester Roberts, 1969.

DUMVILLE, DAVID: »Sub-Roman Britain: History and Legend«, *History* 62 (1977): 173–191.

EADIE, JOHN W.: »The Development of Roman Mailed Cavalry«, *Journal of Roman Studies,* 57 (1967): 161–173.

ESCHENBACH, WOLFRAM VON: *Parzival.* Übersetzt von Helen M. Mustard und Charles E. Passage. New York: Knopf, 1961.

FERGUSON, JOHN: *Pelagius.* Cambridge: Heffer, 1956.

FINBERG, H. P. R.: *The Formation of England, 550–1042.* St. Albans: Hart-Davis, MacGibbon, 1974.

FLEURIOT, LÉON: *Les Origines de la Bretagne.* Paris: Payot, 1980.

FRERE, SHEPPARD: *Britannia.* London: Routledge, 1967.

GEOFFREY VON MONMOUTH: *The History of the Kings of Britain.* Übersetzt von Lewis Thorpe. London: Penguin, 1966.

DERS.: *Vita Merlini (Das Leben Merlins).* Herausgegeben und übersetzt von J. J. Parry. Urbana: University of Illinois Press, 1925.

GEROULD, G. H.: »King Arthur and Politics«, *Speculum,* Januar 1927, 33–51.

GILDAS: In *History from the Sources.* Bd. 7, *The Ruin of Britain.* Herausgegeben und übersetzt von Michael Winterbottom. Chichester: Phillimore, 1978.

GOUGAUD, LOUIS: *Christianity in Celtic Lands.* London: Sheed & Ward, 1932.

GREENLAW, EDWIN: *Studies in Spenser's Historical Allegory.* London: Oxford, 1932. Baltimore: Johns Hopkins Press, 1932; neue Ausgabe: New York: Octagon Press, 1966.

GREGORY VON TOURS: *The History of the Franks.* Übersetzt von Lewis Thorpe. London: Penguin, 1974.

HOARE, F. R. (Hrsg. und Übers.): *The Western Fathers* (enthält das *Leben von St. Germanus).* London und New York: Sheed, 1954; neue Ausgabe: New York: Harper, 1965.

JACKSON, KENNETH H.: *Language and History in Early Britain.* Edinburgh University Press, 1953; Cambridge: Harvard University Press, 1954. Siehe auch die ersten beiden Kapitel von LOOMIS: *Arthurian Literature in the Middle Ages.*

JERROLD, DOUGLAS: *An Introduction to the History of England.* London: Collins, 1949.

JOHN VON GLASTONBURY: *Chronicle.* Herausgegeben von T. Hearne. Oxford, 1726.

JONES, A. H. M.: *Constantine and the Conversion of Europe.* London: English Universities, 1948.

JORDANES: *The Gothic History*. Übersetzt von C. C. Mierow. Princeton: Princeton University Press, 1915.

KNOWLES, DAVID: *The Monastic Order in England.* London: Cambridge, 1950.

LAGORIO, VALERIE M.: »The Evolving Legend of St. Joseph of Glastonbury«, *Speculum,* April 1971, 209–231.

Legend of St. Goeznovius: Siehe ASHE: »A Certain Very Ancient Book«; CHAMBERS: *Arthur of Britain;* und FLEURIOT: *Les Origines de la Bretagne.*

LELAND, JOHN: *Itinerary.* Herausgegeben von Lucy Toulmin Smith. Arundel: Centaur Press, 1964; Carbondale: Southern Illinois University Press, 1965.

LIETZMANN, HANS: *From Constantine to Julian.* London: Lutterworth, 1953.

LITTLETON, C. SCOTT, und THOMAS, ANN C.: »The Sarmatian Connection«, *Journal of American Folklore* 91 (1978), 513–527.

LLOYD, JOHN EDWARD: *A History of Wales.* 2. Bde. London: Longmans, 1939.

LOOMIS, R. S. (Hrsg.): *Arthurian Literature in the Middle Ages.* London: Oxford, Clarendon Press, 1959; New York: Oxford, 1959.

Mabinogion: Übersetzt von Gwyn Jones und Thomas Jones. London: Dent, 1949; New York: Dutton, 1949.

MALORY, SIR THOMAS: *Le Morte d'Arthur.* Caxtons Text mit modernisierter Rechtschreibung, herausgegeben von Janet Cowan. 2 Bde. Harmondsworth: Penguin, 1969.

DERS.: *Works.* Herausgegeben von E. Vinaver. London: Oxford, Clarendon Press, 1948; New York: Oxford, 1947.

MARKALE, JEAN: *King Arthur: King of Kings.* Übersetzt von Christine Hauch. London: Gordon & Cremonesi, 1977.

MASON, EUGENE (Übers.): *Arthurian Chronicles* (einschließlich des Arthur betreffenden Abschnitts von Wace). London: Dent, 1962.

MILLAR, RONALD: *Will the Real King Arthur Please Stand Up?* London: Cassell, 1978.

MONCREIFFE OF THAT ILK, SIR IAIN: *Royal Highness.* London: H. Hamilton, 1982.

MORRIS, JOHN: *The Age of Arthur.* London: Weidenfeld, 1973.

NENNIUS: In *History from the Sources.* Bd. 8, *British History* (einschließlich der *Annales Cambriae).* Herausgegeben und übersetzt von John Morris. Chichester: Phillimore, 1980.

PADEL, O. J.: »Tintagel: An alternative view«, *A Provisional List of*

Imported Pottery in Post-Roman Western Britain and Ireland. Herausgegeben von Charles Thomas. Redruth: Institute of Cornish Studies, 1981.

PERLESVAUS: Übersetzt von Nigel Bryant. Cambridge: D. S. Brewer, 1978.

PIGGOTT, STUART: *The Druids.* London: Penguin, 1974.

PROCOPIUS: *History of the Wars.* Übersetzt von H. B. Dewing. 7 Bde. London: Heinemann, 1914–1940; New York: Macmillan, 1914–1940.

The Quest of the Holy Grail: Übersetzt von P. M. Matarosso. London: Penguin, 1969.

RADFORD, C. A.: *The Pillar of Eliseg* (d. i. das Monument von Valle Crucis). Edinburgh: H. M. Stationery Office, 1980. Siehe auch Beiträge zu ASHE: *The Quest for Arthur's Britain.*

RAHTZ, PHILIP: Siehe Beiträge zu ASHE: *The Quest for Arthur's Britain.*

REES, ALWYN, und REES, BRINLEY: *Celtic Heritage.* London: Thames, 1961.

ROBINSON, JOSEPH ARMITAGE: *Somerset Historical Essays.* London: British Academy, 1921.

DERS.: *Two Glastonbury Legends.* London: Cambridge, 1926.

ROSS, ANNE: *Pagan Celtic Britain.* London: Routledge, 1967; London: Sphere, Cardinal, 1974.

SCOTT, JOHN: *The Early History of Glastonbury.* Woodbridge: Boydell & Brewer, 1981.

SHELDON, GILBERT: *The Transition from Roman Britain to Christian England.* London: Macmillan, 1932.

SIDONIUS APOLLINARIS: *Poems and Letters.* Herausgegeben und übersetzt von W. B. Anderson. 2 Bde. London: Heinemann, 1936 und 1965; Cambridge: Harvard University Press, 1936 und 1965.

SIGEBERT VON GEMBLOUX: *Chronicle,* in Bd. 160 von *Patrologia Latina.* Hrsg. von J. P. Migne. Paris, 1844–1855.

Sir Gawain and the Green Knight: Übersetzt von Brian Stone. London: Penguin, 1974.

SLOVER, CLARK H.: »Glastonbury Abbey and the Fusing of English Literary Culture«, *Speculum,* April 1935, 147–160.

STENTON, F. M.: *Anglo-Saxon England.* London: Oxford, 1943; New York: Oxford, 1947.

STEVENS, C. E.: *Sidonius Appolinaris and His Age.* London: Oxford, Clarendon Press, 1933.

TATLOCK, J. S. P.: *The Legendary History of Britain.* Berkeley und Los Angeles: University of California Press, 1950.

TREHARNE, R. F.: *The Glastonbury Legends.* London: Cresset, 1967.

WACE: Siehe MASON.

WILHELM, JAMES J., und GROSS, LAILA ZAMUELIS (Hrsg.): *The Romance of Arthur.* New York: Garland, 1984.

WILLIAM VON MALMESBURY: *The Acts of the Kings of the English.* Übersetzt als *William of Malmesbury's Chronicle* von John Sharpe; revidiert von J. A. Giles. London: Bohn, 1847.

WILLIAMS, CHARLES: *Arthurian Torso.* Ein Fragment. Herausgegeben von C. S. Lewis. London: Oxford, 1948.

Personenregister

Sachregister